时速 160 公里动力集中型
电力动车组（CR200J3 型）原理与操作

《时速 160 公里动力集中型电力动车组（CR200J3 型）原理与操作》编委会◎编

中国铁道出版社有限公司
CHINA RAILWAY PUBLISHING HOUSE CO., LTD.

内 容 简 介

本书共九章，分别为概述、动力车总体、动力车电气系统、动力车制动系统、动力车运用与操作、动力车故障处理、主要部件维护与保养、行车安全综合信息监控系统、控制车和拖车。

本书内容深入浅出、图文并茂、通俗易懂，可作为动力集中型电力动车组司机岗位培训教材，也可供动力集中型电力动车组运用、维修、管理人员学习使用，对相关专业院校师生的学习也有重要参考价值。

图书在版编目(CIP)数据

时速160公里动力集中型电力动车组(CR200J3型)原理与操作 /《时速160公里动力集中型电力动车组(CR200J3型)原理与操作》编委会编. -- 北京 : 中国铁道出版社有限公司, 2025. 4. -- ISBN 978-7-113-31994-6

Ⅰ. U266.2

中国国家版本馆CIP数据核字第2025XM9862号

书　　名：时速160公里动力集中型电力动车组(CR200J3型)原理与操作

作　　者：《时速160公里动力集中型电力动车组(CR200J3型)原理与操作》编委会

责任编辑：袁文东　**编辑部电话：**(010)51873421　**电子邮箱：**jiche@tdpress.com

编辑助理：何志伟

封面设计：刘　莎

责任校对：苗　丹

责任印制：高春晓

出版发行：中国铁道出版社有限公司(100054，北京市西城区右安门西街8号)

网　　址：https://www.tdpress.com

印　　刷：北京鑫益晖印刷有限公司

版　　次：2025年4月第1版　2025年4月第1次印刷

开　　本：787 mm×1 092 mm 1/16　**印张：**18　**插页：**1　**字数：**353千

书　　号：ISBN 978-7-113-31994-6

定　　价：80.00元

编委会

前言

时速160公里动力集中型电力动车组被称为“绿巨人”,“绿巨人”动车组的品质提升了中国普速铁路的高度,是中国普速线路列车的迭代升级产品,能够充分利用既有线路和机车检修资源,提高铁路运输服务品质,是中国铁路推进装备现代化的重要标志。

时速160公里动力集中型电力动车组中的CR200J3型动车组由中国中车集团大连机车车辆股份有限公司制造,按照系列化、标准化、信息化、模块化的思路,融入动车组先进理念,沿用直车体外观,设计制造CR200J3型动车组并投入使用。随后在产品升级过程中,国铁集团组织相关单位人员从经济合理性、乘客舒适性、技术先进性等方面进一步完善和提升,比对国内外动力集中型电力动车组结构布局,对现有CR200J型电力动车组全面系统优化设计,制造推广使用鼓形车体。CR200J型电力动车组实现关键系统部件自主化,做到接口统一、零件统一,同型车体互联互通,并达到节能环保标准。目前,CR200J3型电力动车组在全国范围内大量投入运用,为提升旅客出行体验、为加快建设世界一流铁路企业做出重要贡献。

为帮助机车乘务员和运用、维修、管理人员了解和掌握CR200J3型动车组的总体概况、基本构造原理、常见故障处理、制动试验程序和标准,提高作业人员操控和检修动车组的技能,提高管理人员的专业管理能力,编者依据现行规章制度、技术标准及设备使用说明,结合现场实际运用经验,组织编写了《时速160公里动力集中型电力动车组(CR200J3型)原理与操作》。

本书采用章节形式编写,共九章。第一章,概述;第二章,动力车总体;第三章,动力车电气系统;第四章,动力车制动系统;第五章,动力车运用与操作;第六章,动力车故障处理;第七章,主要部件维护和保养;第八章,行车安全综合信息监控系统;第九章,控制车和拖车。为便于读者学习和掌握相关知识,本书为每章配有复习思考题,第二章、第五章配有讲解视频。本书内容重点突出、深入浅出、图文并茂，阐述简明扼要、通俗易懂，可作为动力集中型电力动车组司机岗位培训教材，亦可供动力集中型电力动车组运用、维修、管理人员学习使用，对相关专业院校师生的学习也有重要参考价值。

本书由中国铁路北京局集团有限公司机务部、职工培训部组织编写，由王永辉、白立成、杨东伟担任主编，李鸥、杨洋、刘洋、朱帅、周培钰、林虎、郎禹、王煜等参加编写。全书经韩笑、李秀颖、祝曦、修少鹏、孙强、杨志涛、裴程、王飞、刘爱新、赵灿、陶睿、魏博、杨炳江、张文艺、刘宇思、程卉、郗大户、荣必波、王刚、孙博、付斌等集体审定。

本书在编写过程中参考并借鉴了中国中车集团大连机车车辆股份有限公司等相关单位提供的书籍和资料，在此一并对有关作者和出版社深表谢意。

由于CR200J3型动车组的技术升级改造等因素，书中内容可能与实际现车稍有差别，请以实际现车为准。

本书中如不妥之处，恳请读者指正。

编　者

2024年10月

目录

二维码资源索引

序号	页码	资源名称	二维码
1	第 24 页	司机室设备布置	
2	第 30 页	机械间部件	
3	第 32 页	车下设备	
4	第 110 页	机械间检查	

第一章　概　　述

时速 160 公里动力集中型电力动车组是普速线路旅客列车的迭代升级产品，是中国推进铁路装备现代化的重要标志，普速线路开行动车组能够充分利用既有线路和机车的检修资源，提高铁路运输服务品质。本章主要介绍 CR200J3 型动力集中动车组（以下简称动车组）编组形式、连挂与解编、互联互通、主要技术参数，以及动力车、拖车和控制车的主要技术特点。

第一节　动车组简介

CR200J3 型动车组两端为动力车，或一端为动力车、另一端为控制车，中间为拖车的最高运营速度为 160 km/h 的电力动车组。动力车和控制车司机室、设备间（以下简称机务设备）执行机车有关规定，拖车和控制车（不含机务设备）执行客车有关规定。

1. 动车组车体分类

CR200J3 型动车组按照设计制造时间、产品外观及内部结构布局等情况的不同，分为直形车体和鼓形车体两种，车体外观如图 1-1 所示。鼓形车体是直形车体的改进型，增加了车体过道宽度，从 500 mm 增加至 550 mm，方便旅客穿行，同时提升旅客乘坐舒适度。

（a）直形车体

图　1-1

（b）鼓形车体

（c）车体纵向外观（中间列车为鼓形车体，两侧列车为直形车体）

图 1-1　车体外观

时速 160 公里动力集中型动车组采用多色涂装，通常有“中国白”和“国槐绿”两种主色调，目前包含绿黄配色和绿白配色(图 1-2)两种。

图 1-2　车体涂装(绿白配色)

2. 编组形式

列车编组形式包括短编组、长编组两种方式，动车组两端均设有司机室。短编动车组使用一台动力车牵引，长编动车组使用两台动力车牵引。Mc 代表动力车，T 代表拖车，Tc 代表控制车。

(1)短 编 组

直形车体采取的编组方式：1Mc＋7T＋1Tc，总定员：720 人。编组形式如图 1-3 所示。

短编组鼓形车体采取的编组形式、定员与直形车体相同。

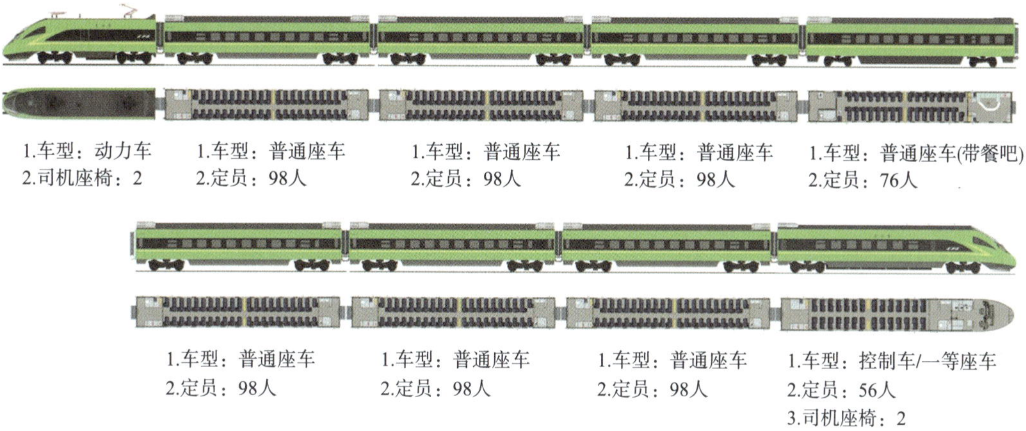

图 1-3 短编组形式

(2)长 编 组

长编组直形车体采取的编组形式：1Mc＋16T＋1Mc，总定员：918 人。编组形式如图 1-4 所示。

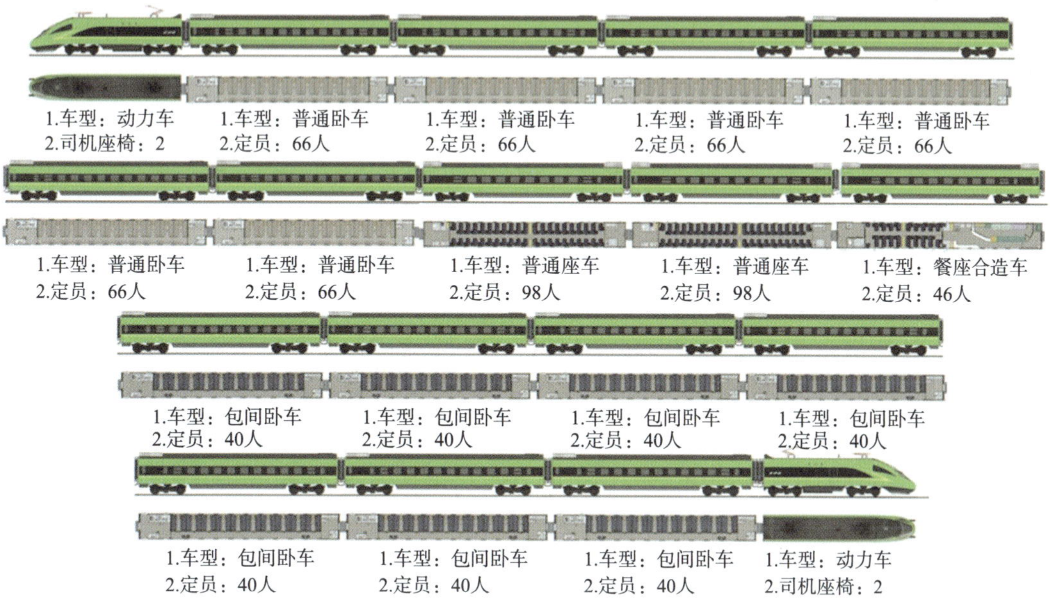

图 1-4 长编组直形车体编组形式

长编组鼓形车体采取编组形式为：1Mc＋18T＋1Mc，总定员：1 102 人。编组形式如图 1-5 所示。

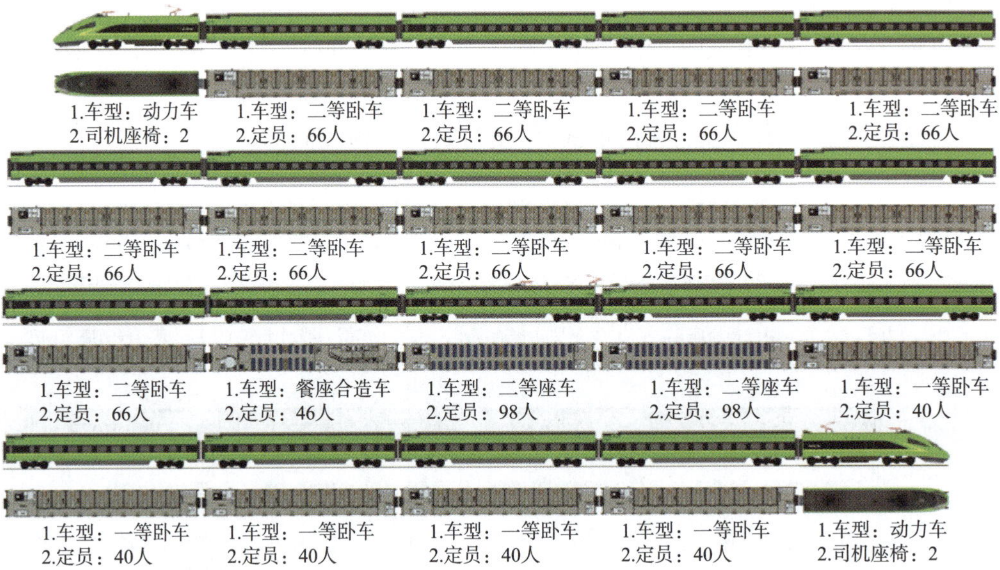

图 1-5　长编组鼓形车体编组形式

3．连挂与解编

连挂与解编包括拖车连挂与解编、重联连挂与解编两部分。拖车连挂与解编指动力车、控制车与车辆进行连接的连挂与解编过程；重联连挂与解编是指两列短编组列车进行连接的连挂与解编过程。

(1)拖车连挂操作

在拖车连挂过程中，需要注意以下五点：

①动力车需采用无动力连挂时，头罩开闭机构操作由整备司机负责。

②车辆的摘挂、软管的摘结及吊挂由调车人员负责。

③电气连接线及密封风挡的摘结由库列检人员负责。

④如需采用自走行方式连挂时，由值乘司机负责将四个安全环路进行切除，并在复编后进行恢复。

⑤连挂后由机务人员负责对机车折角塞门进行捆绑，确认车钩连接、机车侧重联线、供电线连接及锁闭状态、重联风挡连接状态，存在问题时通知车辆部门重新连接。

具体操作步骤是：

①拖车连挂只可在列车低速运行中进行，其中拖车保持静止，做好防溜操作，动力车与拖车进行连挂。

②连挂车钩和折棚风挡。

③连接制动软管和总风软管，如图 1-6 所示。

④连接重联电缆,根据电缆标识进行安装并固定,各电缆与车体间无接磨。

⑤连接动力车与拖车之间的列供电缆和通信连接器,并确认连接到位,如图 1-7 所示。

图 1-6 制动软管和总风软管连接

图 1-7 列供电缆和通信连接器连接

注意:连接重联电缆时需要在整列动车组断电情况下进行。

(2)拖车解编操作

在拖车解编过程中,需要注意以下五点:

①拖车解编前,由车辆部门确认拖车实施制动并做好防溜工作。

②动力车需采用无动力解编时,头罩开闭机构操纵由整备司机负责。

③电气连接线、风管及密封风挡的摘结由库列检人员负责。

④解编中机务、车辆人员分别负责机车与车辆侧车钩摘解结。

⑤如需采用自走行方式解编时,由职乘司机负责将四个安全环路进行切除,按照车辆部门指挥进行摘解作业。

注意:拆装重联电缆时必须在整列动车组降弓并且切断动力车供电电源时进行,严禁带电作业。

具体操作步骤是:

①将重联电缆、通信电缆、列车供电电缆拆下。

②摘解制动软管和总风软管。

③将尾端的折棚风挡拆卸。

(3)重联连挂操作

重联连挂操作指 CR200J3 型动车组短编组控制车一端重联连挂操作。

司机室显示单元设置连挂/解编界面,显示界面包括开闭机构和电钩状态。连挂时，点击“开始连挂”按钮，在连挂/解联界面及主界面中提示“连挂正在进行”，整个连挂过程顺利完成后，提示“连挂完成”。连挂过程中需要提示司机如何操作。

重联连挂时的操作只对操作端侧对应的开闭机构和车钩有效，且只允许在动车组静态下进行。

两列动车组连挂按照如下流程：

连挂开始→开闭机构打开到位→移车→机械钩连接到位→电钩连接到位→连挂完成。两列动车组连挂流程如图1-8所示。

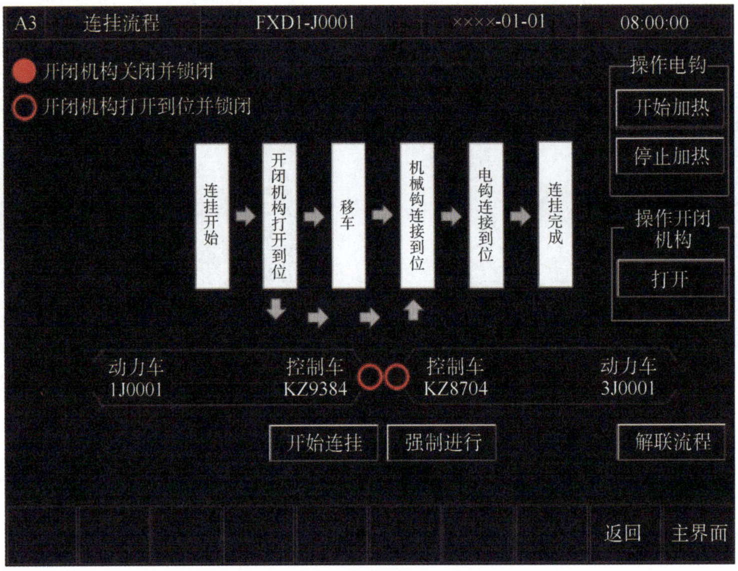

图1-8　两列动车组连挂流程

(4)重联解编操作

重联解编操作指CR200J3型动车组短编组控制车一端重联解编操作。

在操作端司机显示单元(以下简称DDU)上点击连挂/解联界面中“开始解联”按钮，连挂/解联界面及主界面都提示“解联正在进行”，整个解联过程顺利完成后，提示“解联完成”。

重联解编时的操作对动车组两端的开闭机构和车钩都有效，并且只允许在动车组静态下进行。

两列动车组解联按照如下流程：

解编开始→电钩分离到位→机械钩分离到位→移车→开闭机构关闭→解编完成，如图1-9所示。

4. *互联互通要求*

为确保互联互通，要求不同生产厂家的动力车与动力车、控制车与动力车之间无论是短编组还是长编组，均能匹配使用，短编动车组控制车与动力车端连挂、控制车

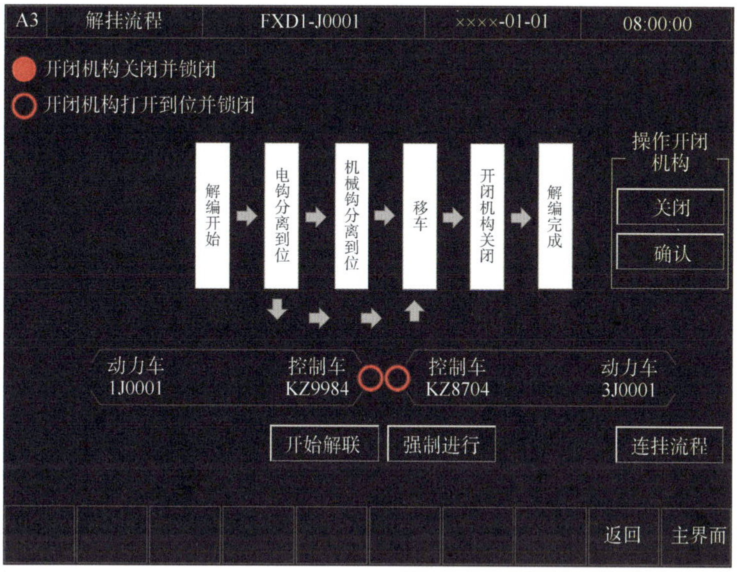

图 1-9 两列动车组解编流程

与控制车端连挂组合的重联运行。通过技术标准的统一、规范，实现对动力集中型动车组网络系统构架、数据传输、功能需求、故障代码、司机室显示单元、列车贯通线、安全环路、拖车运行状态安全监测系统（TCDS）主机与动力车控制与监视系统（TCMS）通信协议、互联互通等项点的统一。

（1）动力车与控制车的互联互通

①控制车采用与动力车一致的网络结构，可实现对本车以及编组列车的逻辑控制及故障诊断；

②可实现不同生产厂家的动力车与控制车（动力车）间的互联互通；

③可实现短编动车组的动—控、控—控重联运行；

④可实现编组内列车级网络故障时的紧急牵引；

⑤可实现对全列动力车及控制车的控制电源集中控制；

⑥可实现列车进站后的站台方向和全列进站识别；

⑦动力车与控制车还可实现牵引屏和制动屏合屏、速度模式与转矩模式的灵活切换、列车级 WTB 电缆的断线检测等功能。

（2）动力车/控制车与拖车的互联互通

①设置局部操作网络（LonWorks）总线与拖车进行通信，拖车的车门、火警、制动及轴报等信息可在司机室显示单元集中显示；

②可识别来自拖车四个环路的报警信号，进行警示和列车级保护动作；

③可实现不同生产厂家的动力车/控制车与拖车间的交叉匹配与控制；

④可实现对全列拖车外门的集中控制；

⑤可实现车列电空制动控制功能；

⑥全列车采用统一的时间基准，便于管理和故障诊断。

5. 主要技术参数

设计寿命	不少于30年或900万km
轴重	动力车：≤21 t
	拖车和控制车：≤16.5 t
速度	最高运营速度：160 km/h
	最高试验速度：176 km/h
定员	短编组（直形、鼓形）：720人
	其中：一等座席56人、普通座席664人
	长编组（直形）：918人
	其中：普通座席242人、普通卧铺396人、包间卧铺280人
	长编组（鼓形）：1 102人
	其中：普通座席242人、普通卧铺660人、包间卧铺200人
动车组总长度	短编组：～235 m
	长编组：～464 m
动力车车体长度	～20 000 mm
控制车车体长度	27 955 mm
中间车体长度	25 500 mm
车辆间距	直形车体：1 076 mm
	鼓形车体：800 mm
车体宽度	直形车体：3 105 mm
	鼓形车体：3 360 mm
车辆高度（新轮，不包括空调）	动力车直形车体：4 433 mm
	动力车鼓形车体：4 030 mm
	控制车/拖车：4 433 mm
转向架中心距	拖车和控制车：18 000 mm
	动力车直形车体：9 000 mm
	动力车鼓形车体：10 055 mm
转向架轴距	拖车和控制车直形车体：2 500 mm
	拖车和控制车鼓形车体：2 600 mm
	动力车直形车体：2 900 mm
	动力车鼓形车体：2 800 mm
网络系统	动力车（直形车体、鼓形车体）：WTB/MVB

	拖车和控制车(直形车体):LonWorks
	拖车和控制车(鼓形车体):以太网
车钩中心线距轨面高度	880 mm
通过最小曲线半径	整列:$R$145 m
单节调车时最小曲线半径	动力车:$R$125 m
	拖车和控制车:$R$100 m
动力车轮周牵引功率	持续制:5 600 kW
	半小时:6 400 kW
紧急制动距离(平直道)	初速度为 160 km/h 时:≤1 400 m
	初速度为 120 km/h 时:≤800 m

第二节　动力车

CR200J3 型动车组的动力车是为满足中国铁路快速运输要求，借鉴既有客运交流电力机车运用经验，按照系列化、标准化、信息化、模块化的思路进行设计与制造。动力车装载高容量变压器及一体化变流系统，单轴牵引功率1 400 kW，最大加载轴功率可达1 600 kW。动力车外形为流线型设计，采用新技术、新材料设计的轻量化车体、高速双轴转向架，使动力车具有良好的动力学性能，最高运营速度 160 km/h。

动力车主要特点：

1. 轴式为 B_0-B_0，电传动系统为交—直—交传动，采用 IGBT 水冷变流机组，1 400 kW 大转矩异步牵引电机，具有启动（持续）牵引力大、恒功率速度范围宽、黏着性能好、功率因数高等特点。

2. 采用牵引、辅助、列供变流器一体化设计，每节动力车的辅助电气系统采用两组辅助变流器，能分别提供变频变压（以下简称 VVVF）和定频定压（以下简称 CVCF）三相辅助电源，对辅助机组进行分类供电。辅助电气系统冗余性强，一组辅助变流器故障后可以由另一组辅助变流器对全部辅助机组供电。

3. 采用微机网络控制系统，具有逻辑控制、自诊断网络重联功能。

4. 除受电弓、避雷器、高压连接器外，其他高压设备均放置在车内高压柜内，降低恶劣天气车顶高压放电的可能性，提高动力车运行可靠性，并减少检修工作量。

5. 总体设计采用高度集成化、模块化的设计思路，电气屏柜和各种辅助机组分功能斜对称布置在中间走廊的两侧；采用规范化司机室，有利于动力车的安全运行。

6. 车体采用准流线型设计和轻量化桁架式整体承载结构，车端采用小间隙车钩，两节之间采用密接式车钩装置，无连挂间隙，有利于减小列车冲动，并方便安装检修维护。

7. 转向架采用承载式整体铸造铝合金齿轮箱体，将进风道设置在齿轮箱体上，可有效降低牵引电机重量，大大降低簧间重量，提高动力车的运行品质。

8. 采用下悬式安装方式的一体化多绕组（全去耦）变压器，具有高阻抗、重量轻等特点，并采用强迫导向油循环风冷技术。

9. 采用独立通风单层铝合金绝缘顶盖，降低重量的同时提高避雷器和高压设备在雾霾天气下运行的可靠性和安全性。

10. 采用集成化气路的空气制动系统，具有空电制动功能。机械制动采用轮盘制动。

11. 采用新型空气干燥器，有利于压缩空气的干燥，减少制动系统阀件的故障率。

第三节 拖车和控制车

拖车、控制车以既有 25T 型客车为基础，拖车为 25T 型客车的“一般改进型”产品，控制车为 25T 型客车的“重大改进型”产品，适应既有客车线路及运用。在平面布置、内部装饰、人机界面等方面拖车、控制车参照既有 CRH 系列动车组进行优化设计。不同厂家生产的拖车、控制车满足互联互通互控要求。

动车组拖车、控制车较 25T 型客车有较大技术改进，重点体现在以下三方面：

1. 增加安全环路设计

(1)车门安全环路：动车组运行途中发生车门故障报警后，触发车门安全环路，动车组自动实施牵引封锁，待报警信息消除或隔离环路后，牵引封锁解除。

(2)制动安全环路：当动车组发生制动系统严重缓解不良、严重自然制动、严重异常制动报警后，触发制动安全环路，动车组施加惩罚制动，待报警信息消除或隔离环路后，惩罚制动解除。

(3)轴报安全环路：当动车组轴温达到绝对温度 90 ℃后，触发轴报安全环路，动车组施加惩罚制动，待报警信息消除或隔离环路后，惩罚制动解除。

(4)火灾安全环路：发生拖车火灾报警后，动车组不自动控车，司机主动降速至 120 km/h，火灾报警信息消除后，司机恢复正常速度运行。

(5)停车制动环路：该环路表示整列车停放制动状态，当发生任意动力车、控制车、拖车施加停放制动后，环路输出报警、牵引封锁或惩罚制动。

以上五项安全环路能够及时针对行车重点故障隐患进行控车，确保动车组运行安全。

2. 增设旅客信息服务系统

旅客信息服务系统由 PIS 系统列车主机、集中功放、PIS 系统操作屏、广播控制盒、车外 GPS 天线、车外 FM 天线、车厢控制器、车内屏、车外屏、厕所有无人显示模块、扬声器组成，旅客信息系统的信息显示系统具有旅客引导和旅行信息服务功能。

车外信息显示的内容包含：车次、始发站和终点站、车厢顺位号。

车内信息显示的内容包含：车次、车厢顺位号、始发站信息、发车/离站信息、途中信息、预到站信息、中间站到站信息、终点站到站信息。其中途中信息包含运行速度、车外温度等信息，同时可提供旅客关心的其他信息，更好地为旅客出行提供方便。

3. 增设车载 Wi-Fi 系统

为更好地方便旅客出行，提供温馨的出行环境，全列动车组配备了车载 Wi-Fi 模块，旅客乘车过程中通过连接车载 Wi-Fi 能够随时随地享受互联网带来的便捷服务。

动力车与拖车之间的接口达到以下功能需求：

(1)DC 600 V供电

DC 600 V电力连接器采用25T统型结构。

(2)通信控制

通信控制采用54＋3的新型通信(控制)连接器，集成列车通信，包括门控、火警、轴温、列车网络、安全环、照明集控、PIS及电空制动控制等功能。

(3)重联控制

通过车端的54＋3的重联连接器传输动力车与动力车之间的重联信号，全列拖车布置重联贯通线。

(4)动力车与拖车之间形成乘务人员通过的通道

通过内风挡、渡板，使动力车机械间中间过道与拖车贯通。

动力车与拖车接口见表1-1。

表1-1　动力车与拖车接口

类　　型	部　　件	接口方式
机械	风挡	双层气密折棚风挡、橡胶外风挡
	车钩	25T型密接式车钩
	车端阻尼	25T型车端阻尼器(预留接口)
电气	列供	短编组:DC 600 V两路各200 kW 长编组:每个动力车DC 600 V一路400 kW
	网络	首尾动力车与控制车或动力车与动力车之间:WTB总线 拖车与动力车:LonWorks/MVB网关传输信息(车门状态、轴温报警、火警、制动缓解不良)
	硬线	传输控制指令:门控、列车电空制动等
制动	气路	总风软管和制动软管

短编重联接口见表1-2。

表1-2　短编重联接口

类　　型	部　　件	接口方式
机械	开闭机构	电动开闭机构
	车钩	带电气钩的密接式车钩
电气	网络	首尾动力车与控制车或动力车与动力车之间:WTB总线 拖车与动力车:LonWorks/MVB网关传输信息(车门状态、轴温报警、火警、制动缓解不良)
	硬线	传输控制指令:门控、列车电空制动等
制动	气路	总风软管和制动软管

拖车和控制车在直形车体、鼓形车体中的材料及结构布局设计见表 1-3。

表 1-3 拖车和控制车在直形车体、鼓形车体中的材料及结构布局设计

序号	零部件配置	直形车体		鼓形车体	
		拖车	控制车	拖车	控制车
1	钢结构	耐候钢		高耐候钢	
2	裙板	竖直裙板,耐候钢		圆弧状裙板,高耐候钢	
3	车钩	25T 密接式车钩	25T 密接式车钩, 二位端 105 型电钩	25T 密接式车钩	25T 密接式车钩, 二位端 105 型电钩
4	内风挡	25T 双层风挡		对波橄榄形	
5	外风挡	月牙形		椭圆形	
6	脚蹬	4 个脚蹬+脚蹬翻板		无脚蹬	
7	导流罩	有	客室和司机室均有导流罩	有	客室和司机室均有导流罩
8	车端阻尼	2 个车端阻尼	1 个车端阻尼	无	

复习思考题

1. 简述动车组拖车连挂与解编的操作过程。
2. 简述两列动车组重联连挂的操作过程。
3. 简述两列动车组重联解编的操作过程。
4. 简述动力车的主要特点。
5. 动车组拖车、控制车的五项安全环路是什么?

第二章　动力车总体

动车组的动力车是借鉴既有客运交流电力机车技术制造，本章主要介绍动力车主要技术参数、设备布置和通风系统。

第一节　主要技术参数

1. 工作电源

电流制	25 kV/单相交流 50 Hz
网压允许波动范围	17.5～31 kV

2. 牵引性能参数

电传动方式	交—直—交传动
持续功率	5 600 kW(短时 6 400 kW)
动力车速度	最高运营速度:160 km/h 最高试验速度(新轮):176 km/h 持续速度:95 km/h
动力车启动牵引力	240 kN
动力车持续制牵引力	212 kN

3. 动力制动性能参数

电制动方式	再生制动
电制动功率	5 600 kW(132～160 km/h)
最大电制动力	153 kN

牵引制动特性曲线如图 2-1 所示。

4. 主要结构尺寸

轨距	1 435 mm
轴式	B_0-B_0
动力车总重	$78\times(1^{+3\%}_{-1\%})$t
轴重	19.5 t
动力车前、后车钩中心距	19 985 mm

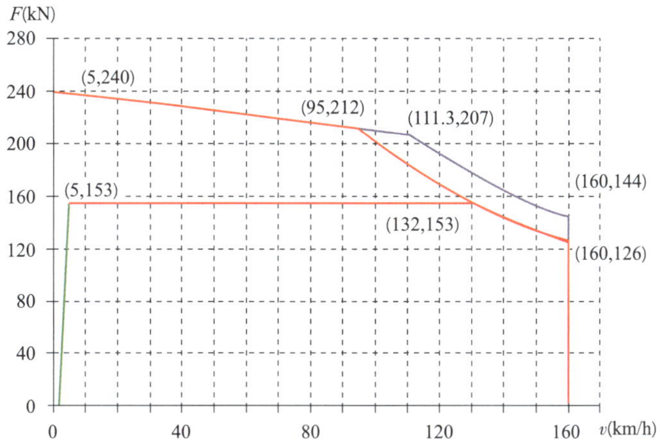

图 2-1　牵引制动特性曲线

车体宽度	直形车体:3 105 mm
	鼓形车体:3 360 mm
车体高度(新轮、不包括空调)	动力车直形车体:4 433 mm
	动力车鼓形车体:4 030 mm
动力车全轴距	12 855 mm
转向架固定轴距	2 800 mm
车轮直径	1 250 mm(新轮)
	1 200 mm(半磨耗)
	1 150 mm(全磨耗)
受电弓落下时滑板顶面距轨面高度	≤4 750 mm
受电弓滑板距轨面的工作范围	5 150～6 500 mm
车钩中心线距轨面高度(新轮)	(880±10)mm
排障器距轨面高度	110^{+10}_{0} mm

5. 功率因数

当动力车发挥 10%及以上额定功率时功率因数≥0.98。

6. 等效干扰电流

牵引工况下发挥持续功率，且列车供电没有投入，距牵引变电所 10 km 处测量，接触网阻抗每公里 0.63 Ω、64°的条件下，等效干扰电流 I_p≤2.5 A。

7. 动力车总效率

额定网压下，在牵引工况发挥持续功率时(不包括列车供电)动力车总效率≥0.85。

8. 动力车自动过分相装置

动力车具有自动通过分相区的功能。自动过分相装置具有动作时间点记录功能。在自动过分相装置故障时，可采用手动或半自动方式通过分相区。

9. 动力学性能

动力车应能以5 km/h速度安全通过半径为125 m的曲线，并应能在半径250 m的曲线上进行正常摘挂作业。动力车以160 km/h速度于平直道上施行紧急空气制动时，最大制动距离≤1 400 m。

10. 牵引特性控制要求

(1)动力车牵引模式分为转矩模式和速度模式。

(2)司机控制器手柄为牵引工况16级对应100%力矩输出、制动工况10级对应100%力矩输出，级间能平滑调节。司控器手柄“大零位”对应惰行工况，牵引、制动“小零位”分别对应目标牵引力矩的0、目标制动力矩的1%。转矩模式下，每级牵引力变化设定为$F=15$ kN。速度模式下，牵引0级对应设定速度0，牵引16级对应设定速度165 km/h，设定速度0～160 km/h之间线性调节。

(3)动力车转矩模式下，每级特性控制曲线包括恒牵引力启动阶段、牵引力线性变化阶段和恒功运行阶段，不同级位参考最大外包络线进行百分比设定并按照百分比进行不同速度下的牵引力、制动力计算。

11. 制动特性控制要求

(1)采用每级恒制动力特性控制。

(2)制动控制司机控制器手柄为10级，级间能平滑调节。

(3)每级制动力变化设定为$\Delta F=15$ kN。

(4)最大再生制动力为153 kN。

第二节　设备布置

动车组的动力车是一台4轴动力车。在动力车的前端设有一个司机室，中间是机械室。在机械室内设有700 mm宽的中央通道，在通道左右两侧设有主变流装置、通风机、复合冷却器、空气压缩机等电气设备。在车体下设有2台2轴的转向架及牵引变压器，在顶盖上设有受电弓及避雷器。动力车外形及设备布置如图2-2所示。车内设备布置以平面斜对称布置为主，设备成套安装，有利于动力车的重量分配和动力车的制造、检修和部件的互换。

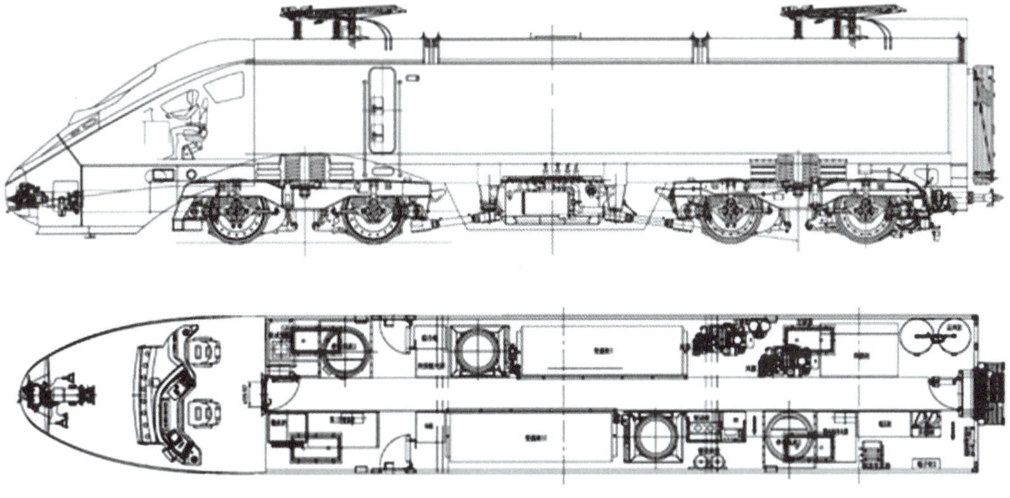

图2-2　动力车外形及设备布置

一、车　　顶

车顶顶盖由3个可拆卸的独立顶盖组成，方便车内设备吊装，其密封结构可多次重复使用并保持其密封性能。采用铝合金型材6063-T6与板材5083-H111组焊而成，铝合金顶盖总重约1 200 kg(不含其他附件)。顶盖侧面为通风进风口，Ⅰ、Ⅲ顶盖上集成了牵引通风机风道。在Ⅰ、Ⅲ顶盖上安装有受电弓及支撑绝缘子、避雷器、高压穿墙套管，避雷器底部和高压电缆穿墙套管上部和下部采用绝缘防护，第Ⅰ顶盖上还设有天线安装预留座；在第Ⅱ顶盖上设有受电弓摄像头、LKJ三合一天线、北斗天线、3G天线和活动天窗，活动天窗用于登上车顶检修作业。为确保安全，天窗设置钥匙联锁装置。车顶设备布置如图2-3所示。

二、车　　体

车体为中间内走廊式单司机室整体承载焊接结构。车体总体如图2-4所示，车体主要由车体钢结构、顶盖、牵引缓冲装置等组成。其中车体钢结构由司机室、左右侧墙、底架、后端墙及前围板和排障器等大部件组成整体结构。

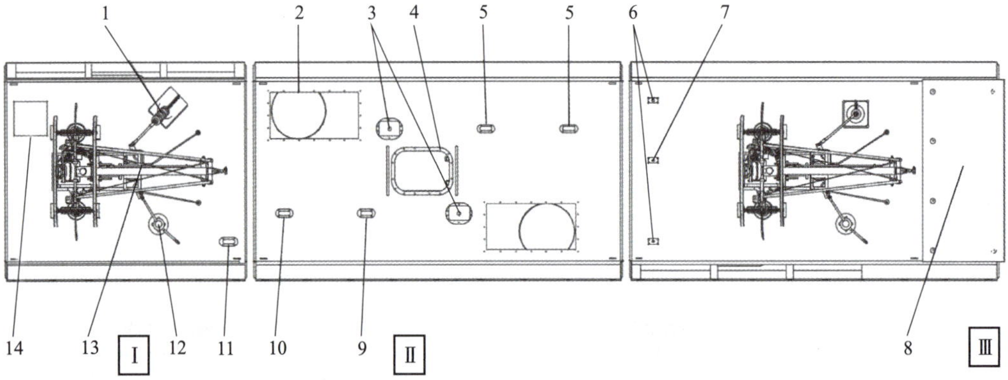

1—高压套管；2—复冷风机通风口；3—受电弓摄像头；4—活动天窗；5—LKJ 车载三合一天线；
6—多频天线；7—电台 GPS 天线；8—导流罩；9—北斗天线；10—3G 天线；
11—天线安装预留座；12—避雷器；13—受电弓；14—空调风道。

图 2-3　车顶设备布置

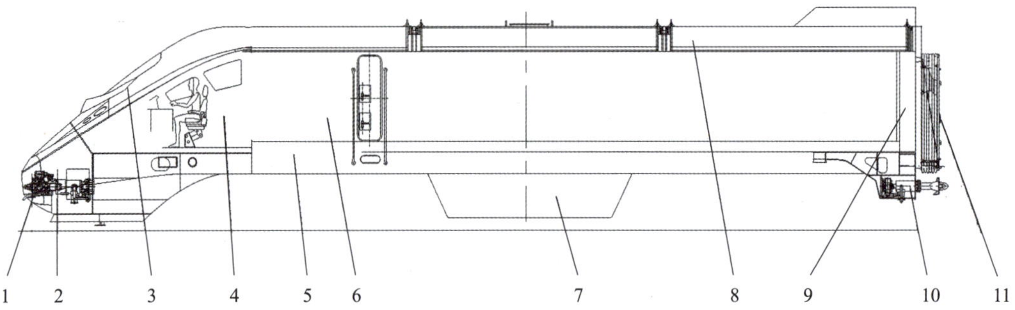

1—前端车钩缓冲装置；2—开闭机构；3—玻璃钢复合材料头罩；4—司机室钢结构；5—底架；
6—侧墙；7—裙板；8—铝合金顶盖；9—后端墙；10—后端车钩缓冲装置；11—折棚风挡。

图 2-4　车体总体

车体主要技术参数：	
车体长度(车钩中心线)	19 979 mm
车体宽度	直形车体：3 105 mm
	鼓形车体：3 360 mm
车体高度(受电弓安装面)	直形车体：4 030 mm
车体高度(导流罩)	直形车体：4 433 mm
前端车钩高度	880^{+10}_{-25} mm
后端车钩高度	880^{0}_{-30} mm
司机室长度	5 095 mm

（一）车体底架

车体底架主要由前后端牵引梁、前后旁承梁、变压器梁、中梁及左右边梁等组成。中间变压器横梁采用鱼腹结构，并安装有牵引拉杆座。底架结构如图 2-5 所示。

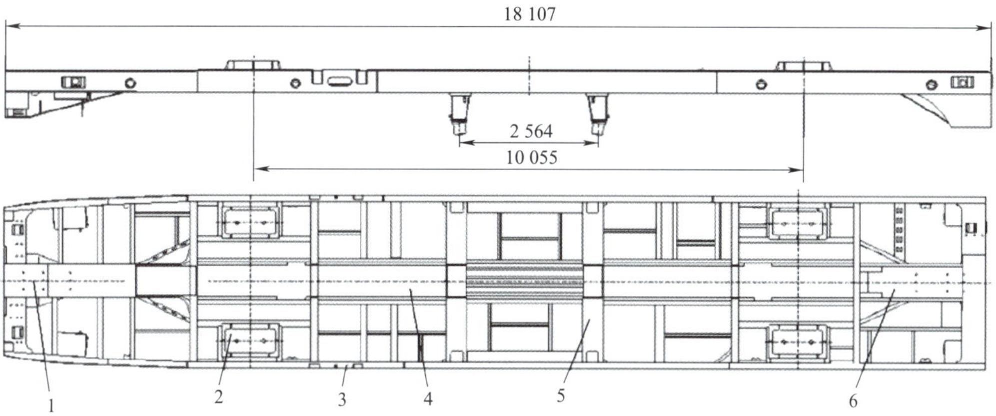

1—前端部牵引梁；2—旁承梁；3—边梁；4—变压器梁；5—中梁；6—后端部牵引梁。

图 2-5　底架（单位：mm）

前端部牵引梁是由端梁、牵引梁、边梁、砂箱等组成的框架结构，主要承受车钩缓冲器处传递的压缩力和拉伸力。前端牵引梁的结构为牵引缓冲装置提供安装接口。后端部牵引梁是由端梁和牵引梁等组成的框架结构，主要承受车钩缓冲器传递的压缩力和拉伸力。

旁承梁是由旁承座、横梁、纵梁组成的框架结构。旁承座为铸造件，焊接在梁上。

变压器梁是由变压器横梁、纵梁、中间梁等组成的框架结构。变压器横梁除承受变压器吊挂在其下产生的垂直载荷，还要承受通过牵引销从转向架传递过来的纵向牵引力。

中间走廊两侧设置前后贯通的“乃”字形中梁。

侧（边）梁是由盖板和压型槽钢组成的箱形梁结构，布置有两个供整车起吊用的吊车筒、救援吊座及加砂口结构。端部砂箱半埋藏在底架中，与边梁和前后端部相连。

（二）牵引缓冲装置

牵引缓冲装置由车钩、缓冲器及其连接机构组成，其作用是传递牵引力和制动力，并吸收动力车与动车组连挂时及动车组在运行中产生的纵向冲击力。

动力车前端可与普通机车连挂，必要时可换装密接式车钩，而后端要求与客车 25T 型密接车钩相互连挂。因此本车采用两种车钩及缓冲装置，分别安装在车体底架两端牵引梁的车钩箱内。前端牵引缓冲装置（司机室端）采用 105A 型钩缓装置，后端则采用 25T 型密接式车钩，均由连挂系统、缓冲系统及安装吊挂系统组成。

1. 前端牵引缓冲装置

前端牵引缓冲装置(司机室端)采用105A型钩缓装置,由连挂系统、缓冲系统及安装吊挂系统组成,整套钩缓装置的最小破坏载荷为1 800 kN。前端牵引缓冲装置结构如图2-6所示。

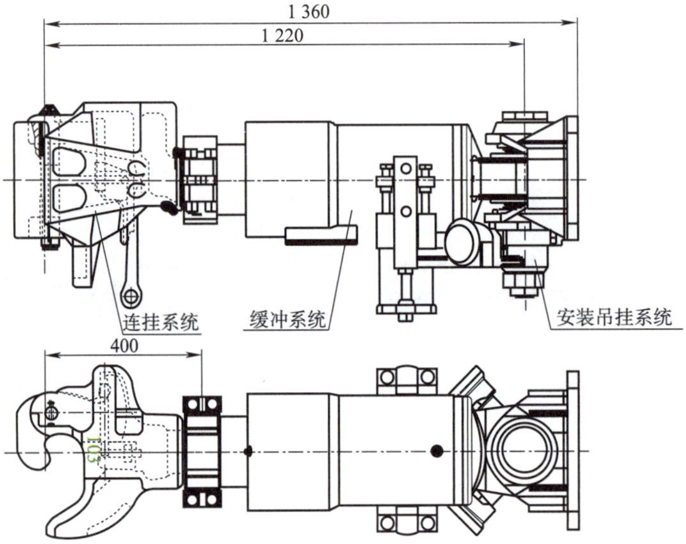

图2-6　前端牵引缓冲装置结构(105A型)(单位:mm)

(1)连挂系统

连挂系统由105A型车钩和连接卡环组成,车钩装有下作用式单侧解钩提杆,并配有单独的解钩套杆,应注意合理存放,防止丢失。车钩的"三态"作用应在车钩钩身轴线呈水平的状态下,通过解钩提杆,检查车钩"三态"作用是否良好。

①开锁状态:用手缓慢扳动解钩提杆,使闭锁位的钩锁抬高到钩舌尾部以上。在此过程中钩舌不应转动,钩舌仍处在闭锁位置。当回转检查提杆使钩锁落下时,钩锁应坐落在钩舌推铁的锁座前顶面上。此时用手扳动钩舌内腕,钩舌应能自由地转动至全开位置。

②全开状态:用力扳动解钩提杆,钩舌完全伸开,即为全开状态良好。

③锁闭状态:在全开状态时,将钩舌缓缓地向钩头内推动,锁铁以自身重量完全落下,使钩舌不能转出,即为锁闭状态良好。

105A型车钩性能参数:

材料牌号	C级钢
材料最小拉伸强度	620 MPa
材料屈服强度	415 MPa
车钩最小拉伸破坏载荷	2 000 kN

（2）缓冲系统

缓冲系统是用来缓和、消减动力车与车辆连挂、牵引及制动过程中，动力车与车辆相互碰撞而引起的冲击和振动，从而提高列车运行的平稳性。

（3）安装吊挂系统

安装吊挂系统采用橡胶支撑，通过调节橡胶支撑两侧的支撑螺栓高度可以调节车钩的高度，如图 2-7 所示。

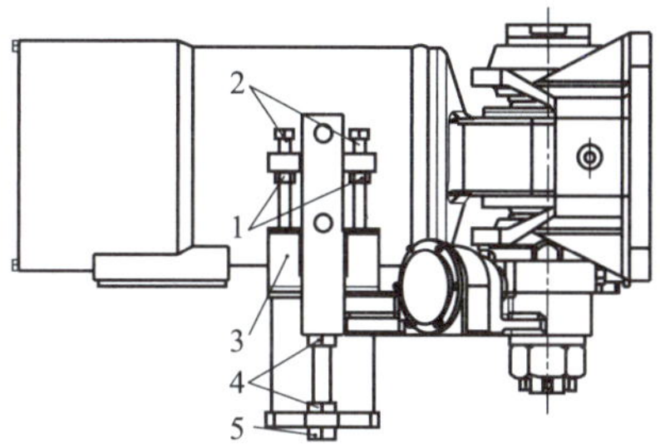

1—螺母 1；2—限位螺栓；3—限位板；4—螺母 2；5—调节螺栓。

图 2-7　车钩高度调节

整个牵引缓冲装置采用 4 个 M36 的内六角圆柱头螺钉和Ⅱ型全金属六角锁紧螺母与车体连接，如图 2-8 所示顺序依次装入平垫圈及锁紧螺母后，以交叉拧紧方式将 4 个螺钉及螺母按规定的扭紧力矩扭紧。M36 螺钉及螺母的扭紧力矩推荐值为 1 400～1 500 N·m。M36 的螺钉及螺母安装完成后，应使用红色标记笔标上，表示拧紧力矩的线条。

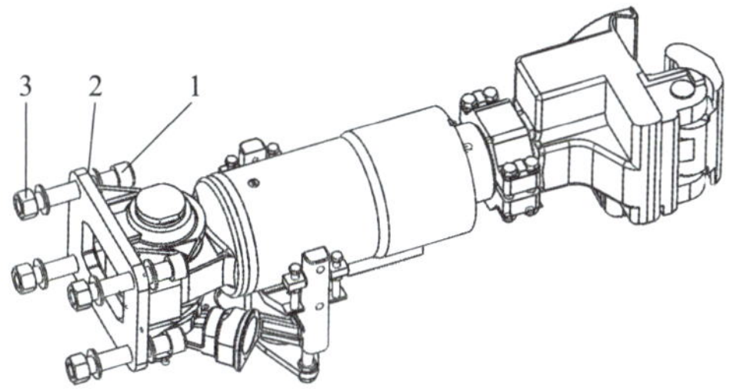

1—螺钉；2—平垫圈；3—锁紧螺母。

图 2-8　牵引缓冲装置螺栓安装

2. 后端牵引缓冲装置

动力车后端牵引缓冲装置是与拖车之间的连挂，采用 MJGH-25T 型密接式钩缓装置，如图 2-9 所示。

3. 钩高要求

密接式钩缓装置安装到车体后，正常状态下，钩体凸锥顶点距轨面的垂直距离为 $880_{-30}^{\ 0}$ mm。需要说明，较低的钩高对减轻支架等零件的受力更为有利，只要钩高在

820～880 mm范围内车钩都可安全连挂(密接车钩一旦连挂完成后钩高会自动保持与车体一致),因此,运用中钩高最低限度按820 mm控制。

车钩高度调节步骤:

(1)松开支撑弹簧盒固定螺母(下穿螺栓结构)或螺栓头(上穿螺钉式结构)的防松垫片,如图2-10所示。

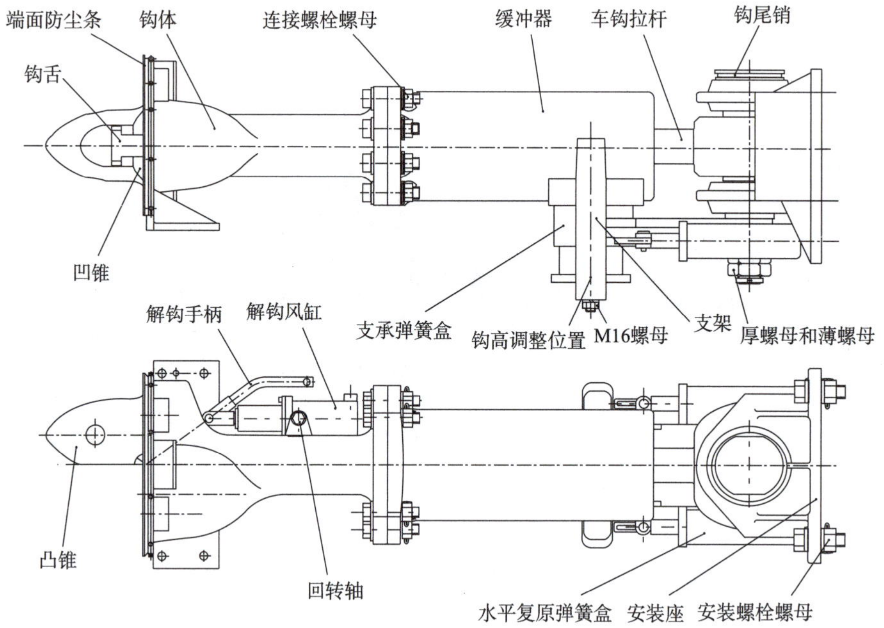

图2-9　动力车后端牵引缓冲装置结构

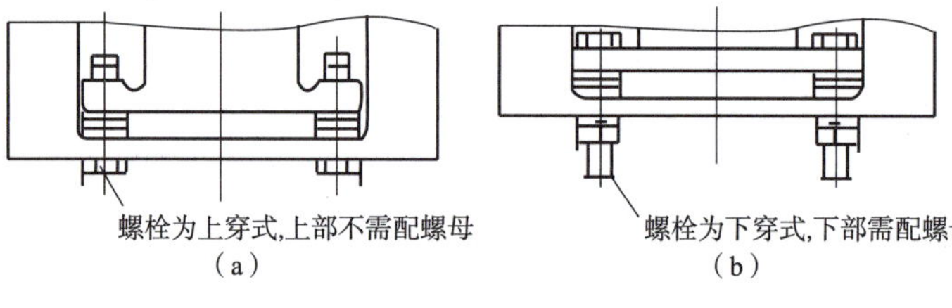

图2-10　支撑弹簧盒固定结构(共两种形式)

(2)拆下螺栓或螺母。

(3)在支撑弹簧盒底面和支架接触面间装入标准平垫圈或整体式垫片,如图2-11所示。需要注意的是,垫圈或垫片总厚度不能超过10 mm,否则应检查支架是否存在弯曲现象。

(4)最后拧紧螺母或螺栓,拧紧力矩为200 N·m。

4. 连　　挂

(1)连挂前必须确认手柄定位销位于解钩手柄的销孔中,即位置1,如图2-12

所示。连挂时如该销装于位置 2,如图 2-13 所示,不仅会连挂不上,还会损坏解钩手柄。

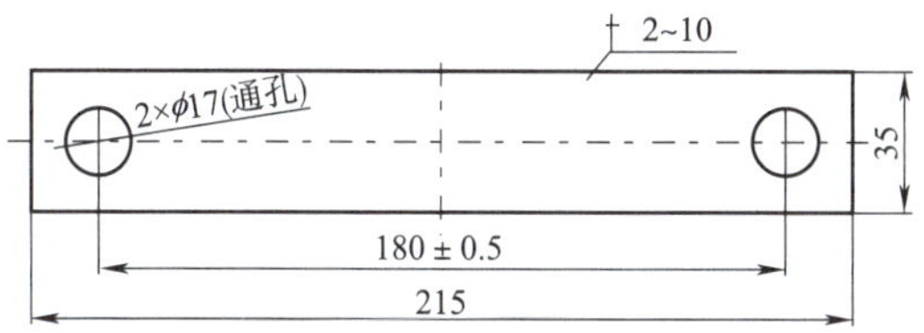

图 2-11　整体式垫片(用于调整钩高)(单位:mm)

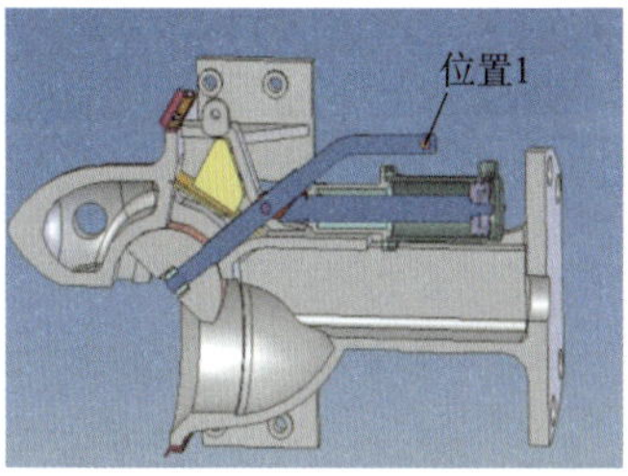

图 2-12　车钩连挂前手柄定位销位置(位置 1)

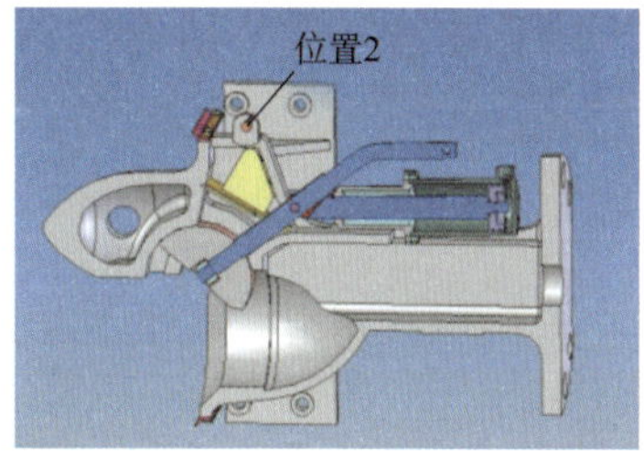

图 2-13　车钩连挂后手柄定位销位置(位置 2)

(2)连挂速度不能大于 5 km/h。

注:虽然车钩具备 5 km/h 的连挂能力,但连挂速度应尽可能低,并要符合相关规定,通常情况下应控制在 1～3 km/h。

(3)连挂后,如将手柄定位销插到钩体的销孔内(图 2-13 中位置 2)可防止人为随意拨动解钩手柄从而意外打开车钩。

5. 解　　钩

密接钩缓装置的解钩由人工完成(注:车钩带有解钩风缸,与车上风源连接后具备自动解钩的功能,但目前动力车尚未启用该功能)。由人工操作钩体上的解钩手柄来完成,步骤如下:

(1)确认手柄定位销位于解钩手柄的销孔中,同时确认钩体销孔中无任何销子存在。

(2)动力车压钩,使待分解车钩处于受压状态。

(3)扳动解钩手柄至解钩位,在钩体销孔内插上手柄定位销。之后操作人员离开操作位置。

(4)动力车向前拉,将待分解车钩拉开。

(5)操作人员进入操作位置,拔出手柄定位销,使车钩处于待挂状态,并将定位销插回解钩手柄的销孔(图 2-12 中位置 1)中。

视频

司机室设备布置

三、司 机 室

司机室由钢结构和司机室头罩两部分组成，司机室头罩体现材料轻量化理念，采用夹芯玻璃钢复合材料，粘接在钢结构上，司机室头罩采用流线型外形设计。司机室钢结构蒙皮厚度为 2 mm，骨架由 4 mm、5 mm、6 mm 厚度钢板组成。在司机室侧窗下方设置“腰梁”，与司机室前方横梁、司机室后墙横梁组成一个环形，即构成一个闭环防护带。司机室后墙由蒙皮和槽钢框架组成，网格内填充吸声隔热材料，主要作用是隔绝司机室与机械间的噪声和温度传导。司机室后墙安装有司机室隔墙门、防夹手扶手杆、衣帽钩等。所有穿过后墙的管线都预安装穿墙体进行密封。整个司机室设备布置分为操作台设备布置、后墙设备布置、顶盖设备布置、侧墙设备布置、前墙设备布置共五部分。司机室整体效果如图 2-14 所示。

图 2-14　司机室整体效果

1. 操作台设备布置

(1)动力车直形车体

仪表盘区域设备布置从左至右分别为①6A 显示屏；②司机室显示屏 1；③监控显示屏；④紧急制动、防盹睡装置（预置）、拾音器；⑤司机室显示屏 2；⑥紧急牵引指示灯、门关闭指示灯、火灾报警蜂鸣器；⑦速度表、网压表、电压表；⑧CIR 电台的 MMI 显示终端和送受话器等，如图 2-15 所示。

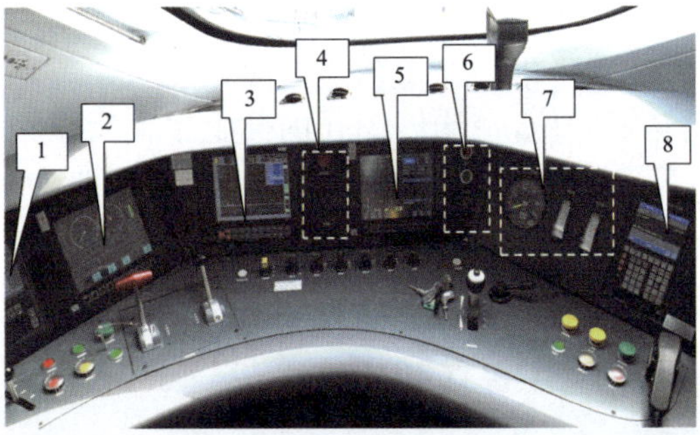

图 2-15　操作台设备布置（直形车体）

操作台面板设备布置从左至右分别为①后备制动手柄；②停放制动施加、停放制动缓解、高音风笛、开左门、释放左门、关左门；③制动控制器；④从左到右依次是：半自动过分相、主断路器、受电弓、空压机、前照灯、司机室灯、辐照灯、仪表灯；⑤牵引模式、电钥匙、司控器；⑥司机警惕按钮、电笛、高音风笛、关右门、释放右门、开右门；⑦送受话器，如图 2-16 所示。

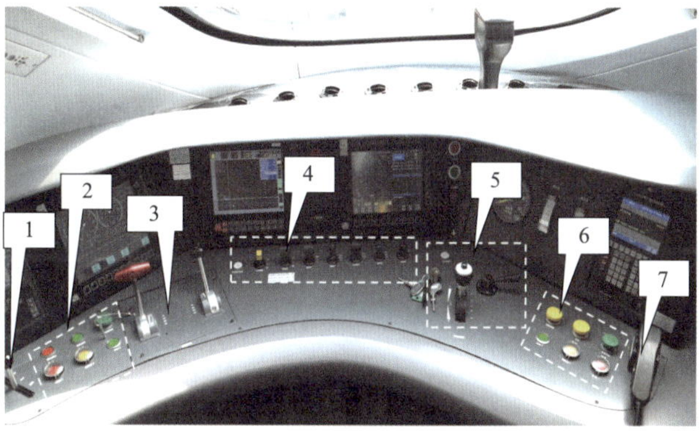

图 2-16　操作台面板设备

操作台（副司机位置处）设置充电插座（仅限于笔记本电脑、手机等充电使用）、调试端口、调车灯显端口，如图 2-17 所示。

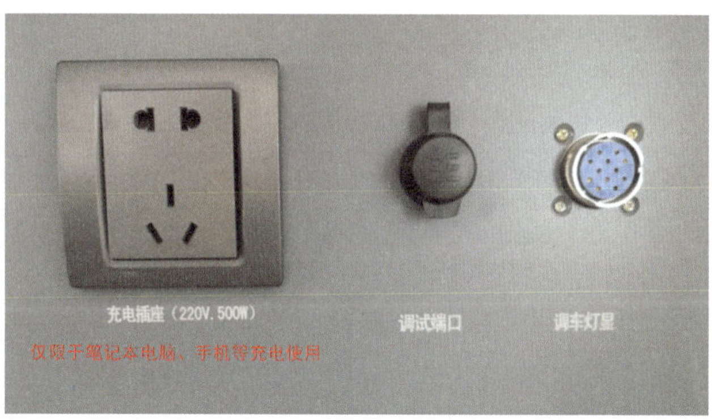

图 2-17　操作台（副司机位置）设备

中柜顶部的主要设备为喷淋按钮、刮雨器旋钮、空调模式选择旋钮、空调风速旋钮、遮阳帘旋钮、窗加热旋钮、暖风机旋钮，如图 2-18 所示。

左边柜功能区布置有网压表、控制电压表、制动缸压力表、总风管/列车管压力表、后备均衡压力表、茶杯托、紧急放风阀、开关面板 1、开关面板 2 等。左柜立面上布置有打印机及外部扬声器、重联电话。

左边柜设备布置如图 2-19 所示。其中，左边柜功能区上面板如图 2-20 所示，布置有均衡风缸压力指示表、制动缸（闸缸）压力指示表、总风管及列车表指示表；列供断电按钮、踏面清扫按钮、换端按钮、紧急制动按钮、茶水杯放置孔。

图 2-18　中柜顶部设备布置

图 2-19　左边柜设备布置

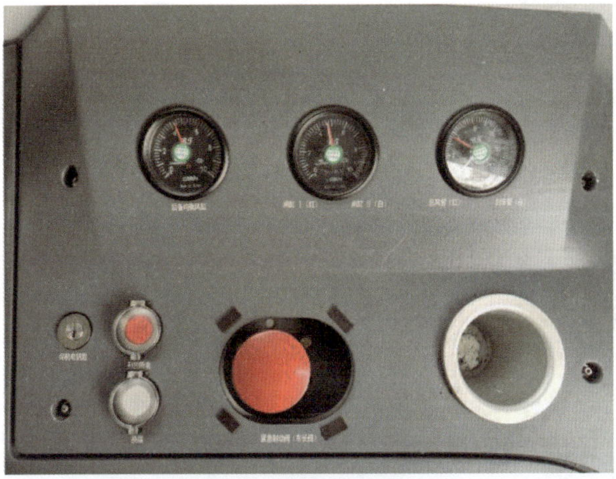

图 2-20　左边柜功能区上面板设备布置

左边柜下部旋钮：上排是控制电源、紧急牵引、电风扇、膝炉脚炉、底架灯、标志灯；下排是 CIR 电源、车门零速、监控隔离、地脚灯、尾灯、走廊灯，左边柜下部开关面板设备布置如图 2-21 所示。

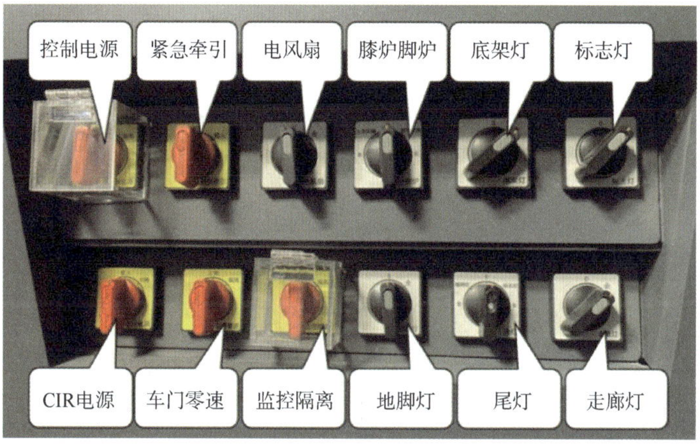

图 2-21　左边柜下部开关面板设备布置

右边柜设备布置有茶杯托、地脚灯、五孔插座等。

(2)动力车鼓形车体

动力车鼓形车体在司机室操作台设备布局方面进行了优化，如图 2-22 所示。

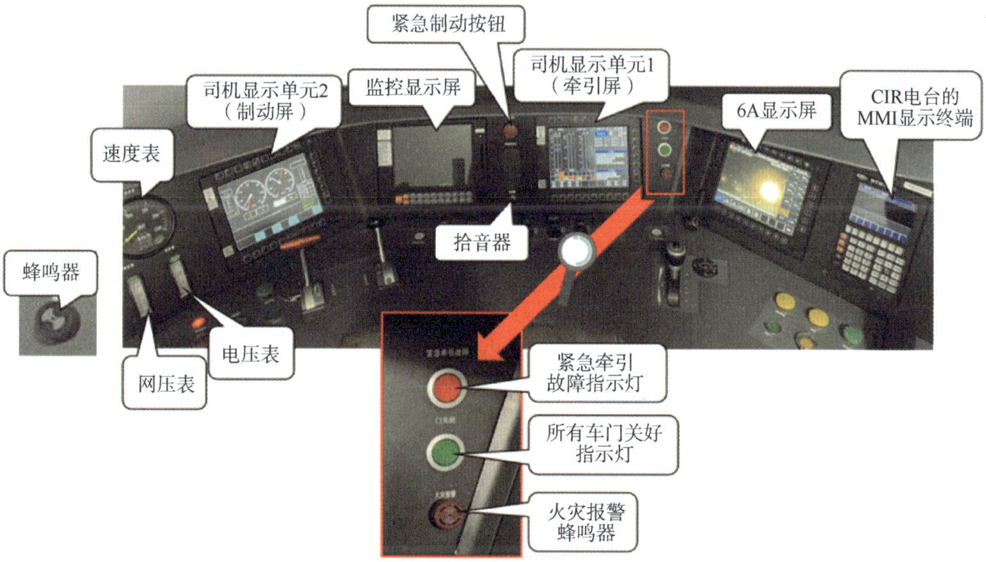

图 2-22　操作台设备布置(鼓形车体)

鼓形车体将直车体 6A 显示屏移至操作台右侧，并升级为综合安全监测屏，同时将速度表、网压表和电压表移至左侧。

升级 6A 显示屏为列车安全监测屏，通过工业以太网实现动力车之间、动力车与拖车间的信息交互。

动力车监测信息（含防火信息、轴温信息、制动信息、视频信息、高压绝缘信息、列车供电信息及 CMD 信息等）与拖车监测信息（含供电信息、空调信息、轴温信息、烟火信息、塞拉门信息、制氧信息、制动信息、停放制动信息、转向架信息、防滑器信息、绝缘检测信息、车下电源信息等）采用一体化设计，通信方式采用以太网双路冗余，保证信息传输可靠性。

增加左边柜设置（图 2-23）优化：将主控钥匙优化配置在左边柜上，减少在主操纵台上的误碰概率。

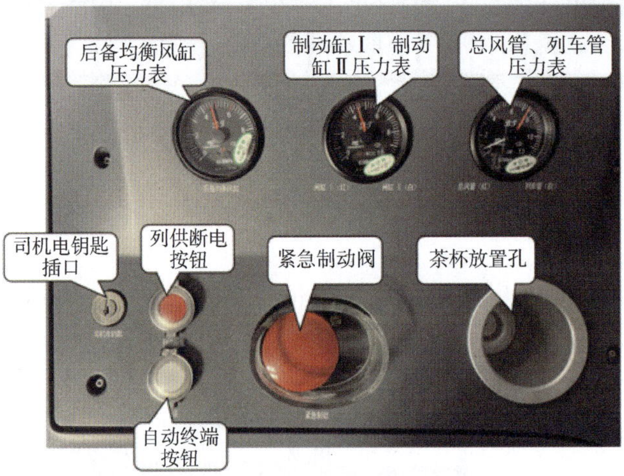

图 2-23　左边柜设备布置

2. 后墙设备布置

后墙设备包括衣帽钩、后墙暖风机、司机室隔墙门、防夹手装置、添乘座椅、后柜，如图 2-24 所示。

3. 顶盖设备布置

顶盖设备包括风扇回风栅、摄像头、风扇、头灯检修仓、司机室顶灯、感温探头、感烟探头，如图 2-25 所示。

4. 侧墙设备布置

侧墙设备包括侧固定窗、右边柜、灭火器、侧开窗，如图 2-26 所示。

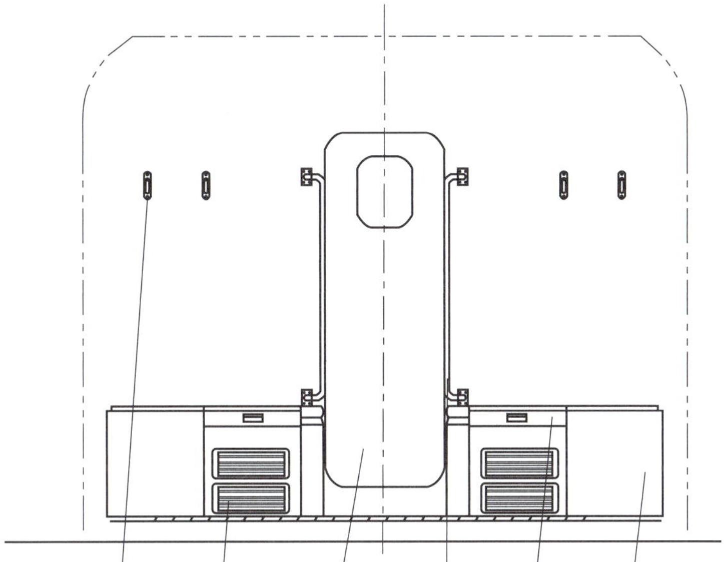

图 2-24　后墙设备布置

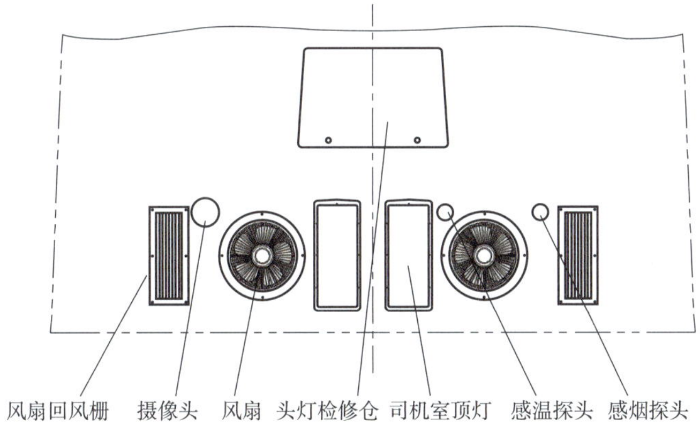

图 2-25　顶盖设备布置

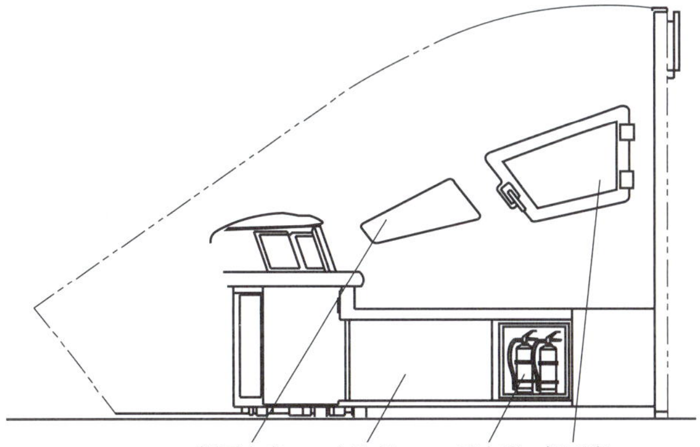

图 2-26　侧墙设备布置

5. 司机室前墙设备布置

司机室前墙设备包括八显示机车信号、刮雨器、遮阳帘、出风口、前端暖风机、主脚炉、副脚炉等，如图 2-27 所示。

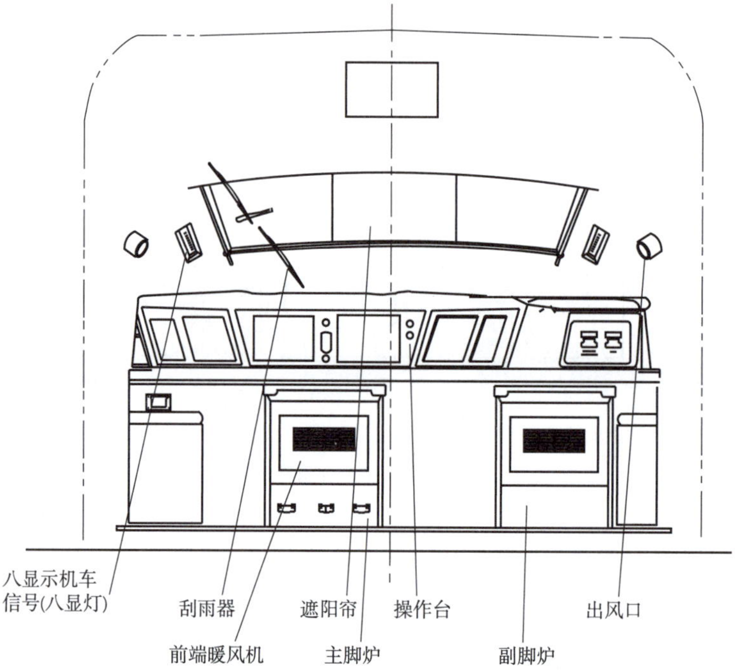

图 2-27　司机室前墙设备布置

视频
机械间部件

四、机械间设备

直形车体机械间设备配置如图 2-28 所示。

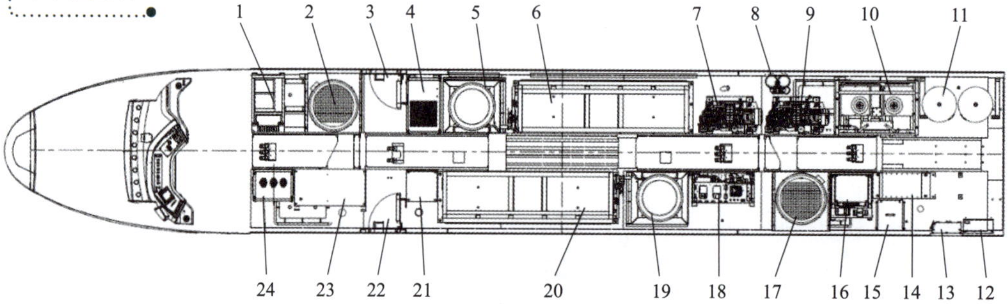

1—柜式空调；2—牵引风机 1；3—副司机侧侧入门；4—列供管理柜；5—复合冷却器 1；
6—变流柜 2；7—空压机 1；8—干燥器；9—空压机 2；10—网侧柜；11—总风缸；
12—空气箱；13—端子柜；14—低压柜；15—辅助变压器；16—蓄电池充电柜；17—牵引风机 2；
18—制动柜；19—复合冷却风机 2；20—变流柜 1；21—6A 柜；22—主司机侧侧入门；23—三方设备柜；24—微机柜。

图 2-28　直形车体机械间设备配置

机械间设备配置主要特点如下：

(1)牵引变流器、复合冷却器、牵引通风机采用斜对称布置，便于平衡动力车轴重。

(2)动力车的电器柜采取适当集中、合理化布置的方式。

(3)动力车牵引变压器位于机车中部，下悬于底架下，以降低机车重心。

(4)动力车采用先进的油水冷却设备来冷却变压器油和变流器水，散热器采用共体分层模式，充分利用空间并提高冷却效率。

(5)动力车机械间内管路和布线采用先进的预布式中央管排、线槽方式，安装在中央走廊地板下，美观且便于安装和维护。

(6)动力车通风系统为独立式通风系统，各通风系统相互独立，互不影响。动力车运行时机械间保持微正压工况。

鼓形车体机械间设备配置如图 2-29 所示。

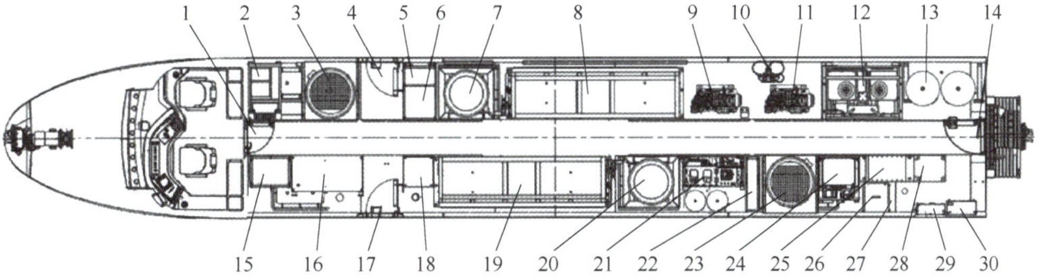

1—司机室门；2—空调；3—牵引风机 1；4—副司机侧侧入门；5—辅助设备柜；6—列供配电柜；7—复合冷却器组 2；8—变流柜 2；9—空压机 2；10—干燥器；11—空压机 1；12—网侧柜；13—总风缸；14—机械间门；15—微机柜；16—三方设备柜；17—主司机侧侧入门；18—6A 柜(含 CMD)；19—变流柜 1；20—复合冷却器组 1；21—制动柜；22—储油柜；23—牵引风机 2；24—蓄电池充电柜；25—低压柜；26—辅助变压器；27—列供电抗柜；28—多功能生活柜；29—端子柜；30—气路控制箱。

图 2-29　鼓形车体机械间设备配置

控制车的机械间设备布局如图 2-30 所示。

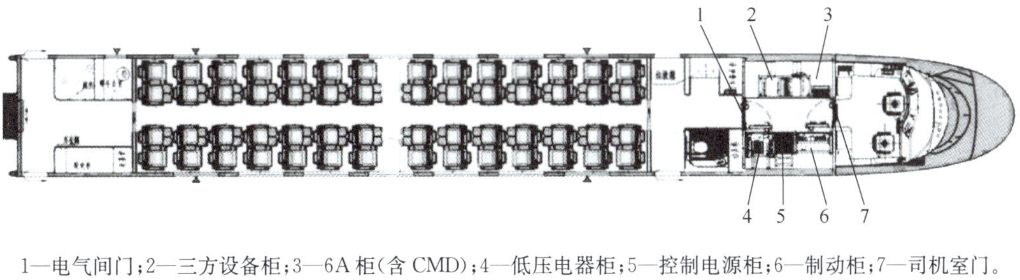

1—电气间门；2—三方设备柜；3—6A 柜(含 CMD)；4—低压电器柜；5—控制电源柜；6—制动柜；7—司机室门。

图 2-30　控制车机械间设备布局

五、车下设备

车下设备如图 2-31 所示。牵引变压器悬挂在动力车中部，以变压器为中心对称布置两台转向架。在转向架上配置有牵引电机等设备。另外还配置了动车插座、辅助/控制电路外接电源插座、行灯插座、机车电子标签、速度传感器和轴温传感器等设备。

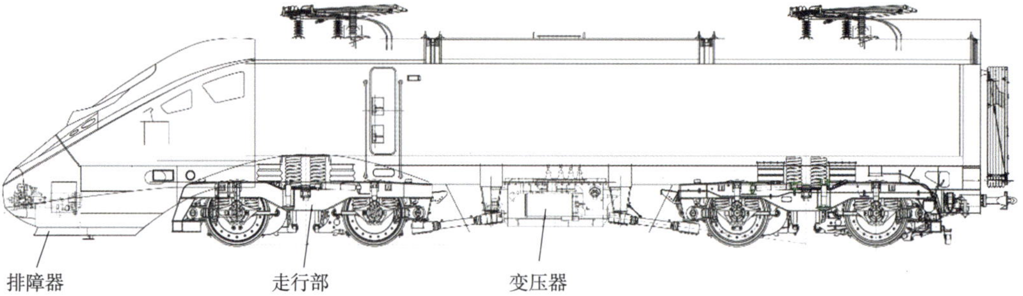

图 2-31　车下设备

● 视频

车下设备

下面重点对动力车转向架进行介绍。

转向架是动力车的关键部件之一，对动力车运行的安全性、稳定性、舒适性和可靠性都极为重要。转向架应具有足够的安全可靠性及运动稳定性储备，优良的运行平稳性以及较小的轮轨动作用力，并兼顾曲线通过性能。

1. 转向架主要技术特点

(1)牵引电机采用对置方式。

(2)驱动单元(包括牵引电机、齿轮箱总成和六连杆空心轴等)的悬挂采用弹性架悬。

(3)驱动系统采用轮对空心轴驱动方式，齿轮箱为承载式铸铝齿轮箱，轴承采用油润滑。

(4)轴箱轴承采用免维护的双列圆柱滚子轴承单元(CRU160×270)。

(5)一系悬挂系统采用单拉杆轴箱定位＋螺旋弹簧方式，各轴均安装垂向减振器；二系悬挂系统采用高圆螺旋弹簧＋橡胶垫结构，辅以横向减振器。

(6)牵引装置采用低位推挽牵引杆牵引，以提高动力车的黏着利用率。

(7)基础制动采用轮盘制动方式。

转向架外形如图 2-32 所示。转向架主要由构架、一系悬挂装置、驱动装置、轮对装配、二系悬挂装置、基础制动装置、电机悬挂装置、牵引杆装配、轮缘润滑执行装置、配管装配及其他附属装置组成。

2. 转向架主要技术参数

轴式	B_0-B_0
最高运营速度	160 km/h
最高试验速度	176 km/h

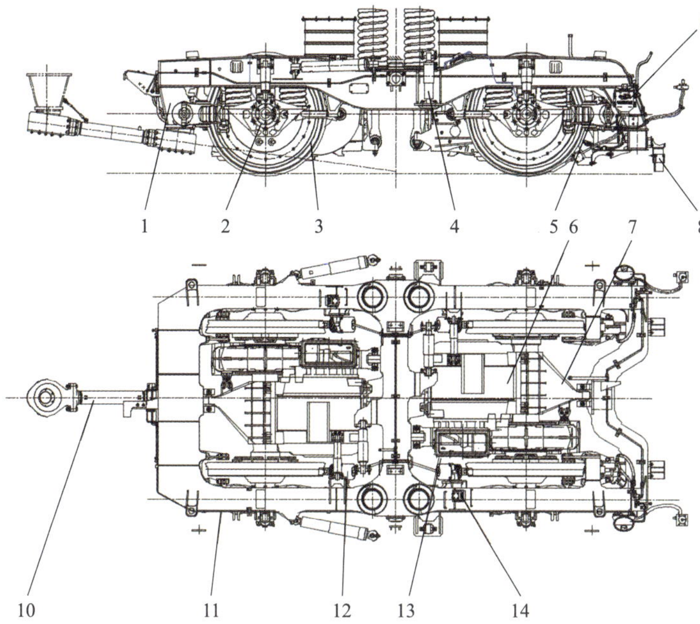

1—构架装配;2—一系悬挂装置;3—轮对装配;4—二系悬挂装置;5—基础制动装置;
6—驱动装置;7—电机悬挂装置;8—附件装配;9—轮缘润滑执行装置;10—牵引杆装配;
11—配管装配;12—踏面清扫装置;13—进风道装配;14—轴温布线。

图 2-32 转向架总体

轨距	1 435 mm
轴重	$19.5\times(1^{+3\%}_{-1\%})$t
轴距	2 800 mm
两转向架中心距	10 055 mm
动力车全轴距/每节	12 855 mm
轮径(新/全磨耗)	1 250/1 150 mm
轮对内侧距	1 353 mm
踏面形状	JM3
牵引电机功率	1 400 kW
传动方式	单侧斜齿轮、双侧六连杆弹性驱动
传动比	3.96(99/25)
启动牵引力/转向架	120 kN
电机悬挂方式	弹性架悬
轴箱轴承自由横动量	0.3～0.7 mm
弹簧静挠度	一系弹簧:39.5 mm
	二系弹簧:131.5 mm

一系垂向刚度(每轴箱)	2×1.031 kN/mm
一系横向刚度(每轴箱)	2×1.725 kN/mm
二系垂向刚度	4×0.391 kN/mm
二系横向刚度	4×0.126 kN/mm
牵引点高度	25 mm
基础制动方式	轮盘制动
动力车通过最小曲线半径	125 m($v \leqslant 5$ km/h)
驱动装置最低点距轨面高度(新轮)	130 mm
转向架总重	17.6 t
簧下质量	2.89 kg
转向架相对车体最大回转角	3.8°
扫石器距轨面高度(在踏面允许磨耗范围内可调)	30 mm

3. 转向架构架

构架是转向架各部件的安装基础，承受并传递各种载荷，强度设计和刚度设计是构架设计的重点。方案设计着重考虑构架上有关零部件的相对位置及安装空间，尽量使结构重量和受力分布比较均匀。构架采用两轴“日”字形焊接钢结构，由两根侧梁、一根牵引梁、一根横梁和一根前端梁构成，各梁均为薄板焊接成的箱形梁。侧梁采用鱼腹式结构，并设置轴箱拉杆座、各油压减振器座、弹簧座和各止挡座等部件。

4. 转向架悬挂装置

转向架悬挂装置结构采用高速动力转向架的悬挂结构，由钢圆簧、轴箱拉杆、垂向减振器组成。轴箱采用单侧轴箱拉杆定位；轴箱拉杆两端采用球形橡胶关节，由于橡胶关节径向刚度大，回转刚度小，因而使轴箱纵向具有较大的定位刚度，并可使轴箱相对构架能自由的沉浮及绕本身轴线回转。

悬挂装置的特点是结构简单，且可实现一系纵向、横向弹性参数相对独立，并且一系纵向刚度大，横向刚度小，有利于提高临界速度，保持驱动系统稳定，提高黏着利用率及改善曲线通过性能。

一系悬挂装置主要包括轴箱、轴箱拉杆、一系弹簧、一系垂向减振器、绝缘垫等。

二系悬挂装置主要由高圆螺旋弹簧、橡胶减振垫、横向止挡、纵向止挡、二系垂向减振器、二系横向减振器、抗蛇行减振器等组成。

5. 转向架驱动装置

驱动装置由牵引电机、空心轴装配、连杆盘、齿轮箱装配等组成，如图 2-33 所示。电机产生的驱动力经牵引齿轮的啮合后以扭矩的方式经从动齿轮输出端输出，并先后经过齿侧连杆盘、空心轴装配、非齿侧连杆盘后，最终传递到轮对。

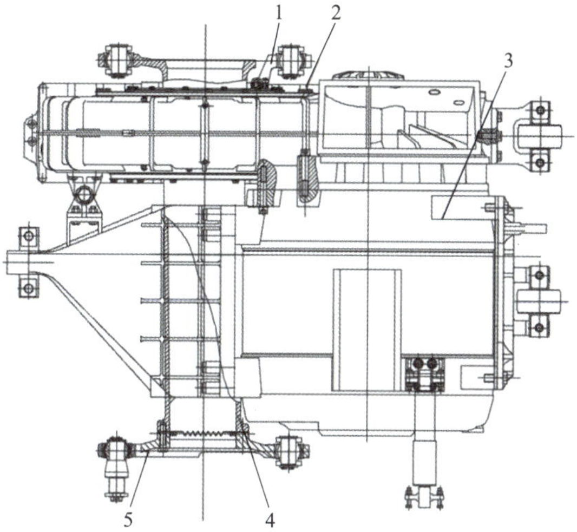

1—齿侧连杆盘；2—齿轮箱装配；3—牵引电机；4—空心轴装配；5—非齿侧连杆盘。

图 2-33　驱动装置

6. 转向架空心轴传动装置

驱动装置的大部分重量通过转向架的一系弹簧施加到轨道上，而非直接施加到轮对上，因此空心轴传动装置承担轮对和驱动装置之间的所有运动，确保动力车在轨道上尽可能地平稳运行。

第三节　通风系统

动车组动力车通风系统主要作用是对动力车上需要进行强迫冷却的电气设备实施强迫通风冷却，防止工作温升超过允许值，保证电气设备正常并且可靠工作。另外，通风系统还有司机室空调和机械间换气等装置，以给司乘人员提供一个舒适的工作环境。

一、动力车通风系统主要特点

1. 通风系统设计采用高度集成化、模块化的设计思路。根据动力车总体设备斜对称布置的要求，采用独立通风冷却技术，具有结构简单、进风面积大、风阻小、各通风支路风量分配均匀且互不干扰等特点。

2. 对冷却空气进行必要的过滤。如牵引电机通风冷却系统采用顶盖百叶过滤器+旋风式自动排尘过滤器对吸入的空气进行过滤。具有冷却空气清洁度高，进气阻力小，电气部件积灰尘少，工作可靠性高等特点。

3. 牵引变压器油冷却和牵引变流器水冷却使用油、水复合冷却器。采用这种“复合冷却”技术，使动力车缩减油、水连接管路，减小流阻，提高冷却性能，减轻重量。

4. 通风机组采用铝合金等高强度轻质材料，不仅满足风机性能要求还减轻机组重量，实现动力车的轻量化设计。风机电机轴承采用注油脂可维护轴承。

二、动力车通风系统组成

动力车的通风系统采用独立通风系统，按动力车纵向中心线斜对称布置在动力车中间走廊两侧。司机室通风系统布置在两端司机室内。各通风系统有各自相对独立的通风部件和管道，各通风系统相互不影响，进风量均匀，不需进行风量再分配。通风冷却系统主要包括牵引电机通风、牵引变压器油冷却与牵引变流器水冷却的复合冷却通风、司机室通风、空气压缩机通风和机械间通风等通风系统。通风冷却系统的主要设备布置情况如图 2-34 所示。

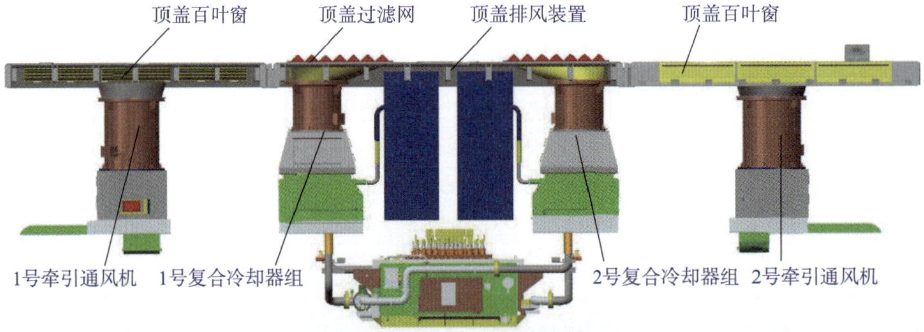

图 2-34　通风冷却系统主要设备布置

风量分配情况如图 2-35 所示。

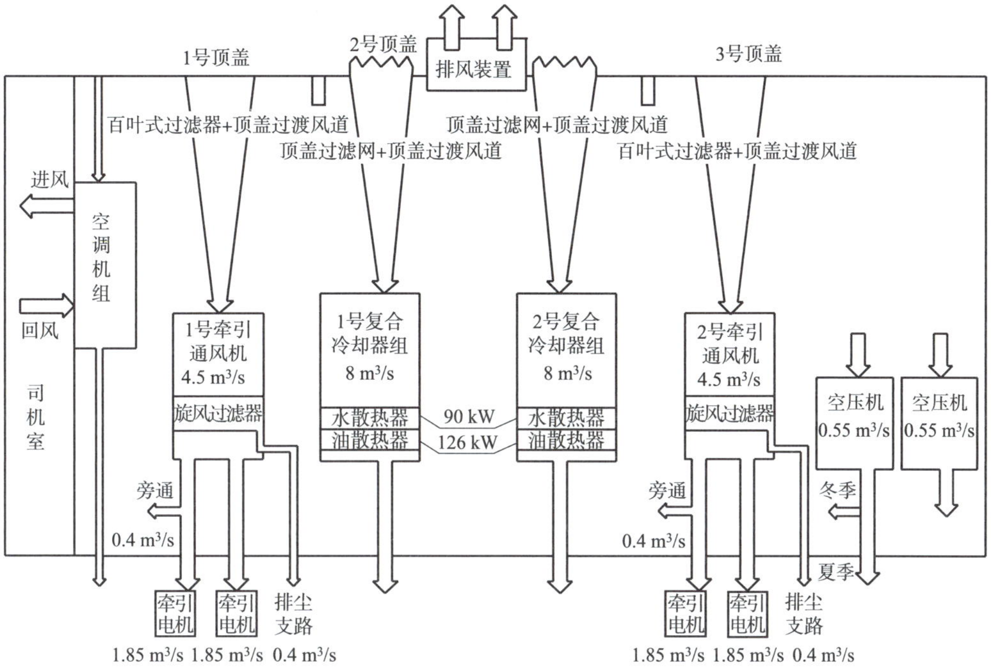

图 2-35　风量分配情况

1. 司机室通风系统

司机室通风采用单元式空调机组，安装在动力车司机室前端罩板内。司机室内的循环空气由空调机组内的通风机组经过装有滤尘网的回风道吸入，并与外界的新鲜空气混合，在通过空调机组内的蒸发器后，冷空气经过出风口处的可调出风栅送入司机室内。制冷系统连续工作，使车内温度逐渐降低，从而达到制冷、除湿的目的，车内空气温度由控制器自动进行控制。

2. 机械间通风系统

机械间通风是由动力车两组牵引通风系统旁通一条支路提供冷却空气。每组机械间通风支路空气走向如下：

车外大气→顶盖百叶过滤器→车顶过渡风道→牵引通风机→旋风过滤器→抽板式棕纤维过滤器→机械间→顶盖排风口。

为了维持机械间内始终存在一稳定的微正压，可以根据实际情况调节抽板过滤器的进气流量和顶盖排风口的排气流量，以保证机械间内正压的恒定。

3. 牵引通风冷却系统

每一台牵引电机由一台牵引风机进行强迫通风冷却，通风冷却设备如图 2-36 所示。

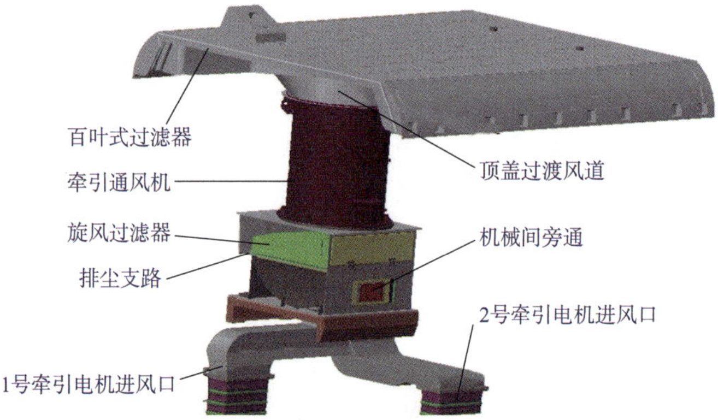

图 2-36　通风冷却设备

牵引通风的风路走向：

车外大气→顶盖百叶窗→过渡风道→牵引通风机→通风道→

旋风过滤器
- →两条支路风道→ 牵引电机→ 大气
- →旁通支路→ 机械间
- →排尘支路→ 大气

牵引通风机如图 2-37 所示。

图 2-37　牵引通风机

牵引通风机主要参数：

额定风量	4.5 m^3/s
额定静压	4 000 Pa
额定功率	32 kW
额定电压	AC 380 V
额定频率	50 Hz
额定转速	2 930 r/min
轴承类型	注油脂可维护轴承

牵引通风机主要特点：

(1)采用离心式叶轮，叶轮修正为两面修正，以提高风机性能和效率。

(2)风机机壳及电机机壳均采用高强度铝合金材料，在保证结构强度的同时减轻重量。

(3)风机电机轴承采用注油脂可维护轴承。

4. 复合冷却通风系统

复合冷却通风系统设备如图 2-38 所示。

通风走向：

车外大气→顶盖过滤网→顶盖过渡风道→复合冷却通风机→过渡风道→水散热器→油散热器→大气

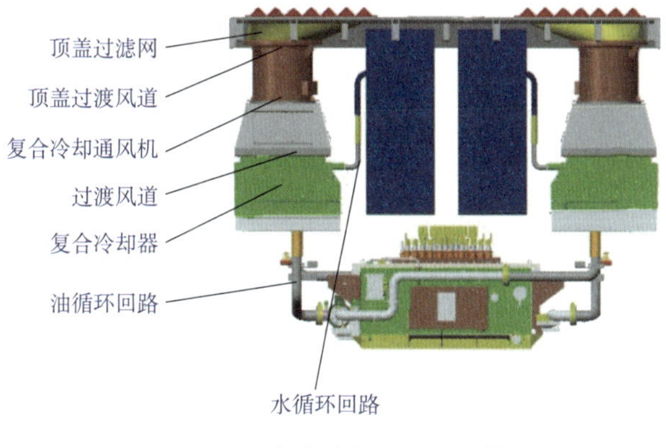

图 2-38　复合冷却器通风系统

复合冷却系统原理如图 2-39 所示。

复合冷却器每台动力车安装有两台。将水散热器和油散热器制作成为串联一个整体的冷却器(上层为水，下层为油)称为复合冷却器。它通过共用一台复合冷却通风机组来冷却。这种“复合冷却”方式，既能解决牵引变压器油冷却散热的需要，又能解决牵引变流器水冷却散热的需要。

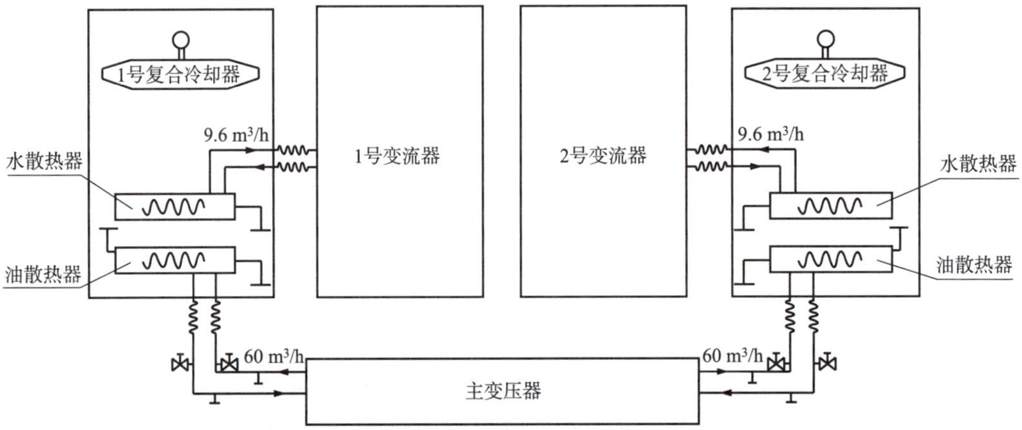

图 2-39　复合冷却系统原理

复合冷却器主要技术参数：

冷却方式	强迫水、油循环风冷方式
总散热量	≥216 kW，其中水散热器≥90 kW，油散热器≥126 kW
强迫通风量	8.0 m^3/s
总风阻	不大于 850 Pa
水流量	9.6 m^3/h
油流量	60 m^3/h
进口温度	风温 40 ℃，水温 67.4 ℃，油温 85 ℃
压力损失	水散热器不大于 40 kPa(0.4 bar)(水温 67.4 ℃) 油散热器不大于 60 kPa(0.6 bar)(油温 85 ℃)
质量	不大于 300 kg

试压标准：水油散热器各加压 500 kPa(5 bar)，保压 30 min，不得有渗漏。油散热器能承受真空度为 267 Pa(2 torr)的压力保持 15 min，泄漏不得超过 133 Pa(1 torr)；真空度为 133 Pa(1 torr)的压力保持 60 min，不得有破损。

FL216 型复合冷却器采用全铝合金板翅式结构。该冷却器由水芯体散热器和油芯体散热器组成。水芯体和油芯体之间留有空气过渡带，空气从水芯体经过渡带进入油芯体吹向复合冷却器底部直向大气。由于空气经二次加热和中间带混合过程从而提高了散热效果。由进出水(油)管、进出水(油)侧道、水(油)芯体等组成的水散热器用螺栓连接于钢结构框架上组成整体结构。

复合冷却器通风机组主要技术参数：

额定风量	8.0 m^3/s(20 ℃状态下空气密度为 1.2 kg/m^3)
额定风压	(静压)≥1 200 Pa(20 ℃状态下空气密度为 1.2 kg/m^3)
叶轮直径	ϕ665 mm
额定输出功率	20 kW
额定电压	AC 380 V
额定频率	50 Hz
额定转速	2 930 r/min
绝缘电阻	500 V 兆欧表≥10 MΩ
绝缘强度	导电部位与风机外壳间，工频耐压 1 800 V，1 min 无击穿、闪络现象
质量	≤190 kg

复合冷却器通风机组外形如图 2-40 所示。

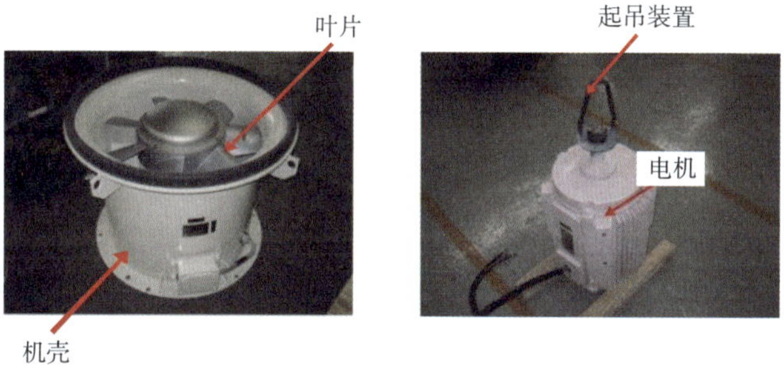

图 2-40　复合冷却器通风机组外形

复合冷却器通风机主要特点：

(1)叶轮形式为斜流螺旋桨式，叶轮修正为两面修正，以提高风机性能和效率。

(2)风机机壳及电机机壳均采用高强度铝合金材料，在保证结构强度的同时一定程度地减轻重量。

(3)风机电机轴承采用注油脂可维护轴承。

5. 空压机通风系统

空压机通风散热采用机械间进气，冷却空压机后，冬季热空气排到车内，并由车体排气口排出车外；夏季热空气直接通过风道排出车外。

6. 空气过滤装置

牵引电机通风冷却要求空气过滤精度相对较高，采用顶盖百叶式过滤器＋旋风式自动除尘过滤器的二级过滤方式，并增加自动排尘装置，以提高过滤效率、精度和降低系统阻力，增强防雨性能，延长保养周期。复合冷却器进气系统中安装有顶盖过滤网，由于复合冷却器空气翅片最小间隙为 2.3 mm，顶盖钢板网式过滤器孔径为

1 mm×1 mm(正方形孔)，钢丝直径 0.5 mm，因此颗粒较大污物可以被滤网有效过滤，颗粒较小污物可以随冷却空气吹出冷却器，这样不仅可以有效防止冷却器阻塞，又可以最大限度地降低通风阻力，延长过滤器维护周期。机械间通风要求过滤精度较高，其由牵引通风系统中旁通的一条支路完成，过滤形式为顶盖百叶式过滤器＋旋风过滤器＋抽板式棕纤维过滤器的三级过滤方式。

(1)旋风式自动除尘过滤器

旋风式自动除尘过滤器的工作原理是当外界空气通过旋风过滤器入口，通过螺旋体之后产生高速旋转，在离心力的作用下空气中较大颗粒物被甩向周边，并从下导流管与上导流管之间的通道进入空滤器内腔，在余压的作用下加速从排尘风道排出车体外，而上导流管中心部分的清洁空气则从下导流管内腔通过，达到过滤的效果。

(2)顶盖钢板网过滤器

顶盖钢板网过滤器安装在动力车顶盖上方，复合冷却器通风之路中，其主要作用是夏季可以有效地过滤空气中的柳絮及漂浮物，钢板网过滤器为 1 mm×1 mm(正方形孔)孔径钢丝网结构，阻力小，安装简单，清洗方便。

复习思考题

1. 简述动力车牵引特性控制要求。
2. 动力车转向架的主要技术特点是什么？
3. 简述动力车牵引缓冲装置的组成及作用。
4. 如何检查 105A 型车钩“三态”作用良好？
5. 简述牵引通风冷却系统的风路走向。

第三章　动力车电气系统

动车组动力车电气系统主要由主电路、辅助电路、控制电路、列车供电电路、动力车逻辑控制和保护电路、制动系统控制电路等组成。本章主要介绍电气系统各电路的组成、工作原理及各电器部件的组成和作用。

第一节　主　电　路

动力车主电路主要由网侧电路、牵引变压器、牵引变流器牵引控制单元及牵引电动机及相关保护电路等组成。主电路的主要功能是将从电网获取的电能传递到牵引电机上，由牵引电机转换为动能，由 4 个牵引控制单元和 4 台牵引电机等组成，如图 3-1 所示。每台牵引电机独立供电，由四象限整流器通过中间直流环节向牵引逆变器供电，再由逆变器驱动电机。再生制动工况下，牵引电机动能由逆变器转换为电能，通过中间直流环节、四象限整流器及网侧电路后，回馈电网。

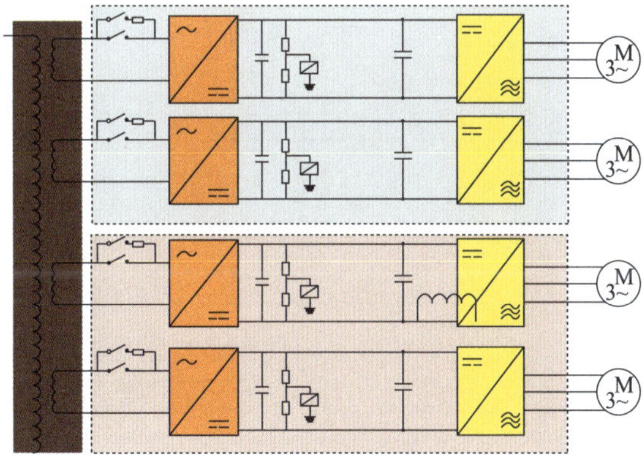

图 3-1　主电路组成

一、网侧电路

网侧电路由受电弓 PG1 和 PG2、高压电压互感器 TV1 和 TV2、主断路器 QF1 和 QF2、高压接地开关 QS10、避雷器 F1、F2、高压电流互感器 TA1、低压电流互感器 TA2、网压转换继电器 KD1、原边过流继电器 KC1、电度表 PWH、牵引变压器原边绕组 AX 及接地装置 EB1～EB4 等组成。动力车采用双受电弓双主断双高压电压互感器设计，PG1 和 TV1 以及 QF1 构成一套高压回路，PG2 和 TV2 以及 QF2 构成另一套高压回路，两套高压回路工作原理完全一致。下面针对 PG1 和 TV1 以及 QF1 构成的高压回路进行介绍。

接触网电流通过受电弓 PG1 进入动力车，经 25 kV 高压电缆进入高压柜，与 TV1 相连并和主断路器的主触点 QF1 相连，然后与牵引变压器 TM1 的原边绕组 A 端子相连，在经过牵引变压器原边绕组后，从 X 端子流出，经过低压电流传感器 TA2 及 4 个并联的接地装置 EB1～EB4 后，经轮对回流至钢轨，最终返回到变电所。

受电弓 PG1、PG2 和车顶避雷器 F1、F2 位于动力车顶盖上，牵引变压器 TM1 位于动力车底架下，4 个接地装置 EB1～EB4 安装于车轴轴头，其余的网侧高压电器均安装于车内高压柜中，从而可以避免高压电器由于雨雪、风沙、粉尘等侵蚀或污染而引起的闪络击穿，降低维修成本，提高动力车的可靠性。

网侧电路原理如图 3-2 所示。

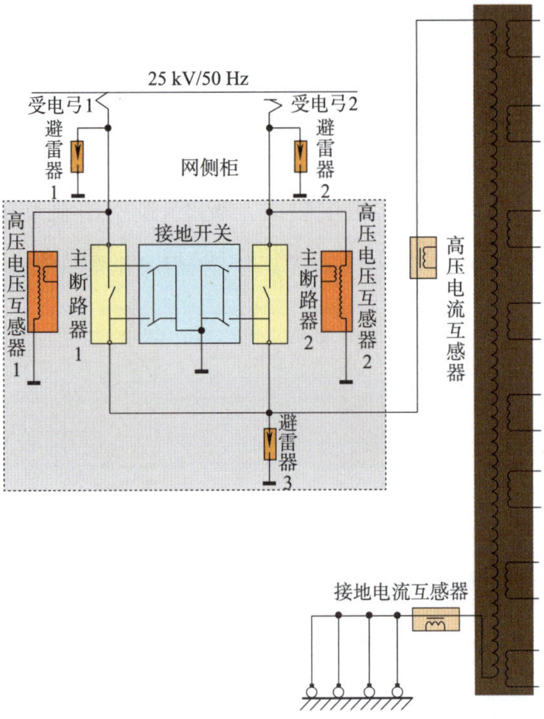

图 3-2　网侧电路原理

主要部件的结构及参数：

1. 受电弓 PG1

每台动力车装有两架适用于 250 km/h 以下速度等级的单臂受电弓，如图 3-3 所示。

受电弓运行基本参数：

最大速度	250 km/h
额定电压	25 kV
正常工作电压范围	17.5～31 kV
受电弓支持绝缘子绝缘爬电距离	≥1 000 mm

某一受电弓故障后，通过隔离相应主断路器来隔离受电弓，可使用另一架受电弓维持运行。车顶只留有受电弓及其支持绝缘子、车顶避雷器、母线。

2. 高压电压互感器 TV1 及网压转换继电器 KD1

原边电压互感器为干式高压电压互感器，如图 3-4 所示。其变比 25 000 V/100 V，并联于受电弓和主断路器之间，其次边输出的网压信号通过网压转换继电器 KD1 及保护用自动开关 QA1 后，送往本台动力车的变流柜 UM1/UM2 的控制单元、网压表 PV1、电度表 PWH。

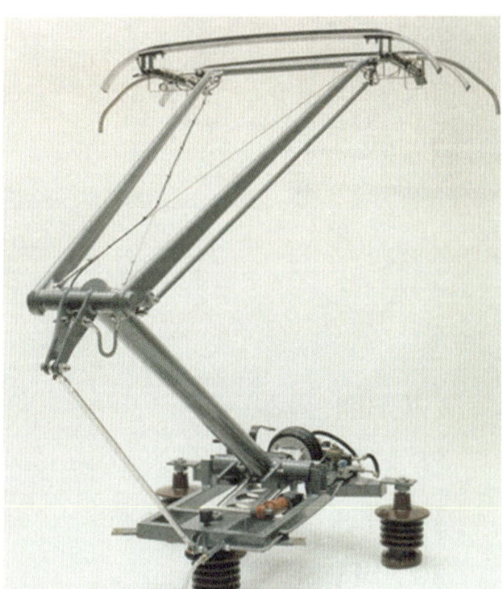

图 3-3　受电弓

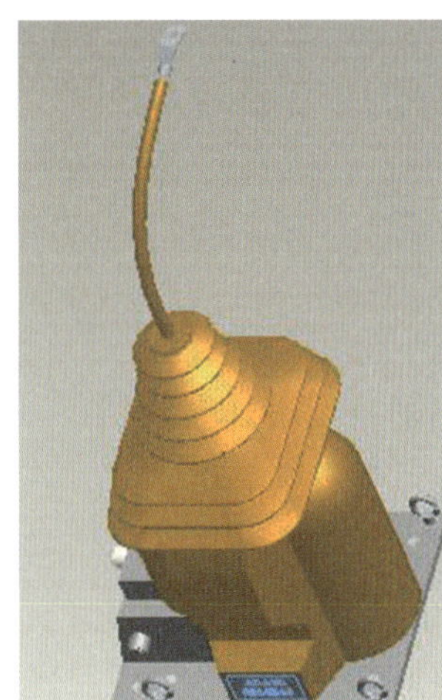

图 3-4　高压电压互感器

高压电压互感器设计参数：

类型	干式
变压比	25 000 V/100 V
精度等级	1 级
额定输出	30 V·A
工频耐受电压	85 kV
额定冲击耐受电压	200 kV

每台动力车设置了 1 块网压表 PV1，放置于动力车操作台。在动力车控制系统自检正常后，通过微机显示屏也可观察到原边电流和网压。网压信号的选择通过网

压转换继电器 KD1 完成。当动力车选择 PG1 运行时，动力车的 KD1 动作；当动力车选择 PG2 运行时，动力车的 KD1 不动作。

3. 主断路器 QF1

主断路器采用真空断路器，如图 3-5 所示。除接通和开断动力车总的高压电源外，当动力车发生原边过流、牵引变流器分主断路器类型故障、司机按下紧急按钮等情况时，主断路器迅速断开，切断网侧回路以保护动力车设备。

图 3-5　真空断路器

主断路器主要设计参数：

型号	22CBDP2 型
额定电压	25 kV
额定电流	1 000 A
额定分断容量	500 MV·A
固有分闸时间	20～40 ms
控制回路气压	450～1 000 kPa
额定短路接通能力	40 kA
额定短路开断能力	20 kA
机械寿命	250 000 次

4. 高压接地开关 QS10

高压接地开关与主断路器 QF1、QF2 集成在一起，具有高压电路接地保护功能，并处于动力车高压安全连锁系统中，它只能在降弓并且切断受电弓气源之后才能操作。

高压接地开关与动力车高压联锁钥匙箱连锁控制，可以实现动力车的高压安全互锁。高压接地开关上配有一个蓝色锁芯、一个黄色锁芯和一把黄色钥匙。只有将空气管路柜上的蓝钥匙开关打至隔离位使升弓气路阀被关闭时，蓝钥匙开关上的蓝色钥匙才能拔出，将其插入到高压接地开关，高压接地开关才可以被打至接地位，此时主断路器两端通过高压接地开关与车体地相连，高压接地开关上的黄色钥匙才能被拔出，只有将黄色钥匙插入到动力车钥匙箱，钥匙箱上的其他绿色钥匙才能解除联锁，从而确保只有在网侧回路完全接地的情况下才可打开动力车的其他电器柜门，实现高压安全互锁。反之亦然，只有当所有柜门关闭上锁，绿色钥匙全部插入到动力车钥匙箱中，黄色钥匙才可拔出，插入到高压接地开关上，高压接地开关才可打至正常运行位，此时插在高压接地开关上的蓝色钥匙才能拔出，插入升弓气路阀后，开启升弓气路，为升弓做好准备。

5. 避雷器 F1、F2、F3

避雷器 F1、F2 属于车顶避雷器，并联于受电弓和主断路器之间，可以抑制动力车外部的雷击过电压和电网过电压，保护车顶和车内的高压电器。避雷器 F3 属于车内避雷器，并联于主断路器和高压原边电流传感器之间，它主要抑制主断路器开闭时产生的操作过电压，避免对动力车内部的控制电器产生过电压侵害。车顶避雷器 F1、F2 的持续额定工作电压低于车内避雷器 F3 的持续额定工作电压，从而确保动力车外部的雷击过电压和电网过电压在车顶上就被抑制，避免进入车内造成危害。

6. 高压电流互感器 TA1

高压电流互感器 TA1 主要用作原边电流的检测，高压电流互感器 TA1 是保护用互感器，对其饱和度有较高要求，对其检测精度要求比测量用互感器低。高压电流互感器 TA1 的输出送入原边过电流继电器 KC1，当原边电流超过 KC1 整定值时，KC1 动作。

7. 低压电流互感器 TA2

低压电流互感器 TA2 是为电度表的计量提供电流输入，为动力车微机控制系统提供原边电流信号以进行原边电流显示，属于测量用互感器，要求有较高的测量精度。

8. 电度表 PWH

每节动力车装有一块电度表，如图 3-6 所示。通过采集 A 节或 B 节的高压电压互感器 TV1 提供的电压信号和本节车低压电流互感器 TA2 提供的电流信号来实现动力车牵引、再生电能的计量。电度表设有屏显窗口和切换按钮，通过按钮切换，可以显示正、反向有功计量以及电压和电流值。

9. 接地装置 EB1～EB4

接地装置保证网侧回路向钢轨的回流及动力车可靠的接地性能，同时保护动力车轮对轴承不受电蚀。

二、牵引变压器

动车组动力车牵引变压器设有的4组牵引绕组和2组辅助绕组，分别与2组变流柜相连，实现对动力车的牵引系统、辅助系统供电；设有的2组列车供电绕组，分别与2组列供配电柜相连，实现对列车供电系统的供电；设有的温度传感器、压力释放阀、油流继电器和布赫继电器等保护器件，完成对牵引变压器的温度和压力的监测，牵引变压器采用强迫油循环风冷方式。

牵引变压器如图3-7所示，牵引变压器主要技术参数见表3-1。

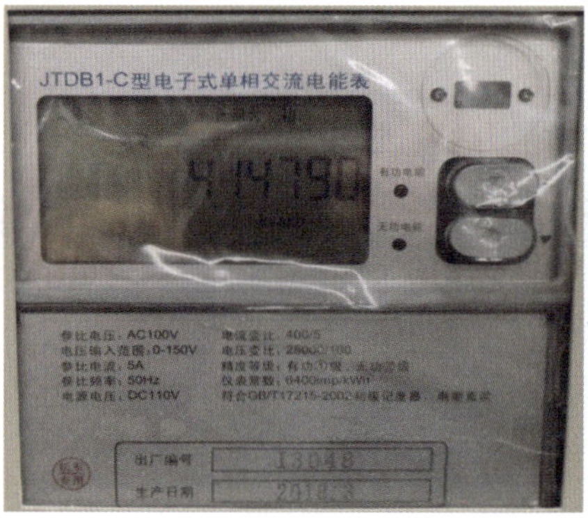

图3-6　电度表PWH

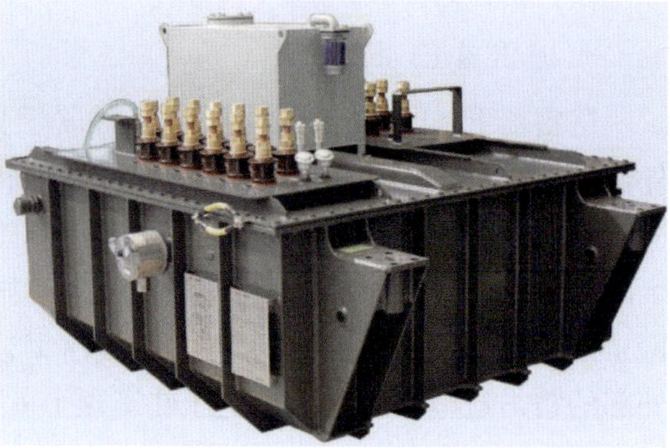

图3-7　牵引变压器

表3-1　牵引变压器主要技术参数

阻抗电压	38%
变压器结构	芯式变压器
效率	≥96%
绝缘等级	A级
冷却介质	45号变压器油
冷却方式	强迫导向油循环风冷ODAF
安装方式	车体下吊挂

牵引变压器绕组参数见表3-2。

表3-2　牵引变压器绕组参数

牵引变压器绕组	高压绕组	牵引绕组	辅助绕组	供电绕组
额定容量(kV·A)	6 777	1 540×4	217×2	200×2
额定电压(V)	25 000	1 950×4	307×2	307×2
额定电流(A)	271	790×4	707×2	651×2

单个四象限整流器、中间直流环节、主逆变器的主要技术参数见表 3-3。

表 3-3　单个四象限整流器、中间直流环节、主逆变器主要技术参数

单个四象限整流器	输入电压	AC 2 011 V
	额定输入电流	803 A
	最大输入电流	911 A
	开关频率	≥250 Hz
单个中间直流环节	标称直流电压	3 600 V
	直流支撑电容	≥4 mF
	二次谐振电容	7.2 mF
单个主逆变器	输出电压	3AC 0～2 808 V
	输出电压频率	0～137.5 Hz
	额定输出电流	430 A
	最大输出电流	480 A
	开关频率	≤350 Hz

三、牵引变流器

动力车安装有 2 个牵引变流器，每个牵引变流器中包含有 2 个牵引供电单元、1 个辅助供电单元和 1 个列车供电单元。牵引供电单元、辅助供电单元和列车供电单元均由变压器绕组独立供电。

牵引变流器主电路原理：牵引变流器通过主接触器从牵引变压器牵引绕组取电，正常工作时先闭合预充电接触器通过预充电电阻为中间电路的支撑电容器充电，然后再闭合工作接触器为四象限整流器正常工作提供电源，避免合闸瞬间中间回路所造成的大电流冲击。中间直流电路由储能电路、测量及保护电路构成。三相逆变器将中间直流电压通过 PWM 脉宽调制控制，变换为电压和频率可变的三相交流电源，实现对异步电机的牵引、制动特性的控制。牵引变流器电路原理如图 3-8 所示。

牵引变流器包含 2 个牵引供电单元，分别由牵引变压器的牵引绕组(2U3-2V3)～(2U4-2V4)、(2U1-2V1)～(2U2-2V2)供电，每个牵引供电单元主要由预充电电路、四象限整流器、中间直流回路和 PWM 牵引逆变器等组成。任何一个四象限整流器或逆变器失效，只损失对应轴的动力。

牵引变流器可以实现以下主要功能：

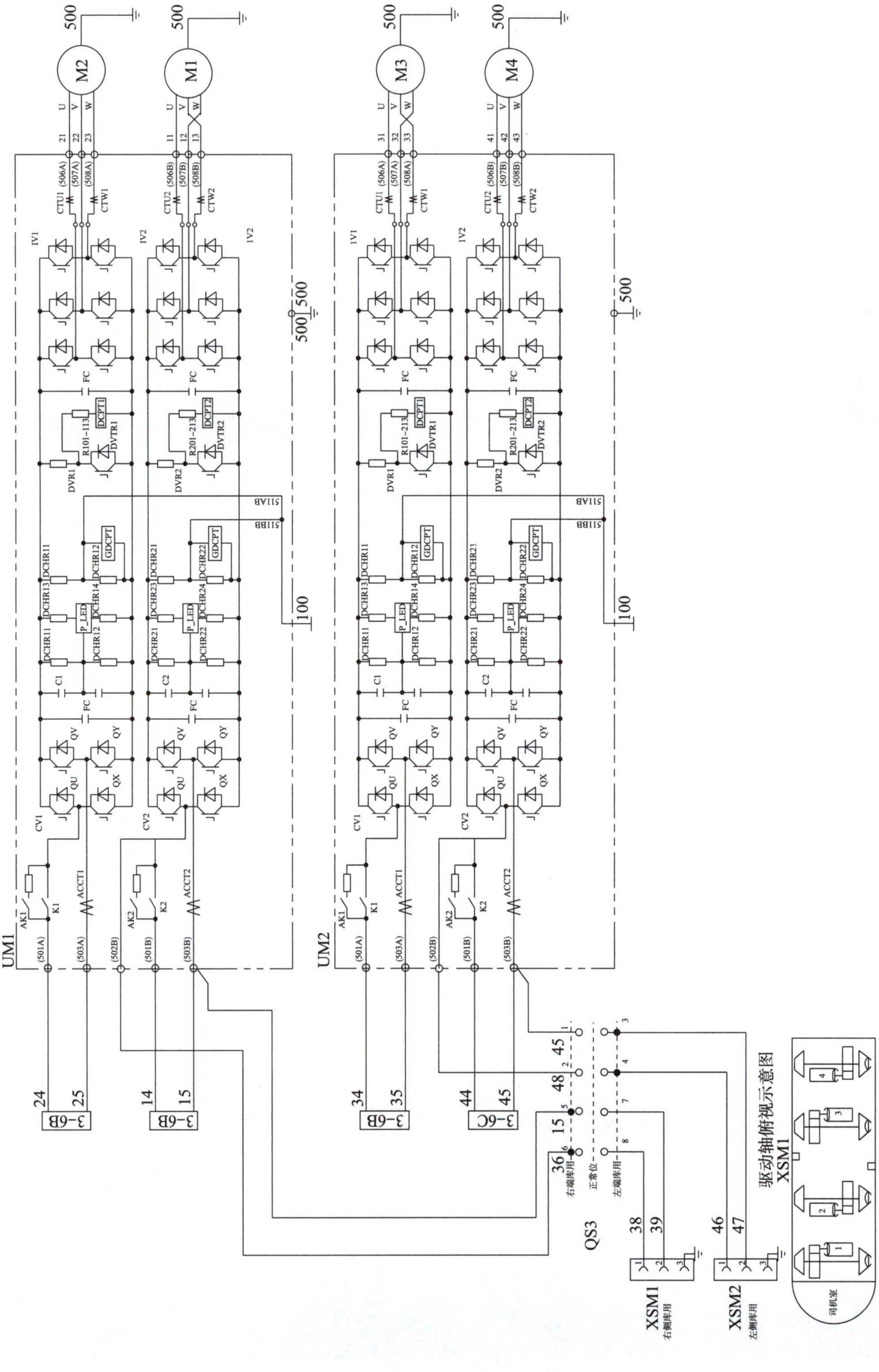

M1
M2
M3
M4
500
UM1
UM2
CV1
CV2
IV1
IV2
FC
C1
C2
QU
QV
QX
QY
AK1
AK2
K1
K2
ACCT1
ACCT2
CTU1
CTU2
CTW1
CTW2
DCPT1
DCPT2
DVTR1
DVTR2
DVR1
DVR2
R101-113
R201-213
GDCPT
P_LED
DCHR11
DCHR12
DCHR13
DCHR14
DCHR21
DCHR22
DCHR23
DCHR24
511AB
511BB
100
3-6B
3-6C
QS3
右端库用
正常位
左端库用
XSM1
右侧库用
XSM2
左侧库用
驱动轴俯视示意图
司机室

图 3-8 牵引变流器原理

(1)自保护功能:过压保护、欠压保护、过流保护、过载保护、接地保护、过热保护等。

(2)外部部件保护:网侧过流、牵引绕组接地、牵引电机过流、牵引电机接地、牵引电机超温等的检测和保护等。

(3)故障策略:对于轻微故障可以自动恢复,对于较严重的故障可以及时保护甚至从软件和硬件上隔离故障单元,同时变流器具备故障记录功能。

1. 四象限整流器

四象限整流器是一个脉宽调制变流器,它将电源的交流电压,通过脉冲宽度控制,控制中间直流电压的幅值和流入变流器的交流电流相位,使交流电流的波形尽量接近正弦,使得交流侧的基波电压和基波电流的相位差接近于 0,这样既限制了谐波电流分量,又提高了机车功率因数。因此与相控整流器比较,四象限整流器有很高的功率因数,谐波电流含量也小得多。

四象限整流器参数:

额定输入电压	AC 1 950 V/50 Hz
额定输入电流	939 A
中间电路标称电压	DC 3 500 V

2. 中间直流环节

中间直流环节是四象限整流器和 PWM 逆变器之间的中间环节。中间直流电路主要由中间电压支撑电容、瞬时过电压限制电路和主接地保护电路组成。每个牵引变流器含有两套独立的接地保护电路,采用高阻中点接地方式,分别对两组牵引变流器进行主回路接地监测和保护。接地检测信息送至控制与监视系统(TCMS),实现故障信息的显示。

3. PWM 逆变器

PWM 逆变器由中间直流环节供电,输出三相变压变频(VVVF)电源供给牵引电机。根据控制指令,PWM 逆变器能够平稳快速地从牵引工况转换到制动工况,反之亦然。制动工况下,再生能量反馈到接触网(再生制动)。这些过程由牵引变流器内部牵引控制单元(TCU)来实现,每节机车的四个 PWM 逆变器分别向四台牵引电机供电。PWM 逆变器采用最新的控制策略,从而使在整个速度范围内力矩的波动最小,并且在轨面状态不好的情况下获得最大限度的黏着利用。由于整节车采用轴控方式,当整节车的四个轴的轮径差、轴重转移及空转等可能引起的负载分配不均匀时,均可以通过 PWM 逆变器的控制进行适当的补偿,以实现最大限度地发挥机车牵引力。

四、牵引控制单元(TCU)

一台动力车包含两个牵引变流柜,每一个牵引变流柜内包含两个牵引控制单元

（TCU）（一组），每一个牵引控制单元（TCU）控制一台牵引电机。控制车没有牵引控制系统，牵引控制单元（TCU）的正视图和面板如图 3-9、图 3-10 所示。

图 3-9　牵引控制单元（TCU）（正视图）

图 3-10　牵引控制单元（TCU）面板

牵引控制单元（TCU）机箱采用标准插槽设计，内置专用导轨和加固支撑位，可以有效确保子单元安装的牢固性和稳定性。牵引控制单元的标准化设计可以方便系统未来的升级，也可快速更换各子单元，方便维护。牵引控制单元（TCU）机箱由两个 3U84 规格的牵引控制单元（TCU）和一个 1U84 规格的风扇组成，上下两个牵引控制单元（TCU）配置内容相同。牵引控制单元（TCU）内部包含 28 块电路子板，其中 26 块为 3U 板型。从机箱的前面板图可以看出，电路板分上下两层（上下板卡配置相同）。

1. 高压回路特点

高压回路原理如图 3-11 所示。

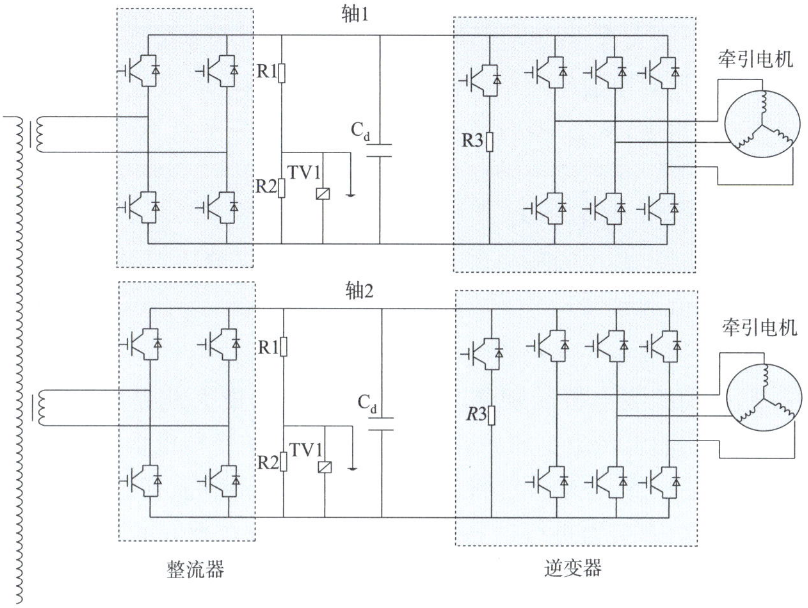

图 3-11　高压回路原理

高压回路主要特点为：

(1)一整一逆独立轴控。

(2)中间回路无二次滤波电路。

(3)牵引辅助采用独立绕组。

(4)过分相辅助供电功能。

过分相供电能量流动：

牵引电机(电制)→中间回路→牵引四象限→辅助四象限→辅助逆变器→辅助负载。

2. 控制框架

(1)四象限控制：机车四象限运行、系统功率因数≥0.98、等效干扰电流≤1.5 A、过分相控制。

(2)逆变器控制：牵引/电制动特性控制、空转/滑行控制、定速控制、库内动车控制。

(3)故障检测与处理：运行数据记录、故障保护、故障数据记录。

3. 关键技术

(1)四象限整流控制技术

四象限整流器采用瞬态电流控制法，电压控制为外环，电流控制为内环，从而保证了稳态和动态过程中对直流母线电压的良好控制，同时电网侧的功率因数得到大幅提升，保证了电能的有效利用。

(2)载波移相多重化控制技术

牵引变流器四象限控制的PWM控制技术的应用使牵引变压器次边绕组中的电流存在一定含量的谐波,如果不采取任措施,多组牵引绕组中的谐波电流就会叠加在一起,在原边绕组中较大含量的谐波,对电网造成很大的谐波污染。多重化控制技术可以有效降低了变压器原边电流的谐波含量,将多组四象限变流器PWM脉冲的载波相位互错开一定角度,从而使次边绕组上的谐波电流相互抵消,达到消除原边绕组谐波电流的目的。

(3)牵引逆变器矢量控制技术

牵引电机控制采用基于间接磁场定向的矢量控制策略,采用磁链和电流闭环的控制方法和脉冲调制方式等。

牵引逆变器采用成熟的矢量控制技术,将异步电机的模型通过坐标变换等效成直流电机模型,分别控制电机的励磁电流和转矩电流,极大地提高了电机的利用效率,同时使得逆变器输出转矩更加平稳。机车运行时,逆变器根据司机给出的手柄级位,机车速度等相关信息,自动计算每个轴应该发挥的牵引力,通过防滑、防空转控制策略对每个轴输出的牵引力进行动态调节,保证每个轴在现有的黏着条件下发挥最大的牵引力,而不会产生擦轮现象。

(4)脉冲分频技术

脉冲分频技术分为:异步调制、15分频、11分频、7分频、5分频、3分频和方波调制,IGBT最高开关频率为450 Hz。

(5)空转/滑行控制技术

动力车具备防滑、防空转控制策略,牵引电机的速度传感器BV41、BV42(BV43、BV44)将信号反馈回牵引变流器,完成对牵引电机速度的闭环控制,有效地实施动力车的防滑行、防空转保护,并对动力车的轴重转移进行补偿。保证每根轴在现有的黏着条件下发挥最大的牵引力,而不会产生擦轮的现象。

五、保护电路

1. 牵引变压器牵引绕组过流保护

在每组牵引供电单元的输入回路中,设有1个输入电流互感器,起控制和监视牵引变流器充电电流及牵引绕组短路电流的作用。保护发生时,四象限脉冲整流器和逆变器的门极均被封锁,输入回路中的工作接触器断开,如果过流继续存在,跳主断路器。

2. 主接地保护

主电路接地保护通过设置在牵引变流器中间直流环节的接地检测单元完成。在主回路正常时,电压检测单元检测到的电压应等于中间直流电压的二分之一。当主电路某一点接地时则形成回路时,电压检测单元GDCPT检测到的电压将超过保护设定值，使保护装置动作。牵引变流器应采用中点接地方式（电阻串联分压电路），当保护发生时，四象限脉冲整流器和逆变门极均被封锁，断主断路器。

3. 牵引电机过流保护

在每组牵引变流器的输出回路中，设有输出电流互感器 CTU、CTW，对牵引电机过载及牵引电机三相不平衡起控制和监视保护作用。当保护发生时，四象限脉冲整流器和逆变器的门极均被封锁，输入回路中的工作接触器断开，同时牵引变流器控制单元向微机系统 TCMS 发出过流信息，实施跳主断路器。

4. 原边电压保护

当原边网压高于 31.5 kV 且持续 40 s 或者是高于 35 kV 时，立即实施保护，四象限脉冲整流器和逆变器的门极均被封锁，输入回路中的工作接触器断开，同时向微机控制系统发出原边过电压信息。当原边网压低于 16 kV 且持续 1 s 时，实施保护，四象限脉冲整流器和逆变器的门极均被封锁，输入回路中的工作接触器断开，同时向微机控制系统发出原边欠压信息。

5. 瞬时过电压及欠压保护

在机车出现空转、滑行或者受电弓离线造成的网压中断等情况时，牵引变流器的中间回路上可能出现瞬时过电压，为了防止这种过电压对牵引变流器造成损坏，在中间直流回路设有瞬时过电压限制电路，通过牵引变流器中间直流回路电压传感器监测过电压。当过电压存在时，过压保护电路中的 IGBT 将导通，直流回路能量经限流电阻释放，消除过电压。

六、库内动车电路

库内动车时通过相应的控制使牵引逆变器工作，驱动相应的牵引电机实现动力车的库内移动。标称输入电压为 DC 600 V，动车功率不大于 30 kW，动车速度为 5 km/h。

第二节　辅助电路

辅助电路从功能上可以分成相对独立的三部分电路：三相辅助电动机供电电路、辅助加热电路和库用电源电路。

一、辅助变流器及辅助供电电路

辅助负载供电电路由辅助变流器、电磁接触器、自动开关、辅助电动机等组成。

1. 辅助变流器

动力车设置两套辅助变流器，辅助变流器集成于变流柜内，由变流柜一体化水冷进行冷却。正常状态下，辅助变流器 1 工作在变频变压（VVVF）方式，给牵引风机、复冷冷却器等变频负载供电。

辅助变流器 2 工作在恒频恒压（CVCF）方式，给水泵、油泵、空压机等定频负载供电。当某一组辅助变流器发生故障时，不需要切除任何辅助电动机，另一组辅助变流器可以承担机车全部的辅助电动机负载。此时，工作的辅助变流器以恒频恒压（CVCF）方式运行，辅助电动机按 AC 380 V 50 Hz 运行，从而确保机车辅助电动机供电系统的可靠性。辅助变流器的故障转换控制由动力车控制与监视系统（TCMS）自动完成。

辅助变流器 2 同时给 DC 110 V 电源装置供电，其输出还经辅助变压器，给司机室各加热设备及低温预热回路供电。

辅助变流器的参考设计参数：

额定输入电压	AC 307 V/50 Hz
额定输入电流	707 A
额定输入频率	50 Hz
中间电压	600～650 V
标称容量	230 kV · A(240 kV · A 特定条件下持续 10 min)
CVCF 输出电压	380 V/50 Hz/3p
VVVF 输出电压	76～380 V/3p
VVVF 输出电压频率	10～50 Hz
控制电压	DC 110 V

2. 辅助供电电路

动力车两组三相辅助电源，向各类辅助负载供电。考虑动力车牵引力、功率和各个电机温度等影响因素，辅助变流器 UA11 的输出电压和频率将根据冷却系统的实际情况进行调整，采用变压变频方式工作；辅助变流器 UA12 主要针对泵类负载供电，因此采用定频定压方式工作。通过这些措施，能够最大限度地减小辅助设备的能量消耗，有效地降低风机噪声，最大限度地延长风机轴承的寿命。

(1)辅助变流器 UA11

正常情况下辅助变流器 UA11 工作在变频变压模式，其输出电压技术参数为：

输出电压(可变)	2～380 V
输出频率(可变)	0.2～50 Hz

辅助变流器 UA11 的输出，通过输出接触器 KM11 给牵引风机电动机 MA11、MA12 和冷却塔风机电动机 MA15、MA16 供电。

(2)辅助变流器 UA12

正常情况下辅助变流器 UA12 工作在定频定压模式，其输出电压技术参数为：

输出电压	380 V
输出频率	50 Hz

辅助变流器 UA12 的输出，通过输出接触器 KM12 给空气压缩机电动机 MA17、MA18、牵引变压器油泵 MA19、MA20、牵引变流器内部的水泵 WP1、WP2、司机室空调 EV11 供电，同时辅助变流器 UA12 还经过隔离变压器 AT1，分别向司机室内的辅助加热设备、多功能柜、压缩机加热回路和低温预热设备提供 AC 220 V 和 AC 110 V 交流电源。

(3)辅助变流器故障运行模式

当某一组辅助变流器发生故障时，不需要切除任何辅助电动机，控制与监视系统(TCMS)将自动断开其相应的输出接触器 KM11 或 KM12，再闭合故障转换接触器 KM20，把发生故障的辅助变流器所带的负载切换到另一台辅助变流器上，由该辅助变流器对全车的辅助负载供电，不需要切除任何辅助电动机。此时辅助变流器按照恒频恒压(CVCF)方式工作，辅助电机系统按全功率运行。

3. 库内辅助电源电路

当在库内需要对动力车的辅助电动机进行动作及转向确认时，可通过辅助电路库用插座 XSA5 引入 AC 380 V 电源。连接库用电源，将库内电源引入动力车，相序检测正常后 KM10 闭合，进行辅助系统库内 AC 380 V 动作试验。为了确保所有辅机均可工作，应通过微机显示屏将辅助变流器 UA11 隔离。

4. 辅助电动机电路和保护电路

动力车上的各辅助电动机均通过各自的自动开关与辅助变流器连接，除空气压缩机外，均不设电磁接触器，使得辅助电动机电路更简化、更可靠。当辅助变流器采用软启动方式进行启动，除空气压缩机电动机外，其他辅助电动机也随之启动。空气压缩机的启动受电磁接触器的控制，电磁接触器受空压机扳键开关和总风缸空气压力继电器的控制。

(1)辅助变流器接地保护

辅助变流器 UA11、UA12 内部，分别设有 1 套接地保护装置，进行辅助系统主电路的接地保护。当对应辅助变流器内部发生接地故障时，辅助变流器实施保护，可将故障的辅助变流器切除，动力车转由另一组辅助变流器对全部辅机供电。

(2)辅助变流器的过流和过载保护

在每一组辅助变流器的输入回路中，设有输入电流互感器 ACCT，起检测辅助变流器充电电流及辅助绕组短路电流的作用。当电流超过保护值发生保护时，四象限整流器及逆变器的门极均被封锁，工作接触器 K 断开，如果过流继续存在则向微机控制系统发出跳主断路器的信号。此时必须按复位键或重启辅助变流器的控制电源，才可恢复正常。

在每一组辅助变流器的输出回路中，设有输出电流互感器 CTU 和 CTW，对辅助电动机回路过载及短路起保护作用。当电流超过保护值保护发生时，逆变器的门极被封锁。此时必须按复位键或重启辅助变流器的控制电源，才可恢复正常。

(3)辅助变流器中间直流回路电压保护

辅助变流器中间直流回路设有电压监测环节，当监测到中间回路电压大于等于 700 V 或小于等于 400 V 时，中间回路电压保护环节动作，工作接触器断开，整流器及逆变器门极被封锁，停止输出。

(4)辅助变流器输入电压的保护

当辅助变流器的输入电源低于 208 V 即网压低于 17.5 kV 时，辅助变流器的低压保护环节动作，四象限整流器门极被封锁，工作接触器及充电接触器 K、AK 断开，四象限整流器停止输出。当辅助变流器的输入电压高于 424 V 即网压高于 31 kV 时，辅助变流器的过压保护环节动作，四象限整流器的门极被封锁，工作接触器及充电接触器 K、AK 断开，四象限整流器停止输出。

(5)110 V 电源装置的输入电源短路过载保护

每组辅助变流器，均可向控制电源装置提供 AC 380 V 电源，输出电源回路通过空气断路器 QA24 进行短路过载保护。

二、辅助加热装置电路

动力车辅助加热装置主要有电热玻璃 EH19，后墙暖风机 EH15、EH17，脚炉 EH23、EH25，膝炉 EH27、EH29，砂箱及砂管加热回路，低温预热回路，多功能柜等，它们均由辅助变流器 UA12 通过隔离变压器 AT1 进行供电。

在后墙暖风机支路上设置功能转换开关 SA11，进行投入和切除转换，并设置接触器 KM7 和 KM8 进行控制。

在脚炉、膝炉支路上设置功能转换开关 SA13，进行投入和切除转换，并设置自动开关 QA27 和 QA28 进行过流保护。

在电热玻璃支路上设置功能转换开关 SA15，进行投入和切除转换，并设置空气自动开关 QA23、QA29 进行过流保护 。

在微波炉 EH30 设置空气自动开关 QA34 进行电源投入切除及过流保护。另外，在司机室设置了电源插座 XS21、XS22、XS23，在机械间设置 2 个电源插座 XS24、XS31，提供 220 V 交流电源，其中 XS21、XS31 由 DC 110 V 逆变输出 220 V 交流电源。

动力车辅助加热回路中，还设有低温预热回路。通过闭合自动开关 QA31，可以对砂箱及砂管进行加热，同时还预留了空气管路防寒方案。

第三节 控制电路

动力车的控制系统是以动力车控制与监视系统（TCMS）为核心，结合目前动力车行车安全综合信息监控系统和电空制动系统，配以动力车外围电路进行设计。控制与监视系统（TCMS）主要功能是实现动力车特性控制、逻辑控制、故障监视和诊断，并将有关信息送到司机操作台微机显示屏。控制与监视系统（TCMS）包括2个中央控制单元（CCU）和2个司机显示单元（DDU），其中中央控制单元（CCU）采用冗余设计，设有两套控制环节，一套为主控制环节（Master），一套为热备控制环节（Slave）。当主控制环节（Master）发生故障时，热备控制环节（Slave）立即自动投入工作。

动力车控制电路的主要功能：

1. 顺序逻辑控制：如升、降受电弓，分、合主断路器，司机控制器的换向、牵引、制动，辅助电动机的逻辑控制，动力车库内动车逻辑控制，主辅变流器库内试验逻辑控制等。

2. 动力车特性控制：采用恒牵引力/制动力＋定速特性控制，实现对动力车的控制。

3. 辅助电动机的控制：除空气压缩机外，动力车各辅助电动机根据动力车准备情况，在外部条件具备的前提下，由控制与监视系统（TCMS）发出指令，与辅助变流器同时启动、运行。空气压缩机则根据总风缸压力情况，通过控制接触器的分合来实现控制。

4. 制动机的电空网络控制。

5. 动力车黏着控制：防空转、防滑行控制，轴重转移补偿控制。

6. 故障诊断、显示与保护：通过设在司机室的微机屏显示动力车正常运行的状态信息，如：网压、原边电流、动力车工况、级位、动力车牵引力、动力车速度等，正常的设备工作状态，如：牵引变流器、辅助变流器等；正常的设备开关状态，如：主断路器、辅助接触器、各种故障转换开关；显示动力车即时发生的故障信息、发生故障的设备、故障处理的方法等，并记录故障发生时的有关数据。

一、控制电源电路

1. 直形车体控制电源电路

（1）低压电源柜

每节动力车设有一个低压电源柜（含DC 110 V电源装置PSU和蓄电池组）以提供动力车所需的DC 110 V控制电源，同时向蓄电池组充电。DC 110 V电源装置中有两组功率模块UR1和UR2，输入电源为APU2经过滤波的三相380 V电源。低压电源柜如图3-12所示。

图 3-12　低压电源柜

功率模块 UR1 和 UR2 同时工作，UR1 给蓄电池充电，UR2 给动力车的控制电路输送 DC 110 V。当其中一组功率模块故障后，DC 110 V 电源装置控制系统可自动切换，转由另一组功率模块给整节车控制电路及蓄电池供电。

动力车还设有一个外接的蓄电池充电插座 XSC3，当蓄电池组馈电严重，致使动力车电器因蓄电池电压低于最低控制电压而无法工作时，XSC3 可作为蓄电池的备用充电插座，也可以作为动力车调试检修时的外接电源的引入插座。

(2)控制电源分配

动力车控制电源由蓄电池经蓄电池自动开关 QA86 后与 110 V 电源装置并联输出提供，通过控制电源接触器 KM1 后再通过自动开关分别送到各条控制支路。另外在司机室内设置有控制电源开关 SA10，在 QA86 闭合的情况下，可以在任意一台动力车上操作此转换开关来控制两端动力车的控制电源的分合。

控制电路自动开关有：微机Ⅰ控制自动开关 QA41、微机Ⅱ控制自动开关 QA42、司机控制 1 自动开关 QA43、司机控制 2 自动开关 QA70、机车控制自动开关 QA44、牵引变流器Ⅰ自动开关 QA45、牵引变流器Ⅱ自动开关 QA46、辅助变流器Ⅰ自动开关 QA47、辅助变流器Ⅱ自动开关 QA48、列车供电Ⅰ自动开关 QA49、列车供电Ⅱ自动开关 QA50、制动柜自动开关 QA51、自动过分相自动开关 QA52、电源装置自动开关 QA53、列供配电柜自动开关 QA54、交换机电源自动开关 QA55、监控系统自动开关 QA56、信号系统自动开关 QA57、动力车电台自动开关 QA58、RIOM 电源 1 自动开关 QA59、RIOM 电源 2 自动开关 QA69、车载安全防护系统自动开关 QA60、CMD 系统自动开关 QA61、辅助设备自动开关 QA62、直流加热自动开关 QA63、前照灯自动开关 QA64、司机室照明自动开关 QA65、机械间照明自动开关 QA66、车外照明自动开关 QA67、直流备用自动开关 QA68、制动微机自动开关 QA71 及电空制动自动开关 QA72。部分自动开关如图 3-13 所示。

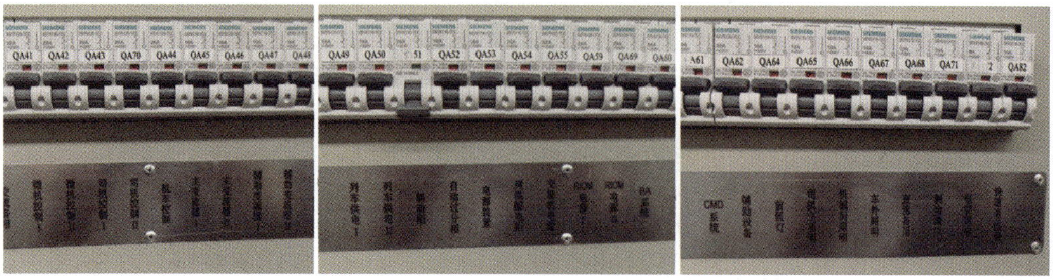

图 3-13　部分自动开关

在操作台上设置控制电源电压表 PV41，用于随时监视控制电源的电压情况，通过微机显示屏也可监视控制电源的电压情况。

(3)DC 110 V 电源装置控制

DC 110 V 电源装置(PSU)可以通过以太网向动力车控制与监视系统(TCMS)提供故障信息及输出电压、电流和蓄电池充放电电流等状态信息，并通过微机显示屏进行信息提示。当 110 V 电源装置发生故障时，不仅通过以太网向动力车控制与监视系统(TCMS)发出具体故障内容，同时也通过硬线向动力车控制与监视系统(TCMS)发送故障信号，“故障信号”为两路 DO 接口，其编码定义见表 3-4。

表 3-4　PSU 故障信号定义

故障信息	信号 314	信号 315	状态
装置工作正常(正常)	1	1	PSU1 和 PSU2 正常
一个单元故障，但不影响正常使用(警告)	1	0	PSU2 故障
一个单元故障，但不影响正常使用(警告)	0	1	PSU1 故障
装置故障，不能正常使用(故障)	0	0	PSU1 和 PSU2 故障

(4)控制电路监测与保护

①DC 110 V 电源装置输出电流及蓄电池组充放电电流的监测。

低压电源柜可采集、监测 DC 110 V 电源装置输出电流、蓄电池充放电电流等信号，并将这些信号通过网络传送到微机显示屏，供司机查看，并在低压电源柜上设有控制电压表及蓄电池充放电电流表，方便查看。

②控制电源的低电压保护。

动力车控制系统具有控制电源的低电压保护功能，共分两级。第一级，当控制电压低于 88 V 时，低压电源柜内的蜂鸣器发声报警，同时微机显示屏弹出低压故障预警信息；第二级，当控制电压低于 77 V 时，控制系统断电保护。

③蓄电池温度的监控。

控制电源柜采集蓄电池柜中温度传感器 ST1 的信号，实现对蓄电池组充电的温度补充功能。温度传感器 ST1 为两线制 PT100B 型温度传感器。

2. 鼓形车体低压电源柜

鼓形车体低压电源柜如图 3-14 所示。

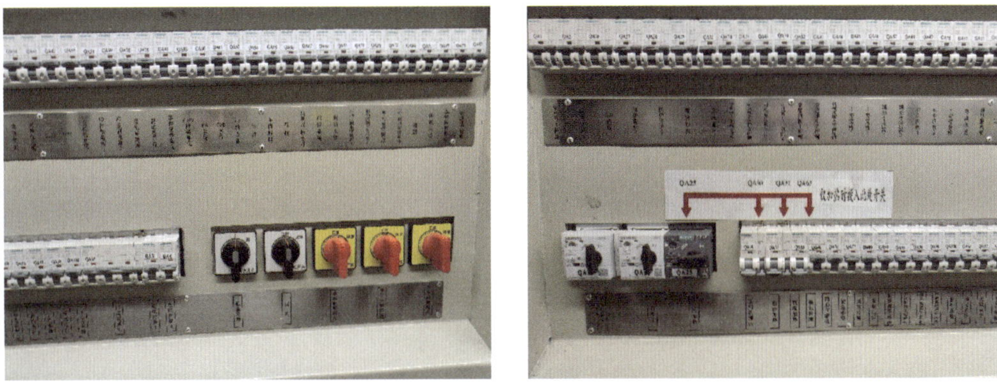

(a)　　(b)

图 3-14　鼓形车体低压电源柜

二、司机指令与控制功能

在每台动力车的司机室设置了完全相同的控制指令开关，可以分别向动力车控制系统发出命令，动力车控制系统经逻辑处理后，驱动执行机构，实现动力车的控制。

1. 电钥匙 SA41

司机电钥匙开关 SA41 有两个位置："合""断"。当置于"合"位置时，本台动力车即被设定为本务车。同时，司机电钥匙开关 SA41 的辅助触点串联到本台动力车行车安全系统 LKJ2000 的供电电源回路中，确保只有本台动力车的 LKJ2000 系统处于工作状态。

2. 司机控制器 AC41

司机控制器(简称司控器)有两个手柄：方向手柄和调速手柄。方向手柄有"向前""0""向后"三个位置，调速手柄可以提供牵引级位 0～100%，制动级位 0～100%。两个手柄之间设有机械联锁：当调速手柄在"0"位时，方向手柄方可进行方向转换；方向手柄在"0"位时，调速手柄不能移动，只能在"0"位。

3. 受电弓扳键开关 SA43

受电弓扳键开关设有"升""0"和"降"3 个位置，该开关为自复式，正常位置为"0"位。

"升"位：升起预选受电弓。

"降"位：降落所有受电弓。

“0”位：维持预选受电弓的当前状态。

4. 主断路器扳键开关 SA45

司机通过操作主断路器扳键开关，可以实现对主断路器的控制。主断路器扳键开关设有“合”“分”和“0”三个位置。“合”为自复式，正常位置为“0”位。

“合”位：闭合主断路器。

“分”位：断开主断路器。

“0”位：维持主断路器的当前状态。

5. 压缩机扳键开关 SA47

压缩机扳键开关设有三个位置，分别为“合”“强泵”“0”位。“强泵”位是自复位置。

“合”位：压缩机根据总风压力开关 KP49 和 KP50 的状态投入工作。

“强泵”位：强制动力车的所有压缩机都投入工作。

“0”位：压缩机停止工作。

6. 紧急制动、半自动过分相

半自动过分相按钮 SB53 为自复位按钮，紧急制动按钮 SB69 为自锁按钮。按下紧急制动按钮 SB69，动力车将实施紧急制动，一方面断开主断路器降下受电弓，另一方面对列车实施紧急制动。

动力车通过分相区前，司机可以按动“半自动过分相”按钮一次，动力车采用半自动方式通过分相区。动力车自动将牵引力或制动力降为 0 并断开主断路器，通过分相区后，控制与监视系统（TCMS）在检测到网压恢复正常后将闭合相应的主断路器。

7. 牵引模式转换

牵引模式转换按钮可实现转矩模式和速度模式的转换。在速度手柄“0”位时，按下牵引模式转换按钮，进行转矩模式和速度模式的转换。

8. 停放制动控制

为了防止动力车在停放状态下发生溜车事故，设置了停放制动功能。停放制动功能相关按钮有：停放制动按钮 SB47，停放缓解按钮 SB49，均为自复位按钮。

停放制动按钮：动力车进入停放制动状态，“停放制动”指示灯亮。

停放缓解按钮：动力车退出停放制动状态，“停放制动”指示灯灭。

当动力车速度为 0、司机电钥匙开关 SA41 置于“断”位时，停放制动将自动实施。

9. 无人警惕控制

动力车运行时，如果司机出现打瞌睡、离岗或因紧急伤病等情况丧失操控能力时，无人警惕功能将主动实施停车，保证行车安全。无人警惕功能是通过微机控制系统来实施，并在操作台上设有声光报警和信息提示，直至实施惩罚制动。

当动力车速度≥3 km/h，并且司机控制器的方向手柄离开零位，60 s 内如果司机没有操作任何复位开关，司机室的语音箱开始发出“无人警惕”的语音报警，微机屏同时进行无人警惕预警提示，如果再经过 10 s 仍没有施加任何无人警惕复位指令，控制与监视系统（TCMS）会发出惩罚制动指令，动力车实施最大常用制动。

操作端司机室的部分操作均可复位无人警惕功能，这些操作对应的按钮为：

（1）警惕开关：包括警惕按钮 SB43 和警惕脚踏开关 SA73；

（2）高音风笛按钮 SB57、SB59、SB61；

（3）低音风笛脚踏开关 SA85；

（4）撒砂脚踏 SA83；

（5）电笛按钮 SB63；

（6）司控器的级位转换；

（7）制动手柄的移动。

10. 列供断电

列供断电按钮为自锁式按钮，一般用于特殊情况下断开列车供电电路，停止对拖车的供电。

11. 自动换端

动力车的自动换端功能可使司机在升弓、合主断路器且辅助系统维持运行状态下，完成换端操作。通过激活操作台“自动换端”按钮 SB41 激活停车位置功能后，停放制动将投入，两端操作台的自动换端指示灯亮（信号 561＝1）。司机可将操作端动力车钥匙拔出，并在重新选择操作端后将动力车钥匙处于“合”位，按下“自动换端”按钮，动力车将正常退出自动换端状态，并自动保持自动换端被激活前的运行模式。若在规定时间内司乘人员没有任何操作，自动换端功能将异常退出，动力车将断主断路器、降弓。

若是司机在激活自动换端的这一端，未进行换端操作，而是再次按下“自动换端”按钮，将正常退出自动换端状态，并保持自动换端被激活前的运行模式。

12. 控制电源 SA10

控制电源 SA10 为自复位开关，在电源柜“蓄电池”脱扣开关闭合的情况下，打至“供电”位时动力车整体上电，打至“断电”位时动力车整体下电。

13. 紧急牵引

当同一编组的两台动力车“网关 1”和“网关 2”都故障时，将紧急牵引开关打至“隔离”位后，网络故障不再触发牵引封锁，可维持最高速度 70 km/h 运行至前方站进行处置。

14. 车门零速

当动车组处于停车状态时，司机在动力车无法正常控制拖车车门开启和关闭时

（即KE3继电器失电情况下），将车门零速开关打至“隔离”位，实现动车组集控开关门。

15. 监控隔离

控制监控器主机及监控器显示屏的电源，相关开关的使用时机按有关规定执行。

16. CIR电源

控制机车综合无线通信设备（CIR）开关机，增加乘务员操作便捷性，使用时机按有关规定执行。

第四节　列车供电电路

动力车设有列车供电电路，系统结构如图 3-15 所示，供电电路向拖车提供 2×200 kW 的 DC 600 V 电源，每路供电电源具有保护、监视及冗余功能。列车供电系统由列供单元 LGU1/2(置于牵引变流器中)、1 个列供配电柜(LGM)以及外部供电连接器 XSA1～XSA4 等设备构成，列供单元完成列供系统输出功率控制，列供配电柜对供电单元进行监控，并对列车供电系统进行管理和配置。动力车中的两个列车供电单元，每个输出 200 kW。列供单元的输入电源分别由牵引变压器 TM1 的两组供电绕组(4L1-4V1)、(4L2-4V2)提供，经过整流并通过列供配电柜配置后，向拖车输出 DC 600 V 电源。

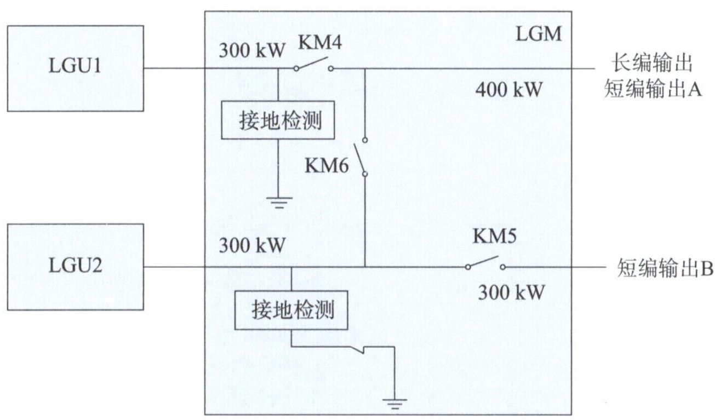

图 3-15　列车供电系统结构

列车供电系统的主要技术参数：

额定输入电压	AC 307 V
额定输入电流	707 A
额定输出功率	2×200 kW，1×300 kW
最大输出功率	300 kW+300 kW
额定直流输出电压	600 V
额定直流输出电流	667 A
最大输出电流	750 A
输出电压允许范围	DC 530～630 V
采用整流方式	PWM 整流
冷却方式	水冷

列供系统由列供单元、列供电抗柜、列供管理柜及列供连接器组成，如图 3-16 所示。

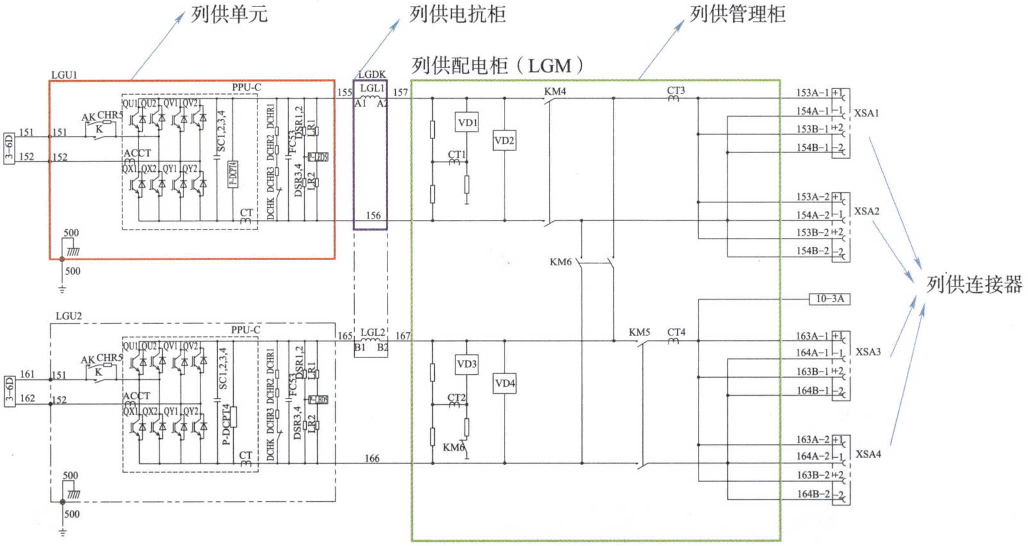

图 3-16　列供系统组成

列供管理柜前半部分用于列供输出配置及接地检测等功能，后半部分为配电柜，用于端子柜及管路柜功能。列供管理柜根据网络系统下发的编组配置形式进行列供输出配置，见表 3-5。

表 3-5　不同编组情况下的供电配置

整列编组情况	供电配置
仅检测到本节动力车	默认单路供电，列供配电柜(LGM)可调双路供电用于测试
除本动力车外仅检测到 1 节动力车	单路供电
除本动力车外仅检测到 1 节控制车	双路供电
除本动力车外仅检测到既有控制车又有动力车	双路供电

一、列车供电单元

动力车中有两个列车供电单元(LGU)，每个额定输出功率 200 kW。列车供电单元(LGU)采用四象限整流控制技术，由预充电回路、四象限整流回路、中间直流回路、控制装置等组成，并集成在牵引变流柜中，共用牵引、辅助系统的冷却水进行冷却。

列车供电单元(LGU)的主要技术参数：

额定输入电压　　AC 307 V/50 Hz(在接触网电压为 25 kV 情况下)

输入电压范围　　AC 214～381 V(在接触网电压为 17.5～31 kV 情况下)

额定输入电流　　707 A

额定输出功率	200 kW(有 300 kW 能力)
额定直流输出电压	DC 600 V
额定直流输出电流	334 A
输出电压允许范围	DC 530～630 V
输入电压相对峰-峰纹波因数	不大于 15%
采用整流方式	PWM 整流
IGBT 额定功率	1 700 V/2 400 A
接地方式	高阻抗接地
冷却方式	强迫水循环风冷

二、列供配电柜

列供配电柜根据动车组的编组情况管理和配置线路接触器的状态，改变列供系统主回路结构，实现不同的系统功能，以满足拖车供电的需求。列供配电柜(LGM)同时管理和监视 2 组列车供电单元(LGU)的输出电压、电流、电能等工作状态，并控制列车供电单元(LGU)的启停。列供配电柜(LGM)由 3 个分系统组成，其核心主要是供电控制器和主电路，系统功能如下：

1. 供电主回路：由直流接触器、电流电压传感器等组成。

2. 供电控制器：列供配电柜(LGM)的主体功能控制器安装于机箱中，内部包括互为冗余的 2 组控制系统，通过其控制主电路和辅助电路，实现信号采集、故障保护等相关列供主体功能。同时供电控制器还具备网络通信、数据记录、故障查询等辅助功能并预留扩展功能。

3. 辅助供电回路：主要由继电器、传感器等组成，实现对信号采集、中继控制、电能计量功能、故障记录显示、故障隔离功能等。

列供配电柜柜门上部有可触摸显示屏，显示配电柜故障履历情况、运行状态情况等信息。ZYDGD9 型列供配电柜外观及可触摸显示屏主界面如图 3-17、图 3-18 所示。

图 3-17　列供配电柜外观

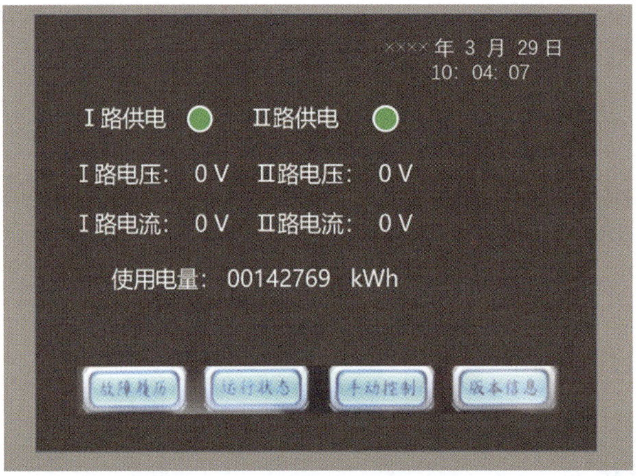

图 3-18　列供配电柜可触摸显示屏

ZYDGD9 型列供配电柜主要参数：

输入电压	DC 600 V
输出电压	DC 600 V
输入电流	2×333.5 A
输出电流	667 A
防护等级	IP20
额定功率	2×200 kW；1×300 kW
质量	270 kg

ZYDGD9 型列供配电柜内部设备如图 3-19 所示。

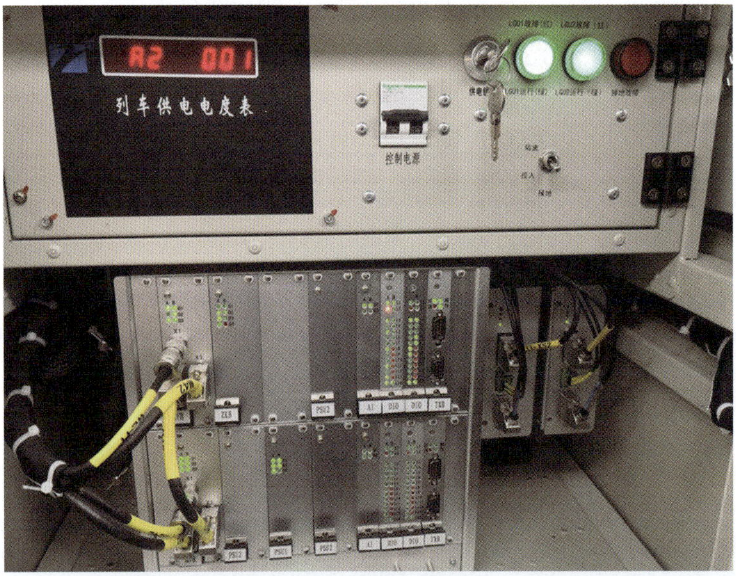

图 3-19　列供配电柜内部设备

第五节　动力车逻辑控制及保护

动力车的逻辑控制和保护电路主要是将各辅助电动机的自动开关、各控制电器自动开关、辅助变流器库内试验开关、各接触器状态、主断路器状态、各操作开关状态、空气管路系统压力开关等，以及各类接触器、继电器和电控阀等的状态指令送入控制与监视系统（TCMS），用于动力车的各种工作逻辑及保护逻辑控制，并通过控制与监视系统（TCMS）与牵引变流器和辅助变流器之间的通信，将有关控制指令信息送到牵引变流器和辅助变流器，达到整车联控目的。

1. 各辅助电动机自动开关功能

牵引通风机自动开关 QA11、QA12：用于牵引通风机的故障保护和相应的逻辑控制。当牵引通风机过流造成自动开关断开后，主触点断开对应牵引通风机的供电电路，辅助触点将故障信号送到控制与监视系统（TCMS），然后通过控制与监视系统（TCMS）一方面进行故障提示，另一方面自动隔离对应变流柜内的对应牵引变流器，同时对应的牵引电动机停止工作。

冷却塔通风机自动开关 QA15、QA16：用于冷却塔通风机的故障保护和相应的逻辑控制。当冷却塔通风机过流造成自动开关断开后，主触点断开对应冷却塔通风机的供电电路，辅助触点将故障信号送到控制与监视系统（TCMS），然后通过控制与监视系统（TCMS）一方面进行故障提示，另一方面自动隔离对应变流柜内的 2 组牵引变流器，同时对应的 2 组牵引电动机全部停止工作。

压缩机自动开关 QA17、QA18：用于空气压缩机的故障保护。当空气压缩机自动开关断开后，断开空气压缩机的供电电路，并将故障信号通过控制与监视系统（TCMS）进行显示，同时断开空气压缩机的控制接触器线圈支路，使该接触器不能得电闭合。

油泵自动开关 QA19、QA20：用于牵引变压器油泵的故障保护和相应的逻辑控制。当油泵自动开关断开后，断开对应油泵供电电路，故障信号一方面送到司机故障显示灯，另一方面自动隔离对应变流柜内的 2 组牵引变流器，同时对应的 2 组牵引电动机全部停止工作。

2. 各辅助电动机接触器功能

动力车辅助系统安装有各类接触器，包括辅助供电接触器 KM11、KM12、KM20，压缩机接触器 KM13，辅助压缩机接触器 KMC1。接触器的主触点用于接通对应辅机的供电电路，辅助触点用于该接触器的工作确认，确保辅机能够投入工作。

3. 原边过流继电器 KC1

当动力车发生原边过流故障时，原边过流继电器 KC1 动作，其联锁触点信号送入控制与监视系统(TCMS),跳开主断路器,实施故障保护。

4. 牵引变压器保护电路

动力车控制系统通过设置的温度传感器 BT47、BT48、BT49,油流继电器 KP41、KP42,压力释放阀 KP43、布赫继电器 KP44 对牵引变压器实施温度保护和过压力保护。

温度传感器 BT47、BT48、BT49:检测油路的油温,当牵引变压器的油温超过 90 ℃时,动力车功率开始线性下降;当牵引变压器的油温超过 105 ℃时,断开主断路器。

牵引变压器具有两路油循环冷却系统,各设有一个油流继电器对油流情况进行监测。当牵引变压器油温≥30 ℃时,如果一个油流继电器检测到无油循环,则冷却支路对应的两组牵引变流器停止功率输出,动力车的牵引功率下降 50%。当牵引变压器油温≥30 ℃时,如果两个油流继电器都检测到无油循环,牵引变流器封锁,停止输出功率。

牵引变压器安装有压力释放阀 KP43。当变压器内部压力达到(95±15)kPa 时,压力释放阀动作,释放压力,同时动力车断主断路器,并在微机显示屏上进行故障显示。牵引变压器安装有布赫继电器 KP44,用于检测牵引变压器内气体含量。KP44 设置有 2 级报警级别,当 1 级报警动作时,控制与监视系统(TCMS)在显示屏上提示。当 2 级报警动作时,控制与监视系统(TCMS)将控制断主断路器。

5. 主断路器快速保护电路

当动力车发生故障时,为了在最短的时间内分断主断路器,动力车设置硬线的快速分断电路。主断路器线圈闭合回路中串入紧急制动开关的常闭触点,按下紧急制动按钮会立即切断主断路器线圈闭合回路,使主断路器立即断开。主断路器辅助触点的状态信息送入动力车控制系统中,方便动力车控制系统对设备状态的确认和故障判断。

6. 牵引变流器控制电路

动力车设有两组完全相同的变流柜 UM1、UM2,每组变流柜中有两套牵引变流器,用以控制两台牵引电机。不同的是,变流柜 UM1 的装置识别信号设定为110 V,变流柜 UM2 的装置识别信号设定为 0。

以变流柜 UM1 的控制进行说明,括号内为 UM2 的外围设备信号。动力车牵引变流器的控制是动力车控制与监视系统(TCMS)根据司控器给定指令,通过 RS-485 网络传送给牵引变流器控制单元,并按照动力车的牵引/制动特性完成对牵引电机的控制。牵引电机的速度传感器 BV41、BV42(BV43、BV44)将信号反馈回牵引变流器,完成对牵引电机速度的闭环控制,有效地实施动力车的防空转、防滑行保护,并对动力车的轴重转移进行补偿。牵引电机的温度传感器 BT41、BT42(BT43、BT44)将信号反馈回牵引变流器,完成对牵引电机温度的监测,有效地避免电机由于温升过高,导致绝缘破坏,从而烧损电机。电机温度传感器采用双路冗余配置。

牵引变流器发生接地、次边过流、牵引电动机过流、牵引变流器自身器件发生故障时,故障信号送控制与监视系统(TCMS),同时进行自动故障隔离,并在司机显示屏中给出提示,指导司机进行有关故障隔离等操作。

对牵引变流器的控制还设置了牵引变流器隔离功能。当由于某种原因,如牵引电动机发生故障、牵引变流器支路发生接地等,需要对某个牵引变流器支路或牵引电动机进行隔离时,可以通过微机显示屏隔离软按键进行相应牵引变流器的隔离,使牵引变流器停止工作。

库内动车信号通过库用开关 QS3 送到牵引变流器控制单元,用于在库内动车时牵引变流器按照特定的控制程序工作。

静态仿真试验开关 SA75,用于在低压试验或动力车出厂前时对牵引变流器的控制单元进行试验检查,确认其是否工作正常。为满足牵引变流器工作需要,在牵引变流器的控制单元内引入高压电压互感器的同步信号。

7. 辅助变流器控制电路

动力车两套辅助变流器装置 UA11、UA12 的控制电路基本一致。不同的是,正常情况下,辅助变流器装置 UA11 设定为变频变压(VVVF)工作方式,当主断路器闭合后,将根据牵引电机温度、牵引变压器油温、变流柜冷却液温度进行变频变压输出;辅助变流器装置 UA12 设定为恒频恒压(CVCF)工作方式,只要主断路器闭合,UA12 软启动后就开始投入工作。

电磁接触器 KM11、KM12、KM20 的辅助触点信号送入控制与监视系统(TCMS)中。当动力车某一辅助变流器发生故障,故障的辅助变流器能及时发信息给控制与监视系统(TCMS),通过控制与监视系统(TCMS)的控制,自动完成输出电磁接触器的动作转换:若辅助变流器 UA11 发生故障,则电磁接触器 KM11 断开,电磁接触器 KM20 闭合;若辅助变流器 UA12 发生故障,则电磁接触器 KM12 断开,电磁接触器 KM20 闭合。

控制与监视系统(TCMS)将使维持正常工作的辅助变流器工作在恒频恒压(CVCF)方式,同时,故障的辅助变流器被隔离,此时所有辅助电机全部由另一套辅助变流器供电,牵引电机通风机和冷却塔通风机将正常满功率工作。为便于辅助变流器的隔离,在微机显示屏内设置了辅助变流器开放隔离开关,通过触摸开关进行隔离。正常情况下,这些开关均闭合。当由于某种原因,需要进行隔离操作时,可以通过微机显示屏进行相应辅助变流器的隔离。

8. 列车供电系统控制电路

列车供电系统与动力车控制与监视系统(TCMS)通过以太网和 MVB 网络与列车供电管理柜进行信息交换，传动列车供电的工作状态和动力车的状态，同时列车供电管理柜有列供钥匙，来控制列供配电柜的电能输出。

9. 动力车重联控制电路

在动力车的后端部设置 4 个内重联插座，可以通过内重联电缆将动力车与动力车电气控制电路连接起来，以实现两台动力车的内重联控制。

10. 自动过分相控制电路

动力车装有全自动过分相检测装置 AE5。有 4 个信号感应接收装置 T1、T2、T3、T4，用于进行分相区前后的信号检测。当动力车运行的线路区段在分相区前后装有地面感应器时，动力车全自动过分相检测装置将起作用。在设计上，过分相检测装置通过向微机控制系统提供过分相区的信息：预告信号、恢复信号 488、强迫信号 489，保证动力车每次通过分相区时，司机不需要做任何操作，动力车微机控制系统即可自动跳主断路器，待通过分相区后，又能自动合主断路器，并保证动力车恢复至通过分相区前的运行状态。

11. 其他辅助设备控制

遮阳帘开关 SA62 用于控制遮阳帘的升降；刮雨器水泵开关 SB66 用于刮雨器水泵 MD41 的开关控制；电风扇开关 SA63 实现司机室电风扇 MD47、MD49 的开关转换控制；电冰箱开关 SA69 实现电冰箱 MD51 的控制。空气管路柜内的辅助压缩机开关 SB71 可实现对辅助压缩机 AMD1 的直接控制。当司机发出升弓指令后，也可由动力车控制系统自动控制辅助压缩机工作。辅助压缩机由蓄电池经辅压机接触器 KMC1 后供电。动力车在车内和车外还设置了 DC 110 V 电源插座 XL1～XL3，用于司机行车临时使用。

12. 快速降弓控制电路

当动力车受电弓出现风压泄漏问题时，需要立即降弓。为了保证在降弓前，主断路器先断开，动力车控制系统采集了受电弓风管压力开关 KP45 的信号。当压力开关动作时，动力车控制系统会立即分主断路器，然后停止对升弓阀 YV41 的输出控制，防止拉弧放电对弓网的损坏。

13. 风笛、电笛控制电路

每节动力车上都安装有 2 个高音风笛和 1 个低音风笛，分别由高音风笛按钮 SB57、SB59、SB61，低音风笛脚踏开关 SA85 及电笛按钮 SB63 控制。

复习思考题

1. 主电路的组成及工作原理是什么？
2. 简述网侧电路中接触网电流自受电弓受流至返回变电所过程。
3. 简述辅助变流器 1 和辅助变流器 2 的工作方式。
4. 动力车控制电路的主要功能是什么？
5. 简述动力车逻辑控制及保护电路的主要功能。

第四章　动力车制动系统

动车组动力车采用CAB型制动控制系统，包括CAB-A型、CAB-B型两种型号。本章主要介绍CAB-A型制动控制系统的设备布置、风源系统、制动控制系统、辅助控制系统及制动机的操作、主要制动部件结构等内容，简要介绍CAB-B型制动控制系统。

动力车制动系统组成如图4-1所示，部件明细及原理图见附件2、附件3。

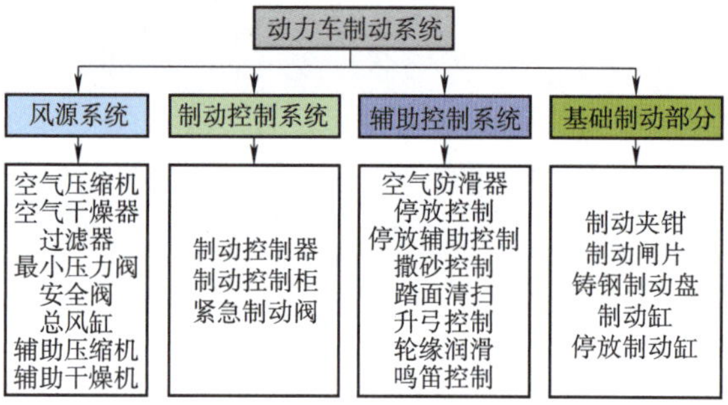

图4-1　动力车制动系统组成

第一节　制动设备布置

制动系统设备主要包括司机室制动设备、空气压缩机及干燥器、总风缸、制动控制柜、基础制动装置等。

1. 司机室制动设备

司机室制动设备布置如图4-2、图4-3、图4-4、图4-5所示。

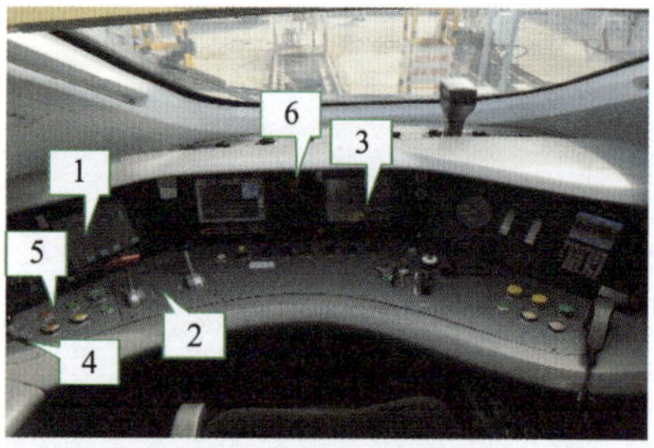

1—司机室显示屏Ⅱ(制动信息)；2—制动控制器；3—司机室显示屏Ⅰ(微机信息)；4—后备制动阀；5—停放制动、停放缓解按钮；6—紧急制动按钮。

图4-2　司机室制动设备1(直形车体)

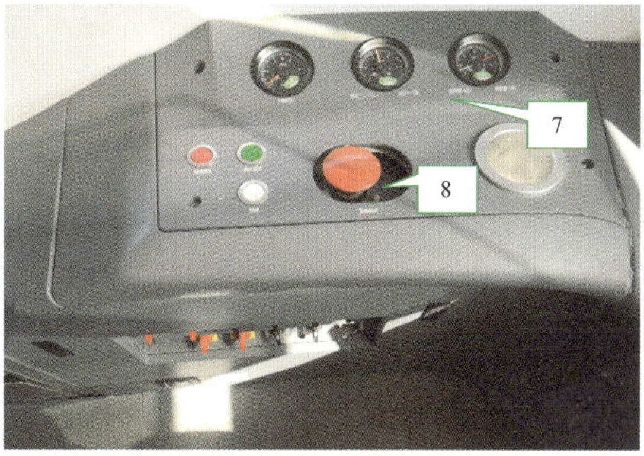

7—机械风压表(后备);8—紧急制动阀(车长阀)。

图 4-3　司机室制动设备 2(直形车体)

图 4-4　司机室制动设备 1(鼓形车体)

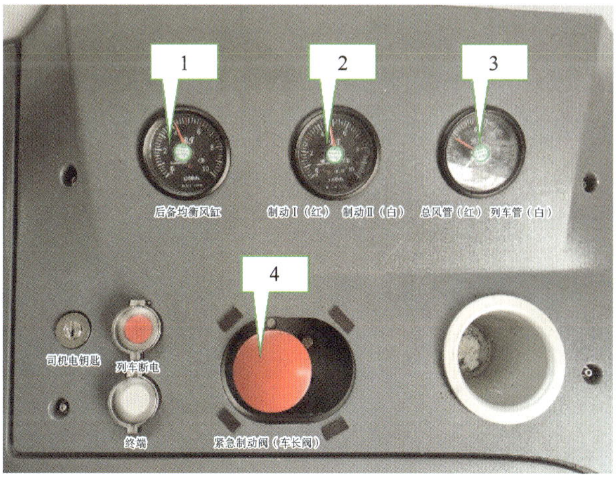

1—后备均衡风缸;2—制动缸压力表;3—总风管、列车管压力表;4—紧急制动阀(车长阀)。

图 4-5　司机室制动设备 2(鼓形车体)

2. 空气压缩机及干燥器

空气压缩机及干燥器位于机械间内，如图 4-6 所示。

图 4-6　空气压缩机及干燥器

3. 总 风 缸

每台动力车采用两个 500 L 的总风缸直立安装在机械间内作为储风设备，设计压力为 1.0 MPa，风缸材质为 16MnDR，如图 4-7 所示。

4. 制动控制柜

制动控制柜内集成了电空控制单元、各辅助功能模块及辅助压缩机等，如图 4-8 所示。制动控制柜主要分为上部、下部两部分，主要部件名称如图 4-9 所示。

图 4-7　总风缸

图 4-8　制动控制柜

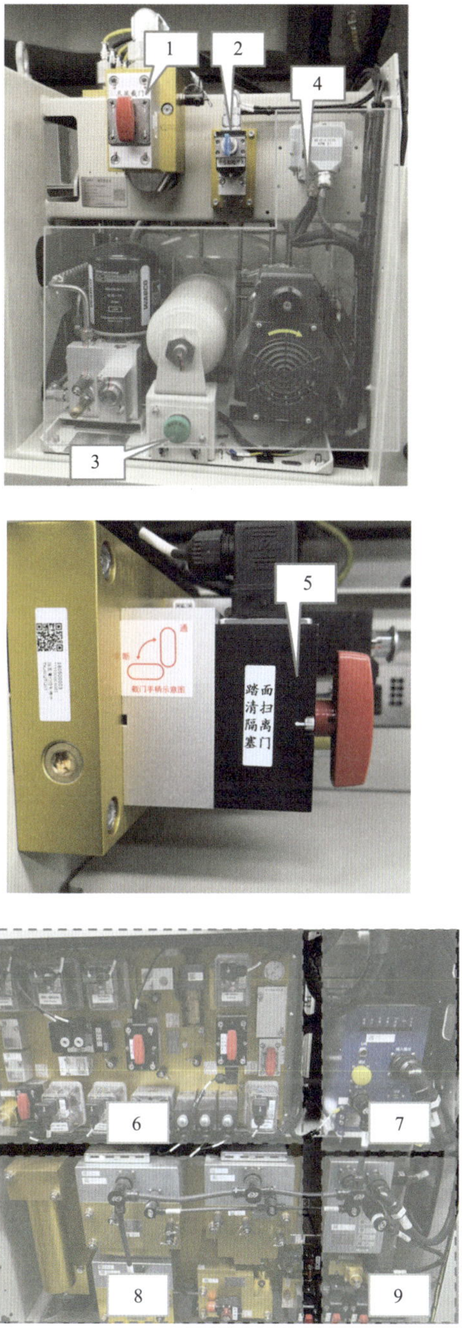

1—总风截断塞门；2—升弓钥匙开关；3—辅助压缩机按钮；
4—辅助压缩机及其风缸过滤器等；5—踏面清扫隔离塞门；6—辅助控制部分（包括各类压力开关，双向止回阀，升弓风缸压力表，双脉冲电磁阀，撒砂隔离塞门，升弓风缸隔离塞门，主断隔离塞门等）；
7—微处理器；8—电空控制单元；9—接口箱模块。

图 4-9 制动控制柜

5. 基础制动装置

基础制动装置指从制动缸活塞杆推杆到闸瓦之间的一系列杠杆、拉杆、制动梁、吊梁等各种零部件所组成的机械装置，如图 4-10 所示。

图 4-10　基础制动装置

第二节　风源系统

风源系统的作用是为列车的制动系统及辅助用风装置提供符合要求的干燥、洁净的压缩空气。

每台动力车采用两台螺杆式空气压缩机组作为系统的风源，每台机组排风量不小于 1 600 L/min。配套使用双塔干燥器、微油过滤器、除水除油过滤器组、除尘过滤器作为风源滤水、滤油的处理装置。双塔干燥器的空气处理量不小于 3 500 L/min。每台动力车采用 2 个容积均为 500 L 的总风缸串联作为压缩空气的储存容器，总风缸采用车内立式安装。风源系统原理如图 4-11 所示。

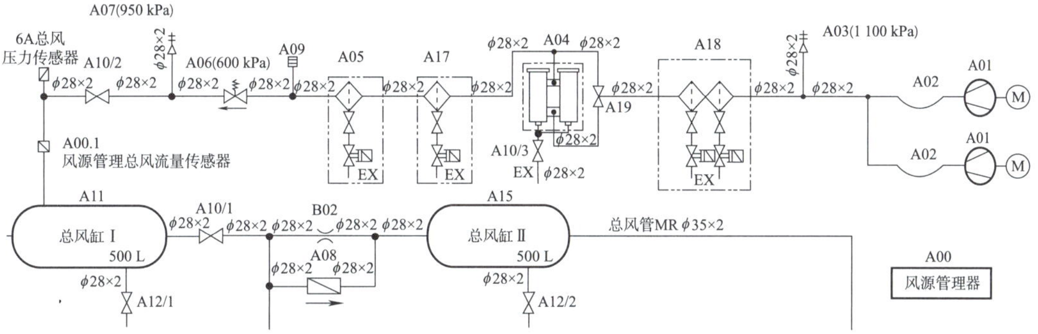

A01—空气压缩机组；A02—软管；A03—安全阀；A04—双塔干燥器；A05—微油过滤器；
A06—最小压力阀；A07—安全阀；A08—止回阀；A09—湿度指示器；A10—截断塞门；
A11、A15—总风缸；A12—排水塞门；A17—除尘过滤器；A18—除水除油过滤器组；B02—缩堵。

图 4-11　风源系统原理

一、空气压缩机组

动力车采用螺杆式空气压缩机组，如图 4-12 所示。

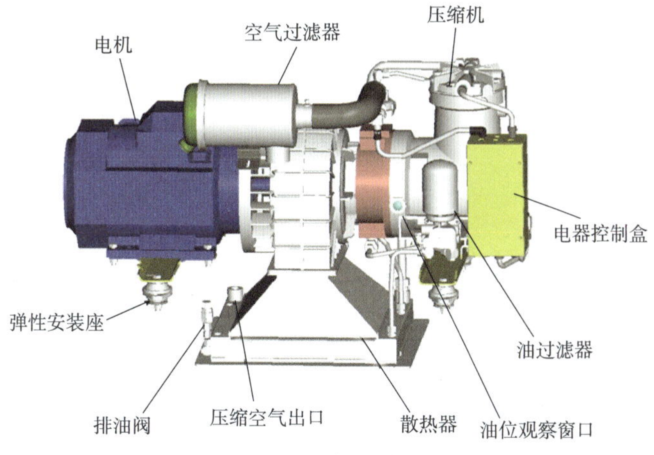

图 4-12　空气压缩机组

机组采用三相交流异步驱动电机，机组具有温度控制装置，可以实现超温保护功能；机组具有压力控制装置，可以实现无负荷启动。压缩机散热冷却器排风口向下，可满足机械间的独立通风要求。空气压缩机组的起、停状态可由总风压力开关进行自动控制，也可通过手动按钮强行控制。

空气压缩机组主要技术参数：

排风量	≥1 600 L/min
工作压力	1 000 kPa
工作温度	−40～+50 ℃
润滑油型号	Anderol 3057M
油量	6～7 L
散热方式	下排风

1. 空气压缩机工作模式

空气压缩机采用延时工作模式，当空气压缩机打风到总风压力为 900 kPa 时，使空气压缩机的卸荷阀失电，压缩机空载运行 20 min 后再停机。如果空载运行期间压缩机重新进入打风状态，则卸荷阀重新得电，压缩机的空载运行需重新计时。

2. 空气压缩机操作

空气压缩机控制开关为三位置扳键开关，分为“强泵”位、“合”位和“0”位，“强泵”位为自复式，如图 4-13 所示。

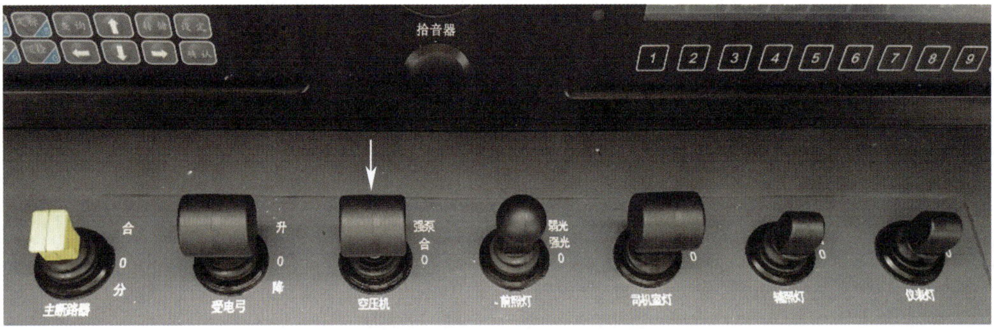

图 4-13　空气压缩机开关

将空气压缩机扳键开关置“合”位，当总风压力低于(750±20)kPa 时，两合空气压缩机同时工作。当总风压力达到(900±20)kPa 时两台空气压缩机停止打风，按延时工作模式运行。

手动将空气压缩机扳键开关置“强泵”位，同时启动本车两台空气压缩机，仅当开关离开“强泵”位，空气压缩机停止工作。

二、空气干燥器

采用双塔无热、再生吸附式干燥器，过滤压缩空气中的水及水蒸气等，空气干燥器如图 4-14 所示，空气干燥器原理如图 4-15 所示。

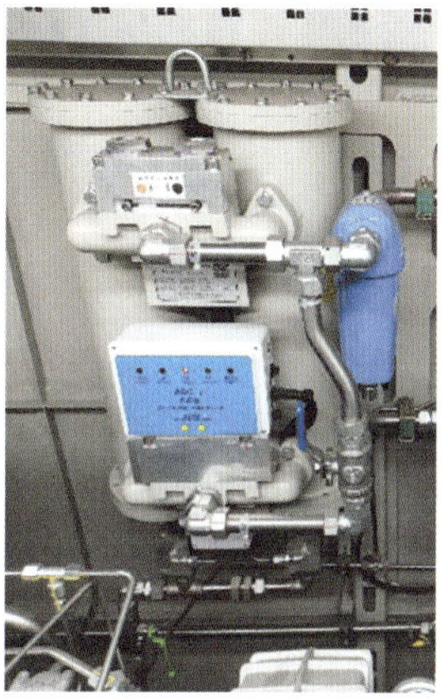

图 4-14　空气干燥器

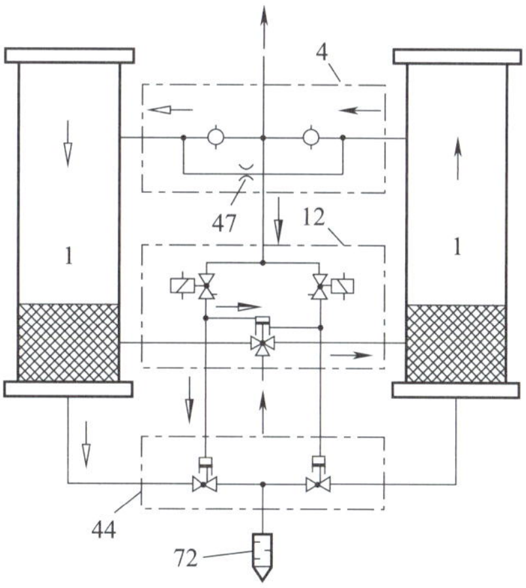

1—干燥塔；4—双逆止阀；12—脉冲电磁阀；44—排放阀；47—节流孔；72—消音器。

主气流 →；再生空气 ⇾；控制空气 ⇾。

图 4-15　空气干燥器原理

空气干燥器工作原理：再生、无热吸附式双塔干燥器的再生和吸附工作在两个塔中同时进行，当压缩空气在一个塔内通过干燥剂进行干燥时，另一塔内的干燥剂被干燥的空气吹扫进行再生处理。

到达干燥器的饱和压缩空气里的油和冷凝物首先通过油分离器时被提取出来，然后通过干燥塔的干燥剂，吸收压缩空气里的水分子，干燥器出口压缩空气的相对湿度达到35%以下。部分干燥后的压缩空气通过再生节流孔(47)进入再生塔,吸收饱和干燥剂表面的水分,并将水分排放到大气。

三、辅助风源

采用无油式压缩机组作为辅助风源,如图4-16所示。将辅助风源和升弓控制模块、升弓风缸相连。辅助压缩机组的手动控制按钮在制动控制柜上,按下按钮后,辅助空气压缩机开始工作。升弓控制模块上的压力开关对压缩机的起、停进行自动控制。

为保证压缩空气和管路的清洁,辅助压缩机配有小型的单塔干燥器和再生风缸。

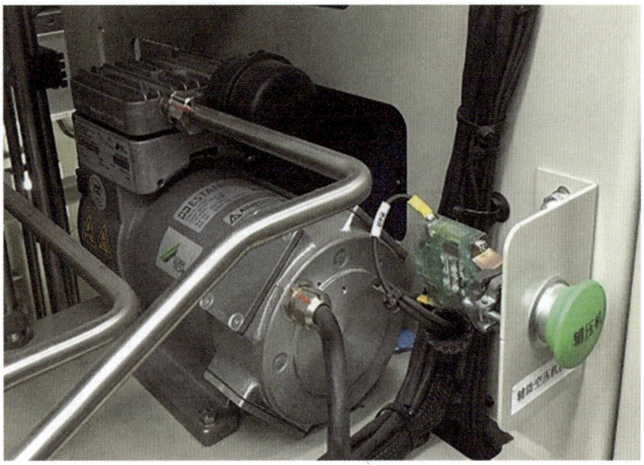

图4-16　辅助风源

控制方式分为手动控制和自动控制两种方式:

1. 当动力车初次升弓,或进行升弓装置试验时采用手动控制方式,操作时需要操作者持续按下辅助空气压缩机启动按钮(位于制动控制柜内),并观察升弓压力表的指示值,在满足升弓压力要求后松开按钮。

2. 当动力车投入运用后采用自动控制方式,当辅助风缸压力低于480 kPa时,辅助压缩机自动投入工作;当辅助风缸压力达到735 kPa时,压缩机自动停止工作。

四、其他风源部件

1. 安全阀

在干燥器前后各有一个安全阀,如图4-17所示。A3安全阀的开启压力为1 100 kPa,A7安全阀的开启压力为950 kPa,以确保动力车总风系统的安全。

2. 总风低压保护开关

当总风压力低于(500±20)kPa时,动力车牵引封锁(动力制动仍可投入),总风低压保护开关确保动力车内保留有能够安全停车用的压缩空气。总风低压保护开关如图 4-18 所示。

图 4-17　安全阀

图 4-18　总风低压保护开关

3. 微油过滤器

微油过滤器对通过干燥器后的压缩空气进行油污处理，保证通过微油过滤器后的压缩空气满足 ISO 8573 油 2 级要求。微油过滤器需进行定期排污处理。微油过滤器如图 4-19 所示。

4. 除水除油过滤器组

除水除油过滤器组对空气压缩机输出含有大量液态水的压缩空气进行处理，对于水（不包括液态水）的过滤效率≥92%，对于油的过滤效率≥99.925%。除水除油过滤器组如图 4-20 所示。

图 4-19 微油过滤器

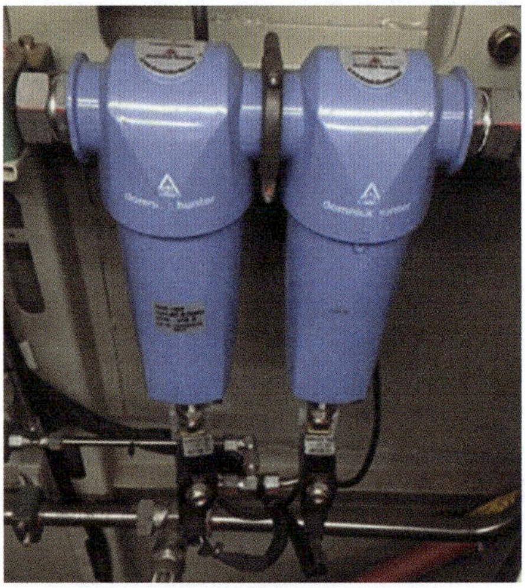

图 4-20 除水除油过滤器组

5. 除尘过滤器

除尘过滤器对干燥器后微油过滤器前的压缩空气进行处理，对于尘的过滤效率不低于 99.925%。除尘过滤器如图 4-21 所示。

6. 最小压力阀

最小压力阀保证干燥器内部快速建立起压力，使干燥器可以进行再生、干燥工作，开通压力为 600 kPa，最小压力阀如图 4-22 所示。

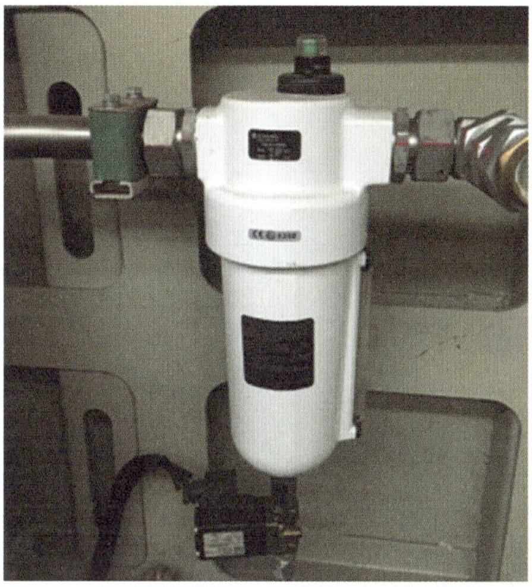

图 4-21　除尘过滤器

图 4-22　最小压力阀

第三节　制动控制系统

CAB-A 型制动控制系统的基本构成为：

(1)制动控制器。

(2)司机室显示屏(制动信息)。

(3)电空控制单元。

(4)接口箱模块。

(5)辅助控制单元。

(6)根据车型集成的制动柜。

制动控制器、电空控制单元、接口箱模块为制动系统的基本配置。其他部件为可选配置。具有以下主要特点：

(1)按照功能要求采用模块化结构设计,板式安装,便于维护和检修。

(2)基于微机控制技术、网络通信传输制动指令,智能模块采用双 CAN 冗余网络。

(3)系统和主要模块均采用冗余设计。

(4)人机界面和制动操作方法与现有交流传动机车一致。

(5)气路接口和电气接口符合相关标准性技术规范要求,保证互换性。

(6)制动系统的各项技术性能指标均符合规定要求。

(7)优化无动力回送设置。

动力车控制系统通过 MVB 网络和硬线与制动系统全面结合,完成对制动系统的控制与监测。动力车控制系统采集各个压力开关和隔离阀的状态信号和制动系统输出信号。状态信号主要包括:紧急制动隔离 S10.01,升弓钥匙阀 U99,辅压机开关 KP47(U84)、KP48(U43.02),辅助风缸隔离 U43.13,总风压力开关 KP49(P50.72)、KP50(P50.74)、KP53(A71 MREP),停放制动压力开关 KP52(B40.07)、KP54(B40.11),停放制动隔离 B40.06,转向架隔离 Z10.22、Z10.23;制动系统输出信号包括:卸载、BCPS、补机故障、紧急制动。动力车控制系统根据这些信号的状态进行逻辑控制。

动力车控制系统向制动系统输入动力车状态信号和各类控制信号,具体包括:零速、电空互锁、常用制动 A、常用制动 B、紧急制动、停放制动投入、停放制动缓解、撒砂控制、干燥器控制、风笛控制等信号。

一、制动部件

1. 司机室显示屏(制动信息)

司机室显示屏(制动信息)位于司机室操作台,是人机接口。通过司机室显示屏可进行本机/补机、均衡风缸定压、列车管投入/切除、阶段缓解/一次缓解、补风/不补风、系统自检、风压值标定、故障查询等功能的选择和应用，如图 4-23 所示，动力车默认为定压 600 kPa、阶段缓解、补风模式；动力车采用双屏冗余模式，正常情况下制动信息和微机信息分屏显示，故障情况下制动信息和微机信息可合屏显示。

图 4-23　司机室显示屏(制动信息)

2. 制动控制器

制动控制器为人机操作接口，主要用于进行制动、缓解的指令操作，以给出相应指令控制制动、缓解作用，制动控制器如图 4-24 所示。制动控制器集成了自动制动阀手柄和单独制动阀手柄。制动控制器采用平面化设计，安装后与司机台面平齐，便于安装及操作。制动控制器具备紧急位直排列车管压力功能。

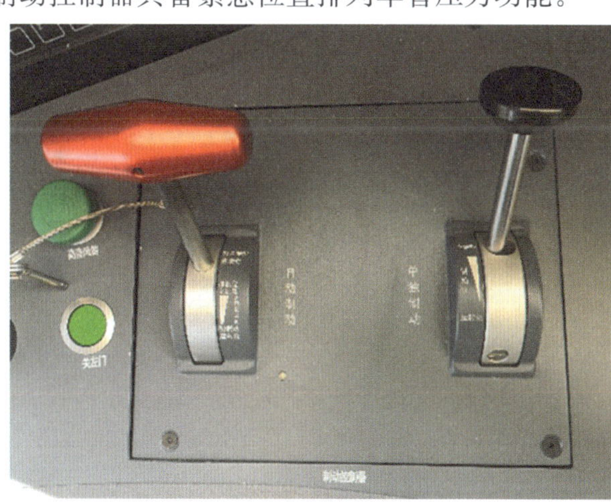

图 4-24　制动控制器

(1)自动制动阀手柄位置

其手柄包括运转位、初制动、全制动、抑制位、重联位、紧急位。初制动和全制动之间是常用制动区。手柄向前推为常用制动或紧急作用，手柄向后拉为缓解作用。在重联位时，通过插销可将手柄固定在此位置。

运转位：自动制动阀手柄维持在运转位时，均衡风缸充风，最终实现列车管的定压充风及动力车制动缸的完全缓解。

初制位：自动制动阀手柄置初制位时，列车管能够实现最小减压量制动作用。

常用制动区：自动制动阀手柄在常用制动区，能够实现列车管从初制位至全制动的减压，动力车制动缸压力与列车管减压量成线性比例关系。

全制位：自动制动阀手柄在常用全制动位时，列车管实现最大常用减压量。

抑制位：动力车产生常用惩罚制动后，必须将手柄放置此位置使制动机复位后，手柄再放置运转位，动力车制动作用才可缓解。在抑制位，动力车将产生常用全制动作用。

重联位：当制动机系统在补机或断电状态时，手柄应放此位置。在此位置，均衡风缸将按常用制动速率减压到0。

紧急位：自动制动阀手柄在紧急位时，具有机械和电气联锁能够同时触发紧急制动作用。制动控制器内设有机械排气阀，直接排出列车管压力空气以触发空气紧急制动作用。

(2)单独制动阀手柄位置

手柄位置包括运转位、制动区、全制动位。手柄向前推为制动作用，向后拉为缓解作用。当侧压手柄时，可以实现自动制动的单独缓解。

3. 电空控制单元

电空控制单元上有数个部件作为网络的节点，根据指令实施制动控制。电空控制单元中列车管控制模块、制动缸控制模块、单独控制模块、电源模块具有网络节点，除电源模块PSJB，其余3个为智能模块，如图4-25所示。

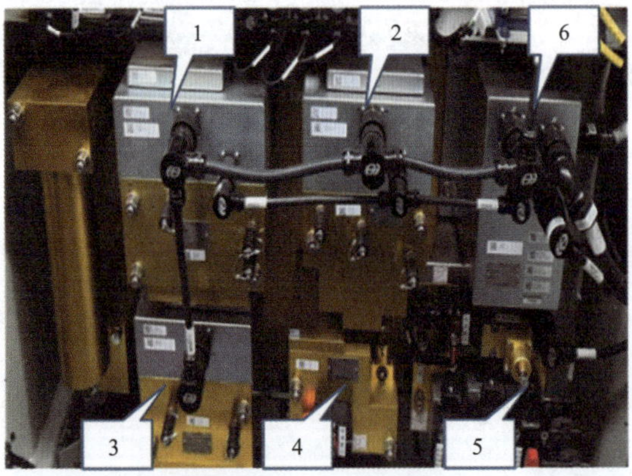

1—列车管控制模块；2—制动缸控制模块；3—单独控制模块；4—空气制动阀模块；5—辅助功能模块；6—电源模块。

图4-25 电空控制单元

电空控制单元上 6 个模块分别定义为：列车管控制模块、制动缸控制模块、单独控制模块、空气制动阀模块、辅助功能模块、接口箱模块，此外还包括辅助控制单元及相关配管。

各模块主要功能及作用为：

(1)列车管控制模块

列车管控制模块主要作用是通过对均衡风缸的充排气控制，最终实现对列车管的充排气控制，主要功能如下：

①均衡风缸、列车管等压力采集与测试；

②列车管充风流量的监测；

③提供并控制均衡风缸压力；

④响应均衡风缸压力实现对列车管压力控制；

⑤执行紧急制动排风；

⑥控制列车管补风作用；

⑦系统失电时执行惩罚制动。

(2)制动缸控制模块

制动缸控制模块主要作用是根据列车管压力变化实现对制动缸的压力控制，最终实现动力车制动缸压力的输出，主要功能如下：

①根据列车管压力输出制动缸压力；

②电空制动失效时，制动缸压力自动切换至机械分配阀控制；

③实现空电联锁功能；

④制动缸等压力测试功能。

制动控制系统具有制动力不衰减特性，当制动缸及其管路漏泄时，压力能够自动补偿。

单独控制模块故障时，系统将通过制动缸控制模块实现其功能。同时制动缸控制模块也可以响应单独制动手柄指令，实现动力车单独制动控制。

(3)单独控制模块

单独控制模块主要作用是实现单独制动时，提供制动缸和平均管的压力输出，主要功能如下：

①响应单独制动，提供对制动缸的压力控制；

②制动缸控制模块故障时，提供对制动缸的压力控制。

(4)空气制动阀模块

空气制动阀主要作用是响应列车管压力变化并实现制动缸的压力控制，其始终处于热备状态，在每次列车管减压时均同时产生作用，一旦制动缸控制模块或制动系统故障，立刻实现对制动缸的压力控制，主要功能如下：

①提供制动缸的冗余压力控制；

②无动力回送压力控制，可根据需要增加转换塞门状态电触点。

(5)辅助功能模块

辅助功能模块的主要功能为：

①能够按转向架切除制动缸压力；

②无动力回送时，可以实现列车管向副风缸的充风，限定制动缸压力在200～250 kPa；

③执行外部紧急制动请求，迅速排出列车管压力空气，故障时可将其切除。

(6)接口箱模块

接口箱模块主要用于与外部的连接，同时也负责制动系统内部各模块、设备之间的硬线或电源接口，这些接口主要包括：

①与系统控制模块接口；

②与电空控制单元接口；

③与LKJ装置和微机控制系统的硬线接口；

④空气防滑系统接口。

(7)辅助控制单元

辅助控制单元包括：

①压力开关模块；

②升弓控制模块；

③撒砂控制模块；

④停放制动控制模块；

⑤踏面清扫控制模块。

(8)气路板及其他部件

电空控制单元设有气路板、过滤器、容积风缸等。气路板作为各个模块、气动附件、容积风缸等部件的安装载体；过滤器将进入电空控制单元的压缩空气进行适度过滤；容积风缸用于相关压力的控制和输出。

4. 车列电空装置

系统集成车列电空装置，电空制动采用五线制，控制电压DC 110 V。电空制动时，1号线芯输出DC 110 V；制动保压时，3号线芯输出DC 110 V；缓解时，2号线芯输出DC 110 V；紧急制动时，1号线芯，4号线芯输出DC 110 V。线芯在制动、缓解操作时通过列车(车辆)电空制动装置与5号线芯构成控制回路。

当制动机设置为本机模式时，输出电空制动功能，自身不执行电空制动。

当制动机设置为补机模式时，制动机系统具备电空制动指令的检测、记录以及反馈给中央控制单元(CCU)的功能，自身不执行电空制动。

5. 紧急放风阀

紧急放风阀由紧急阀、紧急风缸和安装座组成。紧急阀和紧急风缸集成安装在铝合金材质的安装座上，紧急放风阀结构如图4-26所示。

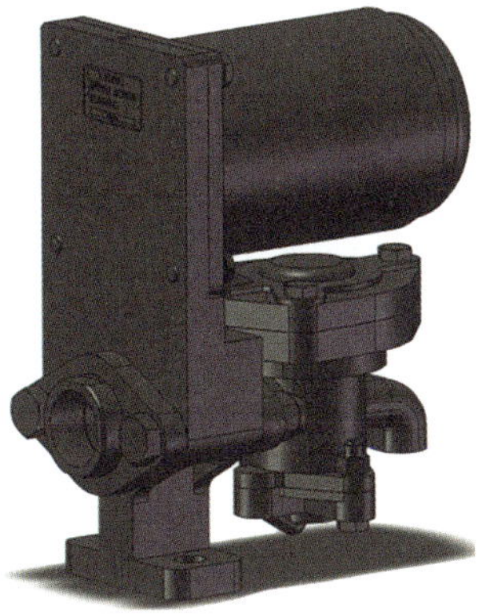

图 4-26　紧急放风阀

二、制动控制关系

制动控制系统是以网络为基础的微机控制系统，各显示的参数和控制指令主要以网络信号传递，电气部件和气动部件为最终的执行机构。在设计制动控制系统时，充分考虑系统在网络、电子、电气、气动部件等故障失效时的应对措施，以保障系统的故障导向安全。

(一)正常情况下气路控制关系

1. 控制列车制动

自动制动阀→列车管控制模块→列车管压力→车辆制动机

↓

制动缸控制模块→动力车制动缸

2. 控制动力车制动

单独制动阀→单独控制模块→制动缸控制模块→动力车制动缸

(二)系统主要部件冗余

1. 空气制动冗余

当制动缸控制模块故障时，系统自动转换为由空气制动阀和单独控制模块共同控制制动缸的压力空气制动冗余模式。

空气制动冗余就是系统采用纯机械后备三通阀来代替电子控制产生制动缸压力控制。

2. 制动系统冗余

当微机控制的主系统出现严重故障时，制动系统将自动产生惩罚制动，然后可将制动系统转到后备制动模式，利用后备制动模式实现对列车的制动控制。

后备制动模式下，操作后备制动手柄实现对列车的制动、缓解控制作用。

（三）制动触发方式

1. 紧急制动的触发方式

(1)自动制动阀置“紧急”位；

(2)开放操作台左边柜紧急制动按钮(车长阀)触发紧急制动；

(3)按下操作台紧急按钮触发紧急制动(主断路器断开，受电弓降下)；

(4)监控装置触发紧急制动；

(5)列车断钩分离触发紧急制动。

2. 惩罚制动的触发方式

惩罚制动是非人为施加、由制动系统自行产生或由制动系统外部指令触发的常用制动或紧急制动。系统在以下情况下触发惩罚制动：上电惩罚、失电惩罚、系统故障惩罚、监控装置惩罚、无人警惕惩罚。

(1)上电惩罚

当电空控制单元或系统上电时，产生一个不可抑制的惩罚制动。

(2)失电惩罚

本务动力车上，电空控制单元或系统断电时，均衡风缸会以常用制动速度减压到0，这是一个不可抑制的惩罚制动。

(3)系统故障惩罚

制动系统故障，均衡风缸会以常用制动速度降到0，这是一个不可抑制的惩罚制动。

(4)监控装置惩罚

如果监控系统要求惩罚制动，系统将实施惩罚制动，均衡风缸根据需要以常用速度实施减压80 kPa或者130 kPa。该惩罚制动指令消失后，可以缓解惩罚制动，须将自动制动阀手柄置“抑制”位至少1 s，对惩罚制动进行复位，再进行缓解。

(5)无人警惕惩罚

如果实施无人警惕惩罚制动，系统将实施惩罚制动，均衡风缸进行常用全制动减压。该惩罚制动指令消失后，可以缓解惩罚制动，操作者须使将自动制动阀手柄置于“抑制”位至少1 s，对惩罚制动进行复位，再进行缓解。

惩罚制动复位条件：

一是惩罚源消失(如果是失电惩罚，重新加电)；

二是自动制动阀手柄须置于“抑制”位超过1 s。

三、辅助控制单元

动力车辅助控制单元可以改善动力车的运行条件，确保行车安全。辅助控制单元包括停放制动控制模块、升弓控制模块、撒砂控制模块、踏面清扫控制模块、轮缘润滑控制模块、鸣笛控制模块、后备空气制动、空气防滑控制模块等。

1. 停放制动控制模块

(1)直形车体动力车停放制动控制模块组成及原理

停放制动控制模块由单向阀(B40.02)、停放缩堵(B40.10)、双脉冲电磁阀(B40.03)、双向阀(B40.04)、停放减压阀(B40.05)、停放切除塞门(B40.06)、停放缓解压力开关(B40.07)、停放制动压力开关(B40.11)、停放缸压力测试点(B40.09)、压力传感器(B40.08)组成。停放制动控制模块组成及原理如图 4-27、图 4-28 所示。

图 4-27　停放制动控制模块组成

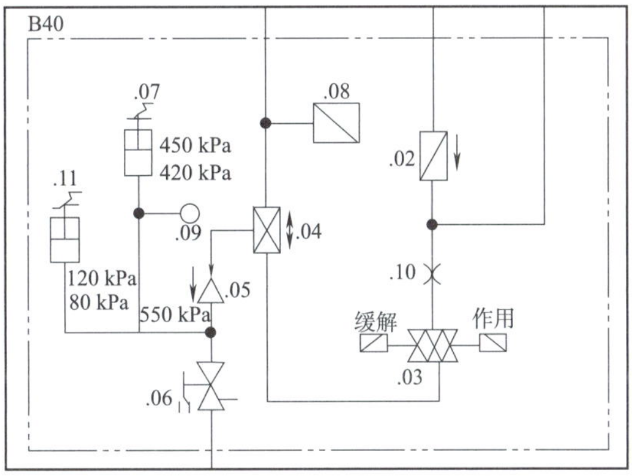

图 4-28　停放制动控制模块原理(直形车体)

停放制动控制模块接收司机控制指令,从而控制动力车走行部弹簧停车制动缸压力。当弹簧停车制动缸中的空气压力达到 480 kPa 以上时,弹簧停车制动装置缓解,允许动力车牵引;停车后,将弹簧停车制动缸中的压力空气排空,弹簧停车装置动作,制动闸片压紧轮对,避免动力车因重力或风力的原因而溜车。

动力车停车后按下操作台左侧弹停作用开关,可使弹停脉冲电磁阀(B40.03)中的作用阀得电数秒,脉冲电磁阀(B40.03)处于作用位,弹簧停车制动缸中的压力空气通过弹停脉冲电磁阀(B40.03)排出,弹簧停车制动装置完全作用。如果需要走车,按下操作台左侧弹停缓解开关,可使弹停脉冲电磁阀(B40.03)中的缓解阀得电数秒,脉冲电磁阀(B40.03)处于“缓解”位，总风将通过上述通路进入走行部的弹簧停车制动缸，当弹簧停车制动缸中的压力高于 480 kPa 后操作台上弹停指示灯常灭，弹簧停车制动缸完全缓解，允许动力车牵引。

①弹簧停车制动缸缓解

具体通路如下：

总风缸→逆止阀(B40.02)→弹停风缸(A13)
总风缸→逆止阀(B40.02)→弹停脉动阀(B40.03)→变向阀(B40.04)→减压阀(B40.05)
总风缸→逆止阀(B40.02)→弹停塞门(B40.06)→走行部弹停风缸

②弹簧停车制动装置作用后，制动缸作用时的工作状态

具体通路如下：

制动缸→变向阀(B40.04)→减压阀(B40.05)→弹停塞门(B40.06)→走行部的弹停风缸

制动缸风压进入弹停制动缸后，可以缓解部分弹簧压力，避免停车后或运行时制动缸产生的压力和弹停风缸产生的弹簧压力同时作用在制动盘上，造成制动盘的损伤。

在发生供电故障的情况下，也可以使用脉冲电磁阀的手动装置对停放制动装置进行手动操作。在制动系统无风的情况下，可以使用停放制动单元的手动缓解装置(位于制动缸夹钳上)缓解停放制动。手动缓解后，不能再次实施停放制动。如果需要重新实施停放制动，必须使系统总风压力达到 450 kPa 以上，方可实施停放制动。

(2)鼓形车体停放制动控制模块组成及原理

停放制动控制单元由单向阀(.01)、双脉冲电磁阀(.02)、停放缩堵(.03)、双向阀(.04)、停放减压阀(.05)、停放隔离塞门(.06)、停放缓解压力开关(.07)、停放制动压力开关(.08)和停放缸压力测点(.09)组成。停放制动控制模块原理如图 4-29 所示。

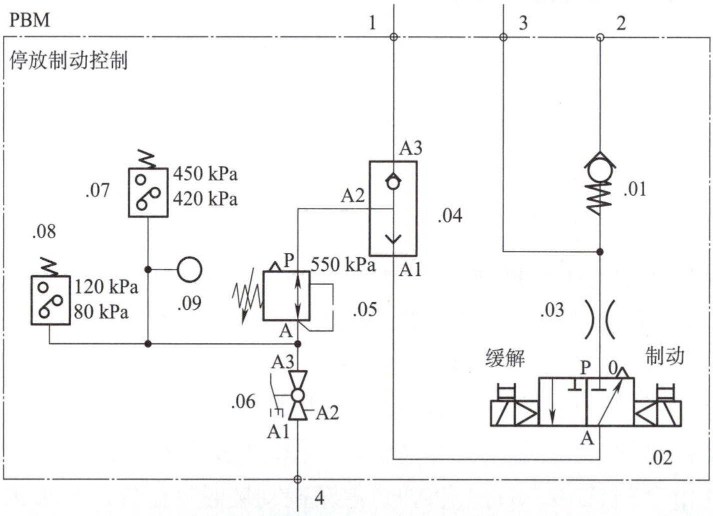

图 4-29 停放制动控制模块原理(鼓形车体)

停放制动模块接收司机控制指令，从而控制机车走行部停放制动缸压力。当停放制动缸中的空气压力达到 450 kPa 以上时，停放制动装置缓解，允许机车牵引；机车停车后，将停放制动缸中的压力空气排空，停放装置动作，由停放弹簧产生停放制动力，避免机车因重力或风力的原因溜车。

机车停车后，按下操作台的停放施加开关，可使双脉冲电磁阀(.02)中的作用阀得电，双脉冲电磁阀(.02)处于作用位，停放制动缸中的压力空气通过双脉冲电磁阀(.02)排出，停放制动装置完全作用。若需要缓解停放，则按下停放缓解开关，可使双脉冲电磁阀(.02)中的缓解阀得电，双脉冲电磁阀(.02)处于缓解位，总风将通过上述通路进入停放制动缸，当停放制动缸中的压力高于 450 kPa 时停放制动完全缓解，允许机车牵引。

也可以使用双脉冲电磁阀的手动功能对停放制动装置进行手动控制。

2. 升弓控制模块

升弓控制模块为受电弓和主断路器提供干燥、稳定的压缩空气。升弓控制模块包括双逆止阀(U43.04)、压力开关(U43.02)、机械压力表(U43.05)、过滤器(U43.03)、塞门(U43.13、U43.14)、缩堵(U43.11、U43.12)和测试接口(U43.09、U43.10)。升弓控制模块和辅助压缩机(U80)，辅助压缩机用干燥器(U82)，干燥风缸(U83)压力开关(U84)，升弓风缸(U76)以及升弓塞门(U98、U99)等共同工作。升弓控制模块如图 4-30 所示，原理如图 4-31 所示。

图 4-30　升弓控制模块结构

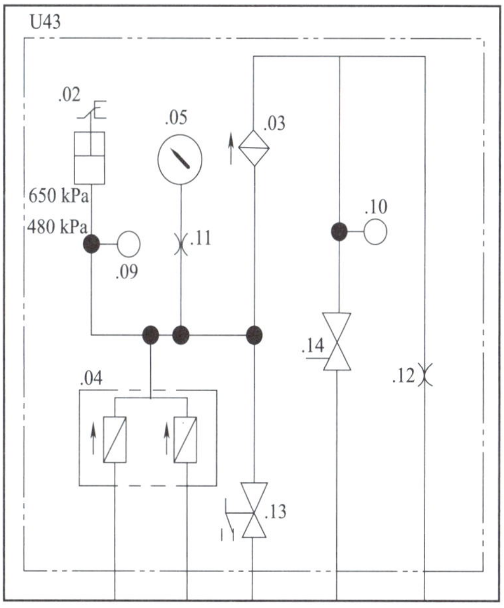

图 4-31　升弓控制模块原理

(1)库停后使用辅助压缩机供风升弓

具体通路如下：

辅助压缩机(U80)→干燥器(U82)→双逆止阀(U43.04)

→塞门(U43.13)→升弓风缸(U76)

→过滤器(U43.03)→缩堵(U43.12)→升弓塞门(U99)→升弓塞门(U98)→阀板

→过滤器(U43.03)→塞门(U43.14)→主断路器

启动辅助压缩机，压缩空气通过干燥器(U82)，进入升弓模块，通过双逆止阀(U43.04)右侧的逆止阀后压缩空气分为两路，其中一路进入升弓风缸(U76)，将压缩空气存储起来，另一路通过过滤器(U43.03)，又将压缩空气分为两路，其中一路通过塞门(U43.14)为主断路器提供风源，另一路通过升弓塞门(U98、U99)进入升弓阀板为受电弓提供风源。

动力升弓指令投入后，若升弓风缸压力低于480 kPa时，压力开关(U43.02)动作发出指令，辅助压缩机自动投入工作，当升弓风缸压力高于735 kPa时，压力开关(U84)动作发出指令，辅助压缩机自动停止工作，同时干燥风缸(U83)中的干燥空气将干燥器中的水和油污排出。如果通过按钮手动控制辅助压缩机启动，压力开关(U43.02、U84)将不再对压缩机的起停进行控制。

(2)正常运行时的总风缸供风

具体通路如下：

总风缸→双逆止阀(U43.04)

→塞门(U43.13)→升弓风缸(U76)

→过滤器(U43.03)→缩堵(U43.12)→升弓塞门(U99)→升弓塞门(U98)→阀板

→过滤器(U43.03)→塞门(U43.14)→主断路器

总风缸的压缩空气直接进入升弓模块，通过双逆止阀(U43.04)左侧的逆止阀后压缩空气分为两路，其中一路进入升弓风缸(U76)，将压缩空气存储起来，另一路通过过滤器(U43.03)，又将压缩空气分为两路，其中一路通过塞门(U43.14)为主断路器提供风源，另一路通过升弓塞门(U98、U99)进入升弓阀板为受电弓提供风源。

在动力车退乘之前，应将升弓风缸内压缩空气充至900 kPa，然后关闭塞门(U43.13)，以备动力车再次使用时不必启动辅助压缩机就可进行动力车升弓操作。

3. 撒砂控制模块

撒砂模块如图4-32所示，原理如图4-33所示。由撒砂切除塞门(F41.01)、撒砂减压阀(F41.02)、撒砂压力测点(F41.03)、撒砂干燥电磁阀(F41.04)、向后撒砂电磁阀(F41.05)、向前撒砂电磁阀(F41.06)组成。

撒砂动作与司机脚踏开关、紧急制动、防空转、防滑行等功能配合使用，撒砂方向与机车实际运行方向一致。

4. 踏面清扫控制模块

踏面清扫控制模块由踏面清扫切除塞门(B60.01)、踏面清扫减压阀(B60.02)、踏面清扫压力测点(B60.03)、踏面清扫电磁阀(B60.04)、踏面清扫压力开关(B60.05)组成。模块组成及原理如图 4-34、图 4-35 所示。

图 4-32　撒砂模块结构

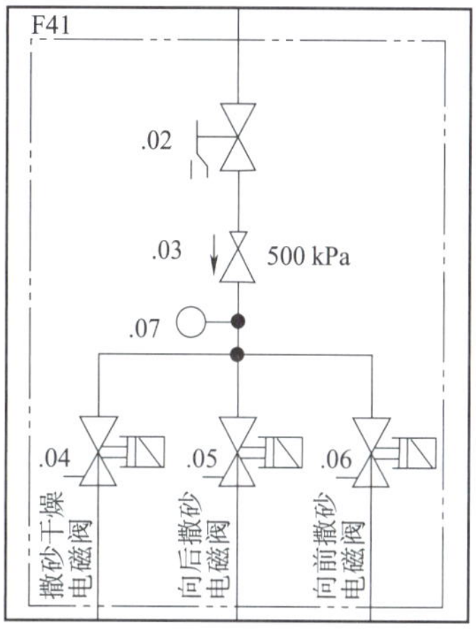

图 4-33　撒砂模块原理

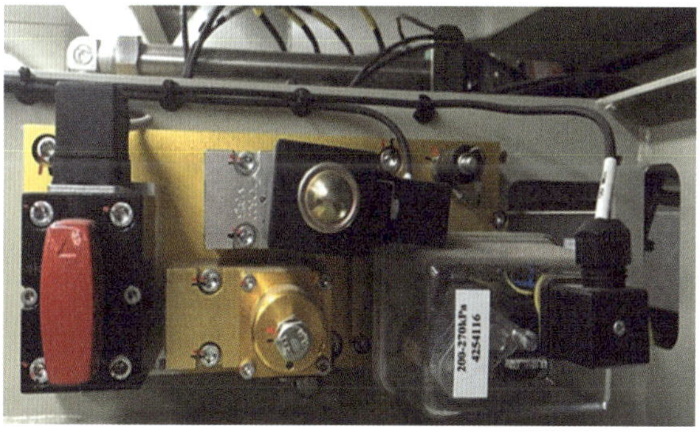

图 4-34　踏面清扫控制模块结构

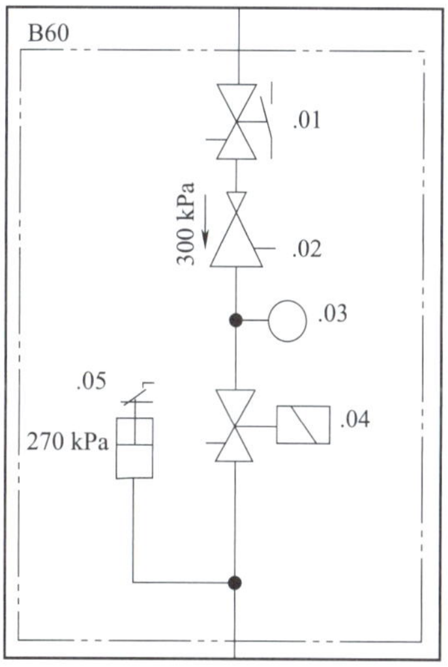

图 4-35　踏面清扫控制模块原理

踏面清扫可以通过按下踏面清扫按钮手动施加,也可以通过微机自动施加,如:施加动力制动时。当制动缸压力到达 100 kPa 以上时,踏面清扫功能可以通过制动柜上踏面清扫塞门隔离,此时将在司机室显示单元上进行相关提示。

5. 轮缘润滑控制模块

轮缘润滑控制模块由塞门(W20.01)、过滤器(W20.02)、减压阀(W20.03)、机械压力表(W20.04)、电磁阀(W20.05、W20.06 、W20.07 、W20.08)组成。轮缘润滑控制模块组成及原理如图 4-36、图 4-37 所示。

6. 鸣笛控制模块

鸣笛控制模块由塞门(P87/1、P87/2)、电磁阀(P89/1、P89/2)组成。鸣笛控制模块组成原理如图 4-38 所示。鸣笛控制模块分为高音风笛和低音风笛，可由按钮和脚踏板施加。

图 4-36　轮缘润滑控制模块结构

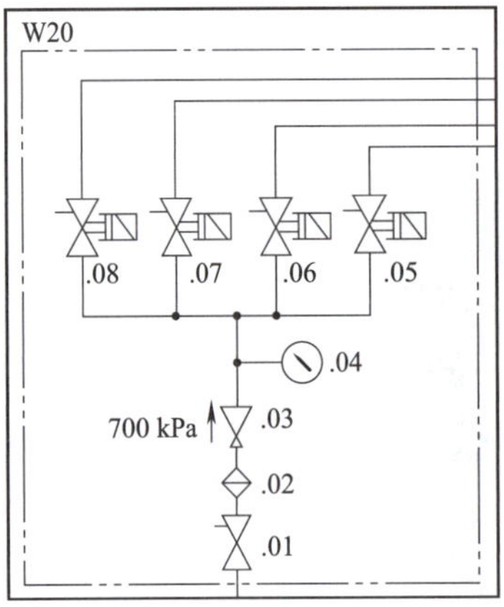

图 4-37　轮缘润滑控制模块原理

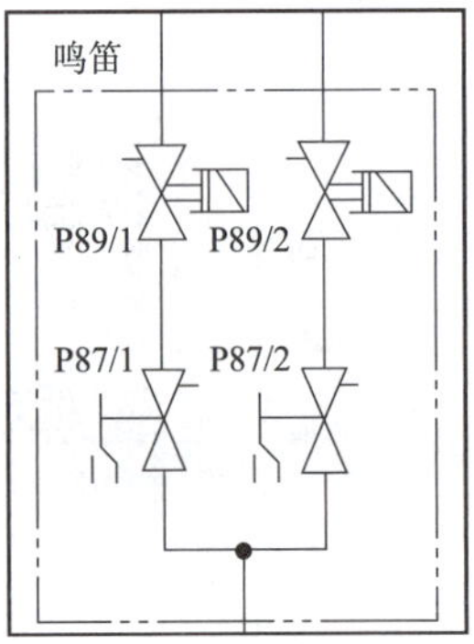

图 4-38　鸣笛控制模块原理

7. 后备空气制动

后备空气制动由后备制动手柄(图 4-39)、后备中继阀、均衡风缸、压力传感器、均衡风缸压力表、减压阀、转换塞门、流量限制堵及相关管路等附件组成。后备制动满足相关技术规范要求，在动力车电控制动系统故障失效后可使用后备空气制动实现对列车的制动控制，保证列车继续运行。后备空气制动电气原理如图 4-40 所示。

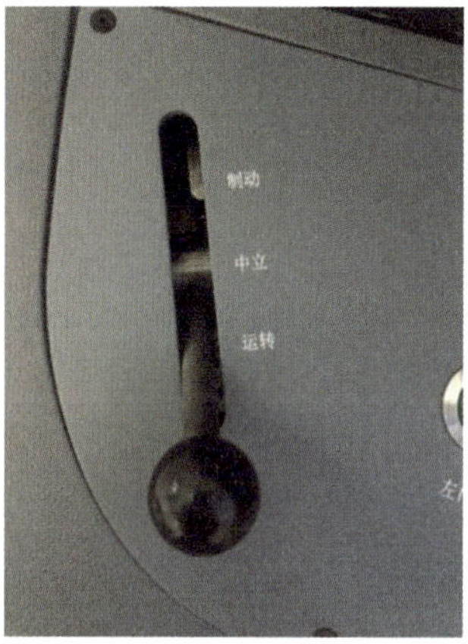

图 4-39　后备制动手柄

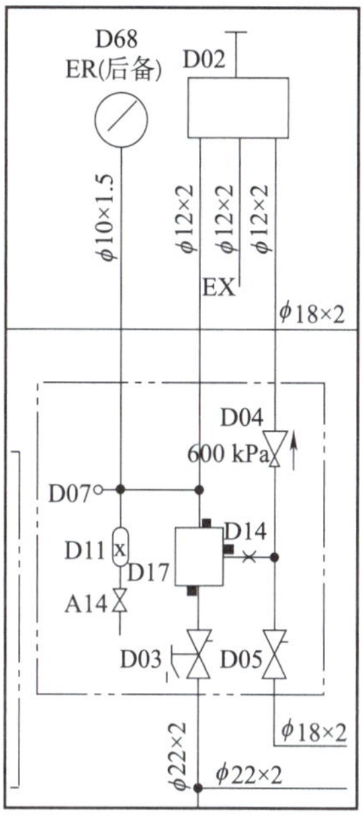

图 4-40　后备空气制动原理

后备制动模式下，监控装置常用惩罚制动无效，紧急惩罚制动有效。当动力车转入后备制动模式后，动力车可以继续牵引和实施电制动，同时动力车微机显示屏的故障履历中会记录动力车后备制动投入信息。

当操作后备制动手柄进行空气制动时，后备制动装置可精确控制列车管压力，具有动力车自动制动的缓解、制动、紧急制动的基本功能，但不具有单独制动及单独缓解功能。司控器保留有电制动功能，即调速手柄置电制动级位时，动力车实施电制动。单独操作后备制动手柄进行空气制动时，动力车和车辆均进行空气制动。单独操作司控器调速手柄进行电制动，仅动力车转为电制动工况进行电制动。操作后备制动手柄进行空气制动的同时又操作司控器进行电制动，此时空气制动和电制动将叠加，动力车有可能出现滑行导致擦轮，因此司乘人员应人为避免两种制动叠加操作。

8. 空气防滑控制模块

在动力车空气制动状态下，制动力超过黏着限制，车轮转速急剧下降甚至停转而车速下降缓慢，这叫“滑行”或“抱死轮”。为消除动力车运用过程中的这一现象，制动系统采用防滑装置(采用轴控方式，每根轴均设置一个防滑速度传感器、测速齿轮和防滑排风阀)。防滑系统主机集成安装在制动控制柜内，如图 4-41 所示。防滑速度传感器、测速齿轮安装在车轴轴端，如图 4-42 所示，防滑排风阀安装在动力车机械间，如图 4-43 所示。车轮即将发生滑行时，防滑阀会及时动作，快速排出制动缸的压力空气而不排空，使制动力迅速降至小于黏着力即可，目的是防止车轮滑行、恢复轮轨的黏着状态。而且，在黏着恢复后，还要使制动缸及时再充风，尽量恢复较大的制动力。

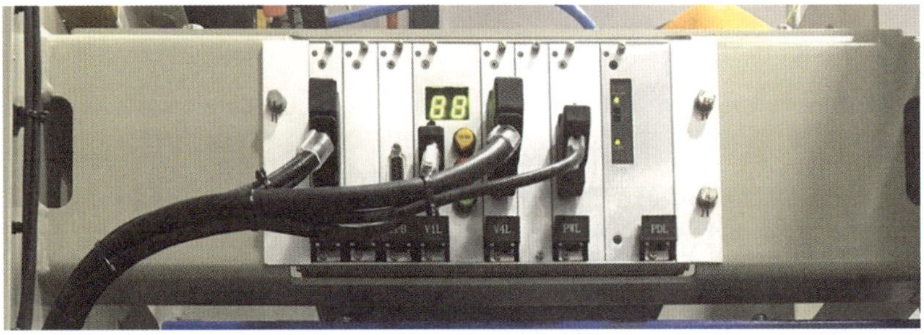

图 4-41　防滑器主机

图 4-42　防滑速度传感器及测速齿轮

图 4-43　防滑排风阀

四、空电联合与空电互锁

动力车具有空电联合投入与切除功能，通过司机室显示单元进行模式选择，如图 4-44 所示。

空电联合投入模式如图 4-45 所示。

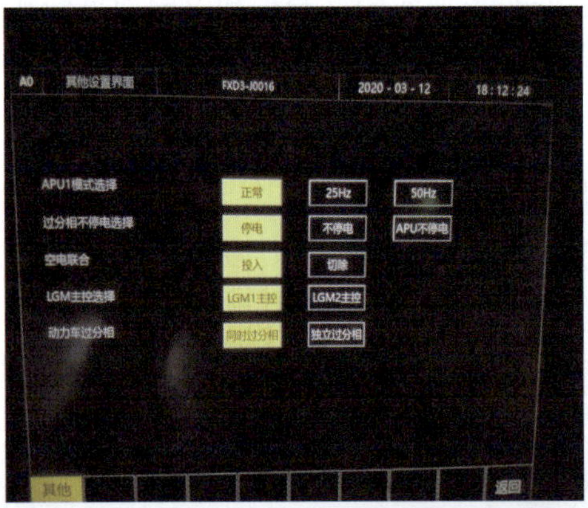

图 4-44　空电联合与空电互锁进入界面

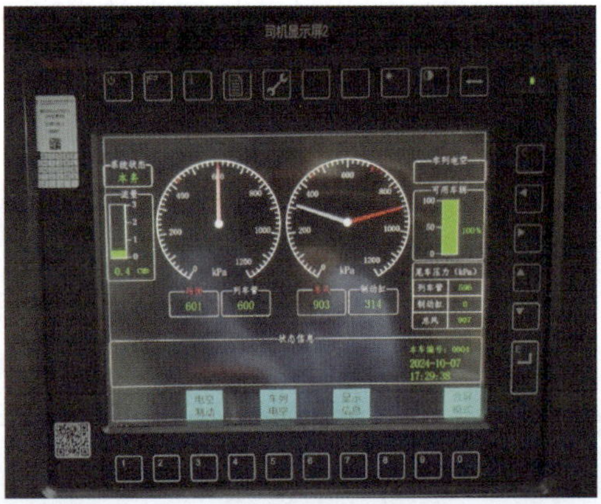

图 4-45　空电联合界面

1. 当用自动制动阀实施常用制动操作时，动力车动力制动优先，动力车动力制动力的大小应与自动制动阀对应的列车管减压量所产生的动力车空气制动力相匹配。动力车施行动力制动时，空气制动被切除，制动缸不得有压力。

2. 在非动力制动工况时实施紧急制动，动力车执行空气紧急制动。但同时保证动力车动力制动处于可随时投入状态；当投入的动力制动力＞40 kN 时，缓解本车的空气制动力。在动力制动工况时实施紧急制动，动力车必须施加不低于本车空气紧急制动的动力制动力（约 80 kN）。当动力制动失效时，空气紧急制动应能立即恢复。实施紧急制动时，立即切断动力车的牵引作用。

3. 在制动过程中，允许司机通过司机控制器增加动力制动。动力制动力可以通过不同的方式获得（自动制动阀手柄或司机控制器），数值较高者有效。

4. 在制动过程中，当动力制动失效时，动力制动将被切除，动力制动和空气制动的联合功能失效，空气制动根据自动制动阀手柄的制动指令自动起作用。

第四节 CAB-B型制动控制系统

CAB-B型制动控制系统(以下简称CAB-B型制动机)在部分CR200J3型电力动车组上装机应用,采用基于网络通信技术的微机控制方式和模块化设计,具有良好的人机交互功能,同时操作方式、安装接口满足简统化要求。

一、系统组成与原理

1. CAB-B型制动机主要特点

(1)系统按照功能要求采用模块化结构设计,板式安装,便于维护和检修。

(2)系统基于微机控制技术、网络通信传输制动指令,智能模块采用双CAN冗余网络。

(3)系统和主要模块均采用冗余设计。

(4)人机界面和制动操纵习惯与现有交流传动机车一致。

(5)气路接口和电气接口符合标准性技术规范要求,保证互换性。

(6)制动系统的各项技术性能指标符合TJ/JW 100《分布式网络智能模块机车空气制动控制系统暂行技术规范》规定要求。

(7)优化无动力回送设置。

(8)系统集成的冗余控制功能。

CAB-B型制动机主要技术性能指标为:

(1)制动机的列车管定压为600 kPa。

(2)制动机具有制动稳定性:当列车管压力从定压以每分钟小于40 kPa的速度下降时,机车制动缸不起制动作用。

(3)制动机具有常用制动灵敏度:当列车管压力从定压以每秒钟下降10～40 kPa时,在列车管减压40 kPa前机车制动缸产生制动作用。

(4)制动机具有紧急制动灵敏度:当列车管减压速度大于每秒80 kPa时,机车制动机产生紧急制动。

(5)列车管最小减压量为(50±5)kPa,机车制动缸压力为(100±10)kPa。

(6)制动机常用全制动时,均衡风缸在6～8 s减压170 kPa,最终减压170～190 kPa;列车管减压量不低于170 kPa,压力稳定后,列车管压力应在均衡风缸压力±10 kPa范围内;机车制动缸最大压力应为(420±15)kPa,上升至400 kPa的时间为7～9.5 s。

(7)制动机自动制动阀(大闸)手柄从“常用制动”位阶段性地移至“初制动”位时,

列车管压力随自动制动阀(大闸)手柄阶段上升,制动缸压力相应阶段减少。

(8)施行紧急制动时,机车列车管压力从定压降至 0 的时间小于 3 s,机车制动缸压力从 0 升至 400 kPa 的时间为 3～7 s,机车制动缸最高压力限制在(450±20)kPa。

(9)机车自动制动阀(大闸)手柄处于“运转”位,操纵手柄移至“全制动”位时机车制动缸最高压力为(300±15)kPa,机车制动缸压力从 0 升至 285 kPa 的时间为 2～4 s,单独制动阀(小闸)手柄从“全制动”位移至“运转”位缓解时,机车制动缸压力从最大降至 40 kPa 的时间为 3～5 s,并最终缓解到 0。

2. 系统组成

动力车 CAB-B 型制动机主要由制动控制器、紧急放风阀和制动柜组成,制动显示屏采用合屏方案。其中制动柜集成电空控制单元、电气接口单元、接线箱模块、辅助控制模块、防滑器主机、辅助压缩机组和升弓控制及停放控制风缸等。辅助控制模块包括撒砂控制、停放制动控制、升弓及辅压机启停控制、空压机启停控制和踏面清扫控制等。紧急放风阀安装在列车管上,用于紧急制动时快速排风列车管压力,保证紧急制动迅速施加。

系统设置有独立于电控制动系统的空气后备制动装置,包括后备制动阀和空气后备制动模块,用于电控制动系统故障时保证列车继续运行。

3. 电气原理

制动控制器、电空控制单元和电气接口单元构成双 CAN 冗余网络,其中电空控制单元上的制动缸控制模块、单独控制模块、列车管控制模块为带网络节点智能模块。制动机通过布置在制动柜右侧面的 4 个 48 芯哈丁连接器与动力车控制系统连接。系统提供与 LKJ/ATP 等系统的接口,包括:惩罚制动输入、紧急制动输入、零速信号输入、空电联锁信号输入等输入信号,以及提供紧急制动、动力切除以及电制切除的信号输出。硬线接口符合动力车简统化要求。系统通过车辆总线(MVB)网络与制动显示屏和列车控制与监视系统(TCMS)进行通信,并预留以太网接口,以太网采用 M12 连接器。

系统电气控制原理如图 4-46 所示。

二、制动机组成

制动机主要由司机室制动操作部件、制动柜及紧急阀组成。司机室制动操作部件主要组件有制动控制器、后备制动阀、后备制动模块等,制动柜由电空控制单元、电气接口单元、辅助控制模块等组成。

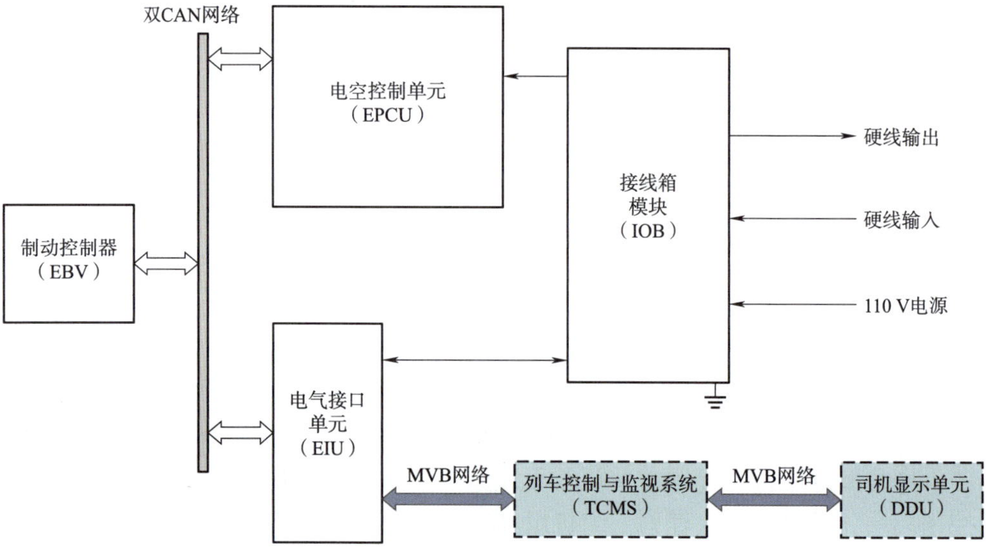

图 4-46　系统电气控制原理

1. 制动控制器

制动控制器为机车乘务员操作接口，主要用于进行制动、缓解的指令操作，以给出相应指令控制机车/列车的制动作用。制动控制器为组合式结构，集成自动制动阀（大闸）手柄和单独制动阀（小闸）手柄。制动控制器采用平面化设计，安装后与司机台面平齐，便于安装及操作。

自动制动阀（大闸）手柄通过对均衡风缸的充排风控制操作进而控制列车管的增压和减压作用，实现对列车制动的操作控制。自动制动阀（大闸）手柄在操作时有明显的位置感，设有“运转”位、“初制动”位、常用制动区、“全制动”位、“抑制”位、“重联”位、“紧急制动”位。

单独制动阀（小闸）手柄能控制机车本身的制动和缓解作用，而不会影响列车管的压力变化。单独制动阀（小闸）手柄在操作时有明显的位置感，设有“运转”位、制动区和“全制动”位。

2. 制 动 柜

制动柜是制动机的重要部分，它主要由制动柜骨架、辅助控制模块、辅助压缩机、接口箱模块、防滑主机、电气接口单元、电空控制单元等部件组成。制动机通过它们来实现列车管、制动缸、停放制动的压力控制，同时还能为主压缩机的自动启停控制提供辅助帮助，为受电弓、主断路器提供压缩空气等功能，制动柜的外形如图 4-47所示。

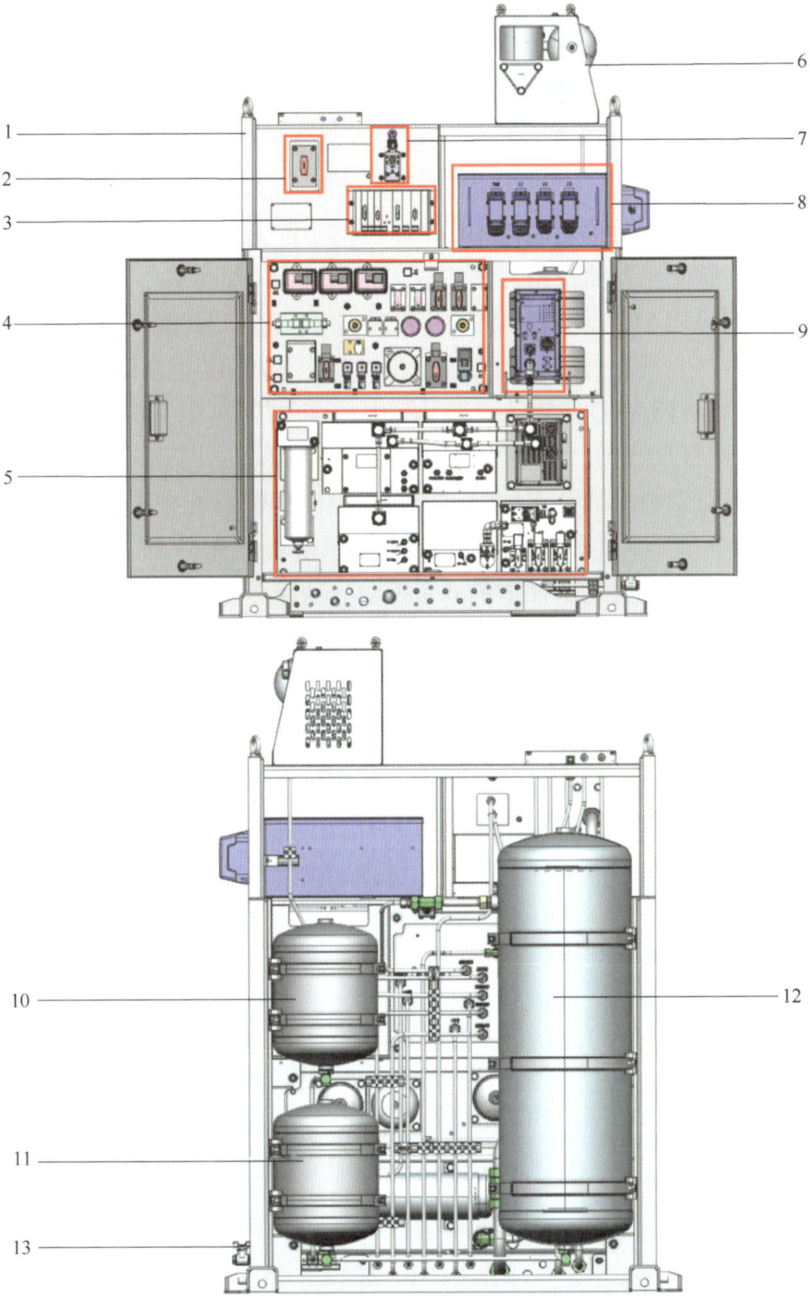

1—制动柜骨架；2—制动柜总风塞门；3—防滑主机；4—辅助控制模块；5—电空控制单元；6—辅助压缩机组；7—升弓钥匙阀；8—接口箱模块；9—电气接口单元；10—停放风缸；11—升弓风缸；12—制动风缸；13—制动风缸、停放风缸、升弓风缸排风塞门。

图 4-47　制动柜外形

电气接口单元(EIU)主要作用是对制动系统中的信息进行管理,包括对与动力车通信的车辆总线(MVB)网络和开关量的输入输出管理控制,通过车辆总线(MVB)网络接收动力车计算机或硬线的信息并下发至CAN网,同时也向动力车传输制动系统的相关信息。电气接口单元是制动控制系统中的网络节点,内部设有事件及故障记录器,能够对动力车运行中发生的重要制动事件或故障进行记录并存储,存储的内容包括事件或记录发生时的各制动参数、动力车速度、乘务员的操纵等。事件记录器采用FLASH存储介质存储数据。预留以太网接口,以太网采用M12连接器。电气接口单元设有端口用于数据下载,数据下载方式可通过USB接口或以太网两种方式进行。电气接口单元具有贯通检测和电空制动指令的检测、记录以及反馈的功能。

电空控制单元(EPCU)是制动控制系统中的重要组件,电空控制单元由6个模块及风过滤器、平均管过滤器、列车管过滤器组成,其中有3个部件作为网络的节点,根据指令要求实施对动力车或列车的制动控制。电空控制单元根据制动系统功能采用模块化设计,其中3个模块具有网络节点,除电源模块PSCM外、其余5个为机电一体化的集成模块。电空控制单元上的6个模块分别定义为:列车管控制模块(BPCM)、制动缸控制模块(BCCM)、单独控制模块(IBCM)、空气制动阀模块(PBTV)、辅助功能模块(ACM)和电源模块(PSCM)。

3. 紧急放风阀

紧急放风阀根据动力车实际运用需求开发设计,由紧急阀、紧急风缸和安装座组成。紧急阀和紧急风缸集成安装在铝合金材质的安装座上,这种组合式结构使紧急放风阀结构更加紧凑。考虑到紧急阀动作原理,安装时必须垂直安装,安装接口满足动力车安装要求。

4. 空气后备制动

空气后备制动设置有独立于电控制动系统的后备制动控制器和空气后备制动模块。后备制动性能满足技术规范要求,在动力车电控制动系统故障失效后可使用空气后备制动实现对列车的制动控制,保证列车能够继续运行。

复习思考题

1. 简述动力车制动系统的组成。
2. 简述辅助风源的控制方式。
3. 动力车制动控制系统的基本构成及主要特点是什么?
4. 简述自动制动阀手柄的位置及作用。
5. 简述动力车制动控制关系。

第五章　动力车运用与操作

动力车在运用及操作上虽然与其他和谐型电力机车有相似之处，但也存在诸多不同。本章主要介绍动力车检查及操作、动力车启动基本操作、动力车正常运行操作、微机网络系统操作。

第一节　动力车检查及操作

一、外观及车内检查

1. 外观检查

确认动力车所有受电弓已降下，并没有其他库用电源接入动力车。由动力车前端开闭机构处开始，目视检查动力车的前照灯、刮雨器、玻璃、辅照灯、标志灯、铭牌、开闭机构、列供插座、制动软管等均应良好；开闭机构关闭到位且能够正常打开和关闭。

上车前要观察动力车前后端、车顶、两侧及走行部分，确保各部分状态良好，动力车前端外观如图 5-1 所示。

图 5-1　动力车前端外观

检查开闭机构、车钩、排障器、扫石器的安装有无异常；检查确认信号感应接收线圈及全自动过分相装置感应器的状态；检查转向架制动轮盘各部，检查螺栓是否松动；检查各齿轮箱、复合冷却器四周等处有无渗漏油和水等现象；各牵引电机出风口无异物堵塞；牵引电机上部、风道连接部、电机速度传感器、电机温度传感器、电机接线的安装应良好；轮缘润滑装置、牵引装置的安装应良好；牵引电机下部、牵引电机悬挂装置、车下管路及动力车下部其他部件均不应有异常；牵引变压器与车体之间的连接螺栓要紧固，防落销状态良好。

动力车两侧面检查砂箱、轴箱、一系弹簧、二系弹簧、各油压减振器、接地线及接地装置、防滑速度传感器轴端速度传感器（速度传感器插头插座、速度传感器接线盒插头插座连接可靠）、各库用电源插座及各布线管均安装良好，砂箱装满砂；高压电缆外皮绝缘无破坏，与变压器连接良好，无松动现象；高压电缆通过管卡，与车体之间的固定状态良好。

检查动力车与拖车连接处车钩应连挂正常，制动软管连接正确无异常；检查重联连接器插接正确无异常，各重联电缆无接磨现象。

检查车顶有无异状。

2. 车内检查

司机室检查：司机操作台上各开关、按钮均应在“断开”位，各设备、司机室显示屏、监控显示屏、风表、仪表外观良好，各仪表显示为0；司机操作台内各插头、插座插接正确可靠，端子接线正确，可见部分外观良好无异状；司机室灭火装置应完备正常，并置于规定处；电台设备状态良好，行车安全设备、路况摄像头、司机室摄像头等状态良好；司机室主副司机后墙暖风机、主副司机脚炉、膝炉外观状态良好；司机室烟雾报警探头和火灾探头完好；司机室空调出风口无异物堵塞。

机械间检查：从动力车司机室走廊门开始依次对走廊两侧各类设备进行检查。机械间内依次检查空调柜、微机柜、牵引通风机组1、第三方设备柜、列供管理柜、变流柜1、复合冷却塔1、变流柜2、复合冷却塔2、制动柜、空气压缩机、干燥器、牵引通风机组2、蓄电池及蓄电池充电器、网侧柜、低压柜、总风缸、空气辅助箱、端子柜、辅助变压器等设备完好、无异常，各插头连接到位、无松动，各端子接线正确、无松动；检查复轨器固定无异常。变流柜1、变流柜2的各盖板均盖好，柜门锁处于锁闭状态；冷却塔1、冷却塔2完好、无异常，各插头连接到位，无松动。通过后端部走廊门，检查与拖车连接处、风挡无异常。将动力车所有柜门关闭上锁，绿色钥匙全部插入钥匙箱，才可拔出黄色钥匙，如图5-2所示；黄色钥匙插入到高压接地开关上，如图5-3所示，才可使高压接地开关打至正常运行位，蓝色钥匙才可拔出，完成高压安全联锁；将蓝色钥匙插入空气制动柜内的升弓钥匙阀，旋转钥匙开启升弓气路（此时该钥匙将无法取出），为动力车升弓做好准备。

视频

机械间检查

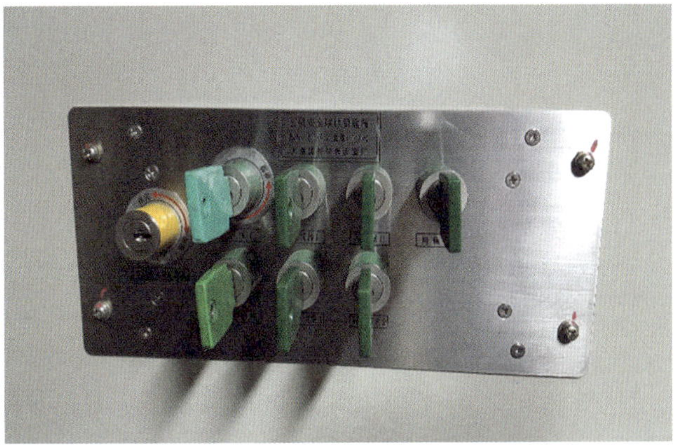

图 5-2 钥匙箱

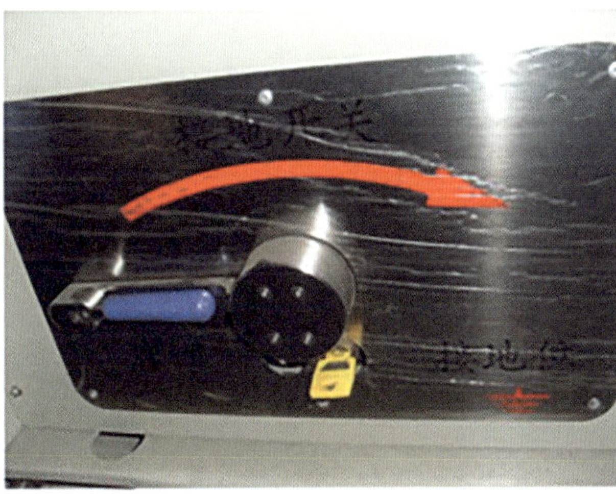

图 5-3 黄色钥匙

二、控制电源系统操作

1. 蓄电池断路器闭合

将蓄电池电源柜上单元选择开关 SW1 置于“自动”位，充电方式开关 SW2 置“正常”位，依次闭合蓄电池电源柜中蓄电池自动开关 QA86、QA87、QA88、QA90。再将其他与动力车运行相关的自动开关闭合，动力车各开关置于“正常”运行位，做好控制电路的试验准备，如图 5-4 所示。

2. 各断路器闭合

将低压电气柜上所有断路器打至“正常”位，如图 5-5、图 5-6 所示。

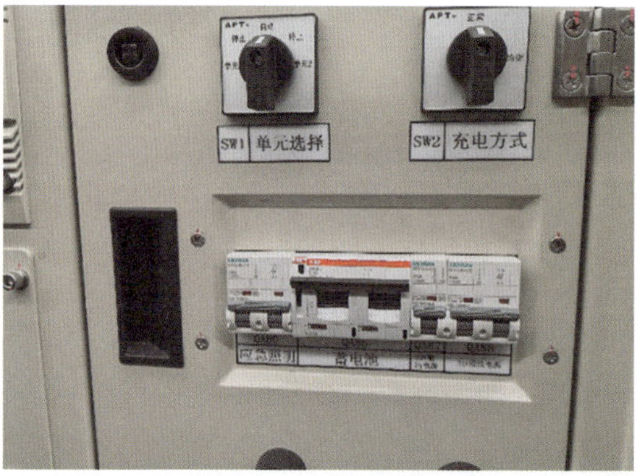

图 5-4　蓄电池断路器

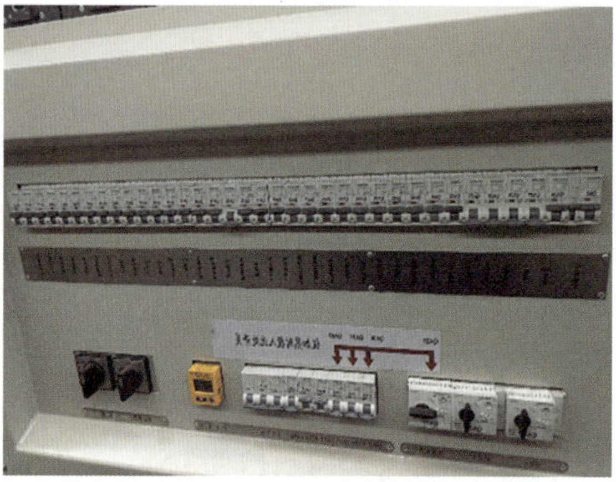

图 5-5　低压电气柜断路器 1

图 5-6　低压电气柜断路器 2

低温预热功能仅在低温时启用，不需要低温预热时将 QA30、QA31、QA63 和 QA25 打至“断开”位，如图 5-7 所示。

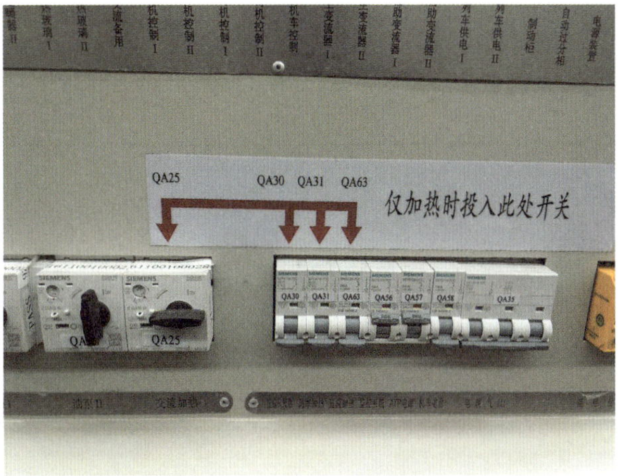

图 5-7 低温预热开关

鼓形动力车 QA96 断路器仅在本车需操作连挂解编时启动，在不需要时将其打至“断开”位。

3. 鼓形车体动力车单车停放隔离、单车轴报隔离、单车火警隔离转换开关

根据鼓形车一体化设计要求，将动力车轴报、火警纳入安全环路，增加整列停放制动安全环路。为保持和拖车一样具备单车隔离功能，增加单车停放隔离、轴报隔离、火警隔离转换开关，如图 5-8 所示。

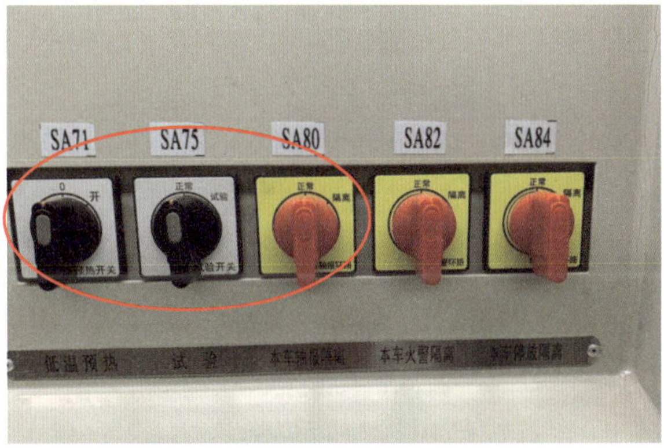

图 5-8 单车停放隔离、轴报隔离、火警隔离转换开关

(1)停放制动安全环路：该环路表示整列停放制动状态（动力车和拖车），全列任意动、控、拖车施加停放制动后，该环路报警，速度≤5 km/h 牵引封锁，速度>5 km/h 惩罚制动。

当该环路报警时，司机可通过“环路设置”界面将停放环路隔离或者通过“制动状态”界面确认具体停放施加的车辆（动力车），通过转换开关隔离拖车（动力车）单车的停放制动环路功能。

(2)火灾安全环路：鼓形动车组将动力车6A火警纳入安全环路中，当动力车发生火警时，火灾安全环路报警，司机可通过低压柜上单车火警隔离开关隔离动力车火警环路功能。

(3)轴报安全环路：鼓形动车组将动力车6A轴承报警纳入安全环路中，当动力车发生轴报时，轴报安全环路报警，司机可通过低压柜上单车轴报隔离开关隔离动力车轴报环路功能。

4. 控制电源旋钮

确认全列编组模式下，所有动力车和控制车的蓄电池断路器均已闭合，再在任意司机室操纵台左边柜上将控制电源旋钮(SA10)置“供电”位，完成全列动力车和控制车同步上电操作。

三、照明系统操作

1. 司机室灯和仪表灯

动力车司机室设有两组司机室灯EL41和EL43；司机室灯扳键开关SA67设有“强”“弱”“0”三个位置，用于控制司机室灯。动力车司机室设有仪表灯，它们都由操作台上仪表灯扳键开关SA57控制，共有“0”“合”两个位置。

2. 地 脚 灯

司机室内两侧设有两个地脚灯，由主司机左侧操作台边柜上旋转开关(SA48)控制，设置为“0”“合”两挡。

3. 前 照 灯

动力车前端设有一个前照灯，前照灯可进行强弱转换，由设置在操作台上的扳键开关(SA49)进行控制，前照灯扳键设置为“0”“强”和“弱”三挡。

4. 通过台灯、走廊灯、检修灯

两盏通过台灯设置在动力车后端与车辆连接处；走廊灯设置在机械间走廊上方，由两条LED灯组成；三盏检修灯分别设置在机械间柜体后光线暗处，方便检修人员操作；通过台灯、走廊灯、检修灯均由操作台扳键开关(SA59)控制，设置有“0”“合”两个挡位。

5. 前辅照灯

前辅照灯设置在司机室前端左右两侧，由司机室操作台扳键开关(SA77)控制，设置有“0”“合”“闪”三个挡位。

6. 前标志灯

动力车前端设有两盏标志灯，与两盏辅照灯为一体结构，由操作台左边柜标志灯旋钮开关SA53和司机室占用主控钥匙共同控制。标志灯开关SA53设置有“0”“合”

两个挡位。

SA53 置“0”位时，前标志灯不会亮起；SA53 置“合”位时，本端主控钥匙未占用，则标志灯为红色，本端主控钥匙占用时显示为白色。

7. 尾　　灯

尾灯设置在动力车尾部左侧，内部包含两盏灯，一盏标志灯，一盏辅照灯，由司机室操作台上尾灯控制开关（SA55）单独控制，SA55 设有“全”“辅照灯”“0”“标志灯”“全”5 个挡位依次排列。两个“全”位功能相同，当扳到“全”位时，尾灯内辅照灯和标志灯均亮起。

8. 阅读灯、操作台灯、仪表照明灯

阅读灯设置在司机室内操作台上，控制开关设置于阅读灯上，有“开”“关”两挡。

操作台灯设置在操作台内，检修时照明使用，控制开关设置在操作台灯上，有“开”“关”两挡。

仪表灯设置在司机室内各机械指针表盘内部，由仪表灯扳键开关（SA57）控制，设置有“0”“合”两个挡位控制。

9. 车底灯、车梯灯

两盏车梯灯分置在两侧车梯处，两盏车底灯设置在牵引变压器前后两侧。由司机室主司机左边柜上旋转开关（SA61）统一控制。设置有“0”“合”两个挡位。

10. 行灯插座

动力车一共有三个行灯插座，车体外左右两侧各设置一个，机械间内多功能柜上设有一个。

11. 退乘照明

为方便作业人员操作，解决作业时光线不足问题，机械间内装有退乘照明装置，可以在机车断电后继续维持一段时间机械间照明，如图 5-9 所示。

图 5-9　退乘照明

四、司机室辅助设备

1. 刮　雨　器

动力车司机室前端部安装有气动刮雨器，由刮雨器开关进行控制。开关设置有“低速”“高速”“停止”“间歇”，可以控制刮雨器运行状态。同时，另设置水泵按钮用来控制水泵喷水。

2. 遮　阳　帘

动力车前窗玻璃设置有电动遮阳帘，由遮阳帘控制开关控制遮阳帘的升降。

3. 重联电话

操纵台主司机侧安装有重联电话，重联电话用于与后部控制车或动力车的通信，受话器拿起后即可呼叫另一端司机室并可以实现通话。

五、空调和生活设施

1. 空　　调

动力车机械间设置有一台空调机组，由设置在操作台的空调控制面板 EV11 进行控制。空调操作控制台设置有模式选择开关 SA77 和风阀控制开关 SA79，空调操作台如图 2-19 所示。温度选择开关设置有 8 个挡位，18 ℃、20 ℃、22 ℃、24 ℃、26 ℃，实现空调的温度选择，此外，还有“自动”“停止”和“通风”位；风速选择开关有 2 个位置，“高速”与“低速”实现空调风速控制。空调装置通过硬线信号向动力车微机控制系统发送状态信息。当空调出现故障时，微机系统能够通过司机室显示屏进行提示。

空调装置通过硬线信号向动力车微机控制系统发送状态信息。当空调出现故障时，微机系统能够通过司机室显示屏进行提示。

2. 暖　风　机

动力车司机室设置有 6 个暖风机，分别为 2 个后墙暖风机、2 个脚炉、2 个膝炉。暖风机开关设置在左边柜控制面板上，分为暖风机和膝炉脚炉两个开关。暖风机开关控制后墙暖风机，膝炉脚炉开关控制脚炉和膝炉。

3. 风　　扇

动力车司机室设置有 2 个风扇，由 DC 110 V 电源供电。风扇开关设置在操作台左边柜控制面板上。

4. 生活设施

冷藏箱和微波炉设置在功能柜中，分别由对应的万转开关进行电源控制。微波炉电源为 AC 220 V/50 Hz，冷藏箱电源为 DC 110 V。

第二节　动力车启动基本操作

一、塞门操作

1. 折角塞门(左)操作

开通状态:手柄与管路平行。

关闭状态:手柄与管路垂直。

开通→关闭转换:向上抬起手柄,顺时针旋转 90°,松开手柄。

关闭→开通转换:向上抬起手柄,逆时针旋转 90°,松开手柄。

2. 折角塞门(右)操作

开通状态:手柄与管路平行。

关闭状态:手柄与管路垂直。

开通→关闭转换:向上抬起手柄,逆时针旋转 90°,松开手柄。

关闭→开通转换:向上抬起手柄,顺时针旋转 90°,松开手柄。

二、主控钥匙操作

将主控钥匙插入操作台上的主控钥匙开关处,转至“合”位,动车操作端即被设定。

动车组操作端一旦设定,当非操作端主控钥匙也打到“合”位时,将会引起操作端占用冲突。两端主控钥匙都打到“0”位时,故障消除。

三、动力车模式设置

受电弓模式选择:

通过操作台司机室显示屏主要设置界面,进入受电弓模式选择界面,如图 5-10 所示,受电弓模式有四种:自动模式,双弓模式,二弓模式,一弓模式;其中自动模式默认升起远离主控司机室的受电弓,一个受电弓出现故障,自动切换升起另一个受电弓。

需要注意的是双弓模式下,远离主控端主断路器闭合。

四、辅助空气压缩机操作

辅助空气压缩机工作有两种方式,一种为手动泵风,一种为自动泵风。

手动打风:按压辅助空气压缩机按钮,辅助空气压缩机开始向辅助风缸打风,辅助风缸压力大于 735 kPa 时自动停止。

自动打风:在操作端司机室将受电弓升弓扳键开关置“升”位一次,当总风压力低于 480 kPa 时,辅助空气压缩机开始向辅助风缸自动打风。

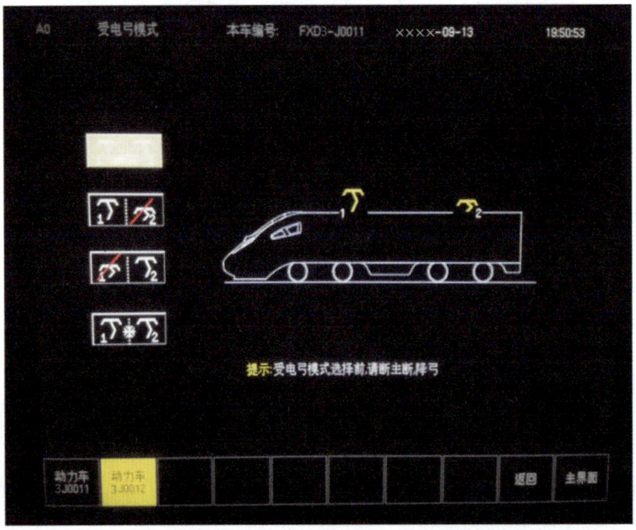

图 5-10　受电弓模式选择界面

五、升弓操作

将受电弓升弓扳键开关置“升”位一次(该扳键开关为自复式),若辅助风缸压力正常,则受电弓开始升起;若辅助风缸压力不足,辅助压缩机自动打风,直到满足升弓风压 735 kPa 时打风停止,再次扳动升弓扳键至“升”位,受电弓开始升起。

六、合主断路器操作

升弓操作完成后,当司机室显示屏上主断路器图标变绿时,将主断路器扳键开关置“合”位一次(主断路器扳键开关为自复式),主断路器闭合。图标不变绿则无法闭合主断路器,可进入“运行条件”界面,查看“主断闭合条件”。

七、空气压缩机操作

将空气压缩机扳键开关置“合”位,当总风压力低于(750±20)kPa 时,两个空气压缩机同时进入延时工作模式运行,当总风压力达到(900±20)kPa 时,两台空气压缩机卸荷阀失电,压缩机空载运行 20 min 后再停机。如果空载运行期间压缩机重新进入打风状态,则卸荷阀重新得电,压缩机的空载运行需重新计时。各动力车独立控制,即根据本车压力开关采集到的压力信号进行泵风控制。

将空气压缩机扳键开关置“强泵”位,同时启动两台动力车空气压缩机,当开关离开“强泵”位,空气压缩机停止打风。

八、制动机试验操作

详见附件1。

九、无人警惕试验操作

无人警惕应具有静态测试功能，在司机室显示屏上设置“无人警惕测试”按钮。当动力车处于静态时，将方向手柄置“前”或“后”位，按测试按钮后，系统将进入测试模式。

操作端司机室的下列任一操作均可复位无人警惕功能：

(1)警惕开关：包括警惕按钮和警惕脚踏开关(具有较高的优先级)；

(2)风笛按钮或脚踏开关；

(3)电笛开关；

(4)撒砂脚踏；

(5)司机控制器的调速手柄级位转换；

(6)制动手柄的移动。

十、停放制动操作

1. 停放制动适用于各个速度状态，速度高于5 km/h时，施加停放制动将引起惩罚制动，触发牵引封锁。

2. 停放制动可通过操作台的按钮实施制动与缓解，也可手动操作制动柜内停放模块上的脉冲电磁阀进行制动与缓解。停放制动实施后，可通过走行部停放制动单元的手动装置缓解，手动缓解后如需要重新实施停放制动，必须使总风压力达到450 kPa以上。

(1)停放施加：动力车完全停车后，按下操作台上的“停放施加”按钮，可使脉冲电磁阀中的作用阀得电数秒，脉冲电磁阀处于作用位，停放制动缸中的压力空气通过脉冲电磁阀排出，操作台“停放施加”指示灯亮，停放制动装置完全作用。

(2)停放缓解：按下操作台上的“停放缓解”按钮，可使脉冲电磁阀中的缓解阀得电数秒，脉冲电磁阀处于“缓解”位，总风缸压力空气进入走行部的停放制动缸，操作台“停放施加”指示灯灭，停放制动缸完全缓解。

3. 主控钥匙回“0”后，停放制动能自动实施。

4. 任何情况下，停放制动力与制动缸空气压力不可叠加实施。

5. 动力车中央控制单元(CCU)能监测并诊断停放制动的状态。

6. 停放制动可通过截断塞门切除，动力车中央控制单元(CCU)能读取截断塞门位置状态。

7. 停放制动状态下，当动力车方向手柄离开“0”位后，司机室显示屏有提示信息，同时牵引封锁。

第三节　动力车正常运行操作

一、动力车起动前确认操作

动力车起动前应首先确认以下各项：

1. 弹簧储能制动处于缓解状态；
2. 总风缸压力达 750 kPa 以上；
3. 空气制动处于缓解状态(但在坡道起动等特殊情况下，也可先施加启动牵引力，再缓解空气制动)；
4. 接触网电压在 17.5～31 kV 之间，控制电压为 88～137.5 V；
5. 辅助变流器及辅助机组工作正常，无故障。

二、方向操作

司机控制器方向手柄置“前”位或“后”位，动力车可前进或后退。牵引变流器的充电接触器、工作接触器相继转为“工作”状态。

三、牵引与制动操作

根据实际工况，通过调速手柄对列车进行牵引或动力制动操作。司机控制器调速手柄从“0”位往“牵引”区移动时必须按下手柄头部的联锁按钮；手柄从“0”位向“制动”区移动时不存在联锁。司机室操作台设置“牵引模式”切换按钮，使动力车可在转矩模式与速度模式之间进行切换，按下“牵引模式”按钮后，列车会进入并维持惰力运行，显示屏上会有设定速度/转矩级位的信息显示，并提示“牵引模式切换，牵引手柄回零确认”，列车完成牵引模式切换。

在转矩模式下，将司机控制器调速手柄推向牵引区域，动力车进入牵引工况，调速手柄可在 0～100%位范围内任意选择，动力车遵循该力矩百分比的牵引特性，实现恒转矩特性控制。

在速度模式下，将司机控制器调速手柄推向牵引区域，动力车进入牵引工况，调速手柄可在 0～160 km/h 范围内任意选择，动力车遵循速度的牵引特性，实现牵引/制动自动转换的定速控制。将司机控制器调速手柄拉向制动区域，动力车进入制动工况，调速手柄可在 0～100%位范围内任意选择，动力车遵循该力矩百分比的制动特性曲线，实现恒力矩特性控制。

正常情况下牵引轴功率为 1 400 kW，可通过司机室显示屏激活短时超功率模式，允许动力车在半小时内按轴功率 1 600 kW 超功率运行。

超功率发挥自激活计时 30 min 后自动退出，但司机可以再次进行激活，控制与监视系统(TCMS)将自动判断是否可以进入。当条件满足时,可以再次进行超功率发挥。

1. 动力车速度模式运行

速度模式:动车组牵引系统按牵引手柄设定的速度值,自动调节牵引力与电制动力,从而实现速度恒定。

(1)动力车根据调速手柄在牵引区的位置设定目标速度,按照速度模式定速特性来控制。

(2)动力车手柄在牵引区时自动进行牵引/制动控制,控制牵引/电制力输出达到目标速度。

(3)当动力车手柄在牵引区,实际速度高于目标速度时,动力车进入电制工况降低动力车速度。

(4)当动力车手柄在牵引区,实际速度低于目标速度时,动力车进入牵引工况提高动力车速度。

(5)动力车根据调速手柄在电制区的位置设定电制力矩百分比,按照电制动恒力矩特性来控制。

2. 动力车转矩模式运行

转矩模式:动力车根据牵引手柄设定的牵引力矩百分比恒功率输出牵引力。

(1)动力车根据调速手柄的位置设定转矩百分比,按照恒转矩特性来控制。

(2)动力车输出的转矩=转矩百分比×动力车总力矩。

(3)动力车输出的转矩与速度无关,在未超速情况下始终保持当前手柄级位对应的恒定力矩。

(4)动力车根据调速手柄在电制区的位置设定电制力矩百分比,按照电制动恒力矩特性来控制。

3. 动力制动操作

(1)动力制动和空气制动不应同时作用于动力车上。

(2)当动力车以一定的速度运行在下坡道或需要抑制动力车速度时,司机应及时使用动力制动。

(3)司机控制器调节手柄从“0”位置拉至制动位置,动力制动开始作用。当动力车实施动力制动时,司机室显示屏显示动力制动图标。

(4)动力车具有恒制动力的电气制动特性,每个制动级位对应着一个固定的制动力值,但不超过该速度下的最大动力制动力。

(5)动力车具有空电联合投入与切除功能,通过司机室显示屏进行模式选择。

①空电联合投入功能:动力车自动制动阀手柄实施常用制动时,动力车实施动力制动,拖车实施空气制动。电制动力可以通过不同方式获得(自动制动阀手柄或司机控制器调速手柄),数值较高者有效。如果此时动力制动失效,动力车按照列车管减压量实施空气制动。当速度≤2 km/h,动力车实施空气制动。

②空电联合切除功能：动力车自动制动阀手柄实施常用制动时，动力车实施空气制动，拖车实施空气制动；当司机通过司机控制器调速手柄追加动力制动时，动力车实施动力制动，动力车空气制动缓解，制动缸没有压力。

动力车实施动力制动时，司机可以通过单独制动阀手柄使动力车产生空气制动，当动力车制动缸压力超过 90 kPa 时，动力制动被切除。当司机先通过单独制动阀手柄施加空气制动，在动力车制动缸压力达到 90 kPa 后，追加动力制动，动力制动无法投入。

四、过分相操作

动力车可以采用三种方式通过分相区：全自动方式、半自动方式和手动方式。司机室显示屏对全自动方式和半自动方式进行信息显示。

1. 全自动方式

动力车将根据自动过分相装置通过分相区。该装置检测地面埋设的信号来判断分相区的位置，并将处理后的信号传送给动力车控制与监视系统（TCMS），由控制与监视系统（TCMS）自动完成过分相区时的减载、断主断路器和合主断路器动作，并自动恢复到过分相区前的运行工况。全自动过分相方式可以通过司机室显示单元内分相设置界面中软开关进行隔离。自动过分相信号处理器如图 5-11 所示（该装置安装在多功能柜内）。

2. 半自动方式

半自动过分相按钮设置在操作台上，如图 5-12 所示，动力车通过分相区前，司机可以按动“半自动过分相”按钮 1 次，动力车采用半自动方式通过分相区。此时，动力车自动将牵引或电制动力降为零并断开主断路器，通过分相区后，自动恢复到过分相区前的状态。

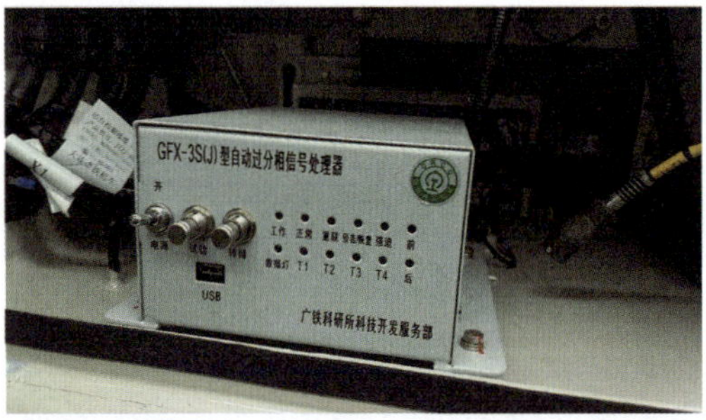

图 5-11　自动过分相装置

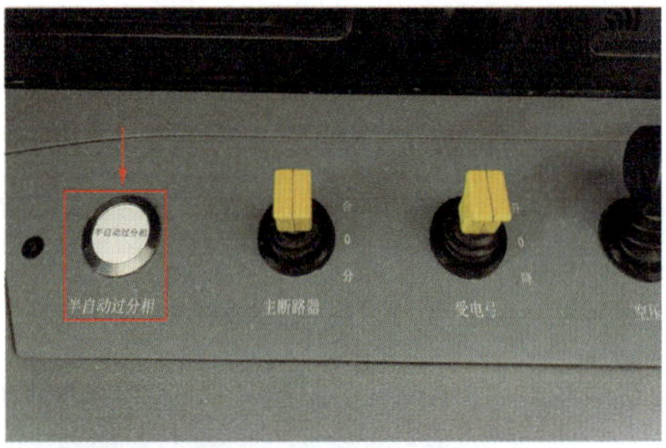

图 5-12　半自动过分相按钮

3. 手动方式

当动力车接近分相区时，司机手动执行卸载、分主断路器操作。待动力车通过分相区后，手动执行合主断路器、加载等操作。

说明：CR200J3 型动车组动力车具备过分相不停电功能，这个功能可以通过司机室显示屏的其他设置界面进行设定，如图 5-10 所示。动力车设置过分相辅机不停电和列供不停电功能后，动力车速度大于 50 km/h 时可以实现辅机和列车供电不停电。

五、换端操作

1. 手动换端

牵引手柄“0”位，方向手柄“0”位，自动制动阀手柄“重联”位，单独制动阀手柄“全制”位，空气压缩机扳键“0”位，降弓分主断路器，主控钥匙“0”位，拔出主控钥匙，换端，插入主控钥匙，升弓合主断路器，空气压缩机扳键 “合”位，完成换端。

2. 自动换端

无受电弓等高压故障，牵引手柄“0”位，方向手柄“0”位，自动制动阀手柄“重联”位，单独制动阀手柄“全制”位，制动缸压力大于 150 kPa，按下自动换端按钮，拔出主控钥匙后，动力车进入换端状态。受电弓保持升起状态，主断路器闭合，辅助设备正常运转。将主控钥匙再次插入，完成换端。

六、车门操作

动力车可实现后部车辆车门的集中控制。动力车上安装有站台检测装置，实现站台的自动检测和提示。

当动力车进入车站站台后，相应列车侧的门释放指示灯将开始闪烁，即在停车后，先按下对应门释放按钮后再按下对应开门按钮，后部车辆的车门将自动打开。

当需要关门时，司机按下已开门那侧的关门按钮，此时后部车辆的车门将自动关闭。

七、无人警惕操作

当动力车速度≥3 km/h，并且司机控制器的方向手柄离开“0”位，60 s 内如果司机没有操作任何复位开关或任意复位开关一直被无中断操作，司机室的语音箱开始发出“无人警惕”的语音报警，司机室显示屏同时进行无人警惕预警提示，如果再经过 10 s 仍没有进行任何无人警惕复位，中央控制单元(CCU)会发出惩罚制动指令，实施最大常用制动。

八、停机操作

调速手柄回“0”位，方向手柄置“0”位，断开主断路器，降下受电弓，将自动制动阀手柄(大闸)置“重联”位，并插好固定销，将单独制动阀(小闸)手柄置“全制”位。将空气压缩机扳键开关置“0”位，断开主控钥匙，将各扳键开关置“0”位，将气候区各万转开关置“0”位，关闭空调机组，关闭刮雨器，将动力车低压电气柜上断路器断开，动力车蓄电池电源柜上的断路器断开，确认防溜。

九、紧急制动操作

有三种方式可进行紧急制动操作：

1. 紧急制动按钮

按下操作台的紧急制动（红色按钮），主断路器断开，受电弓降下，实施紧急制动，如图 5-13 所示。

2. 自动制动阀（大闸）置“紧急制动”位

自动制动阀置“紧急制动”位，实施紧急制动。

3. 按下紧急制动按钮（车长阀）触发紧急制动

按下操作台左边柜的红色紧急制动按钮（车长阀），如图 5-14 所示，实施紧急制动。

图 5-13　紧急制动按钮

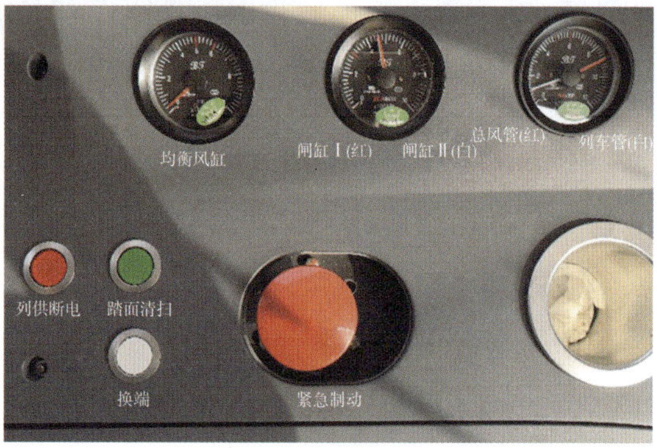

图 5-14　紧急制动按钮（车长阀）

十、开闭机构开关操作

开闭机构作为动车组前端活动舱门的驱动机构，在单列运行时，使前端活动舱门处于关闭状态，形成完整的列车空气动力学外形，减小风阻和风噪；在需要重联运行时，使前端活动舱门处于开启位置，以便车钩能够完全、无障碍连挂，并能够适应在不同曲线半径上运行时车钩摆角带来的影响。开闭机构外观如图 5-15 所示。

图 5-15　开闭装置外观

1. 开闭机构组成

开闭机构采用玻璃钢承载，通过玻璃钢承载其他所有部件重量和运行中的气动载荷，并通过承载玻璃钢安装到车体上。开闭机构主要由舱门、环形头罩、运动机构、锁闭机构等部件组成。开闭机构结构如图 5-16 所示。

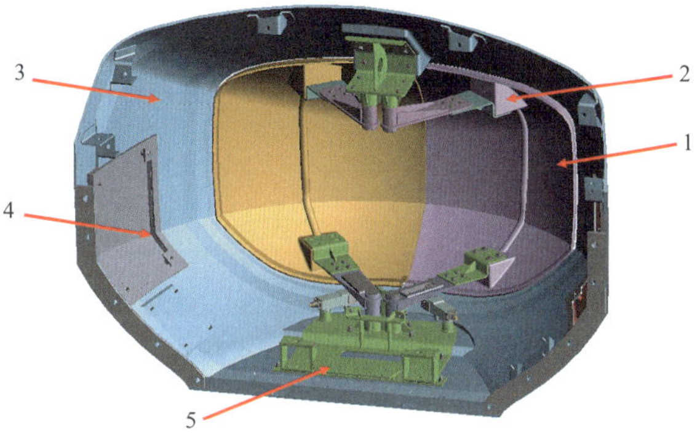

1—前端活动舱门；2—上部运动机构；3—玻璃钢环形头罩；4—侧面检修门；5—下部运动机构。

图 5-16　开闭机构主要结构

2. 开闭机构操作

开闭机构开关操作的前提是车组施加制动，直形车体只能手动操作。通过解锁扳手解锁并移动左、右前端活动舱门，并锁定至所需位置，完成开启操作。鼓形车体控制车一端开闭机构可采用电动操作。

(1)直形车体开左侧导流罩操作

①将解锁扳手套在活动舱门下方左侧锁定机构的六角柱上，逆时针旋转六角柱(面向该六角柱)，扳手旋转方向与导流罩旋转方向相反，旋转方向按照舱门打开方向标识。开右侧导流罩同理。开闭机构六角柱位置及解锁时旋转方向如图 5-17、图 5-18 所示。

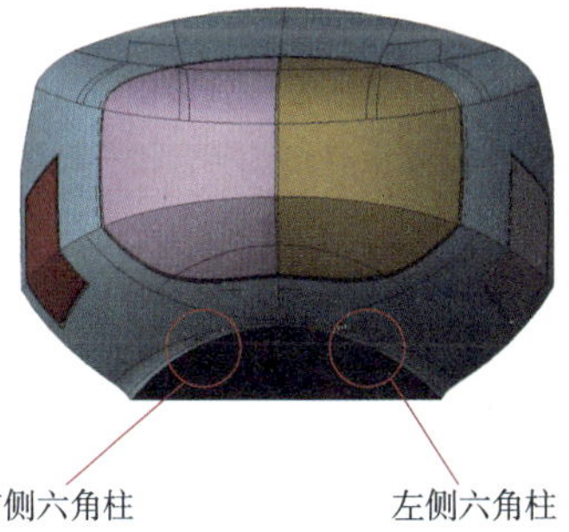

图 5-17　开闭机构六角柱位置

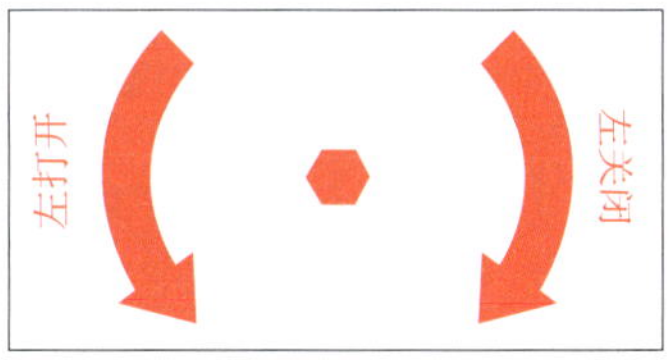

图 5-18　开闭机构解锁方向

②手动推动开闭装置左侧舱门到开启位置。

③利用解锁扳手旋转六角柱，完成左侧舱门在开启位置的锁定，有明显“咔嗒”声，此时若无法推动左侧舱门则锁定到位。

④若进行以上操作后，仍需再次确认舱门是否打开并锁定，可检查舱门打开到位标识，当两条红色标识线完全对应时，如图 5-19 所示，表示舱门打开到位。

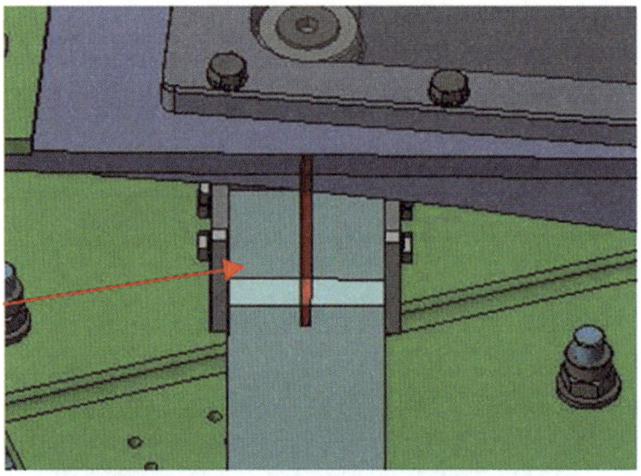

图 5-19　舱门打开状态

开闭机构关闭操作：打开锁定位置→使用六角套筒扳手扳动锁定装置解锁到机构死点并解除→人工扳动舱门逐渐关闭→使用六角套筒扳手扳动锁定装置到机构关闭死点位置→使用六角套筒扳手操作到达关闭锁定位置。

在操作过程中要注意人身安全。

(2)鼓形车体控制车开闭机构电动操作

①连挂流程

两列动车组升弓，闭合主断路器、空压机开关。

a. 在控制车微机屏主界面点击“设备控制”切换到“连挂流程”界面(此时微机屏控制车车头红色圆图标为红色实心，表示开闭罩在关闭状态)，如图 5-20 所示。

b. 进入“连挂流程”后，在微机屏点击“开始连挂”按键，按键闪一下蓝色。随后开闭罩自动开启，微机屏会弹出黄色对话框“请确认开闭机构打开到位?”。

c. 与车下作业人员联控确认开闭罩打开是否正常，如图 5-21 所示，确认开闭罩正常开启后，点击黄色对话框内“是”按键确认。

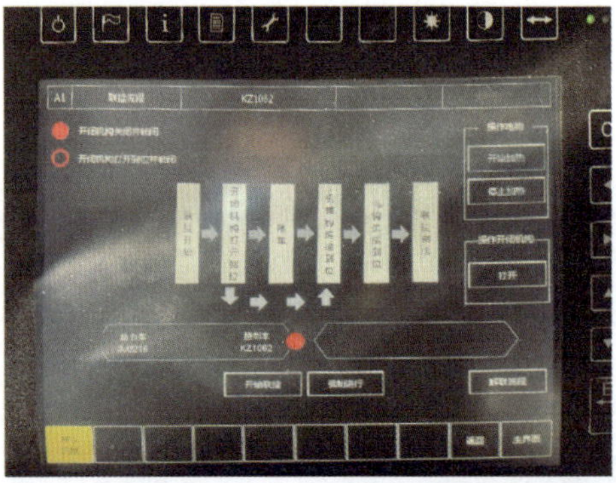

图 5-20　控制车微机屏主界面

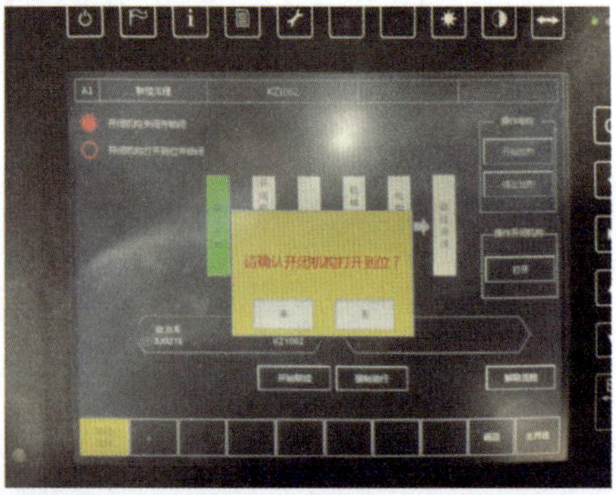

图 5-21　确认开闭罩打开是否正常

d. 微机屏“连挂开始”和“开闭机构打开到位”图标变为绿色，“移车”图标变为绿色闪烁(此时微机屏控制车车头红色圆图标为红色空心，表示开闭罩在开启状态)，如图 5-22、图 5-23 所示。

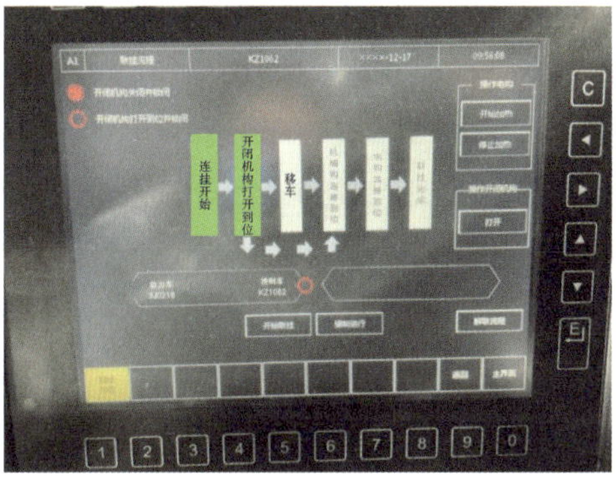

图 5-22　“连挂开始”和“开闭机构打开到位”图标变为绿色

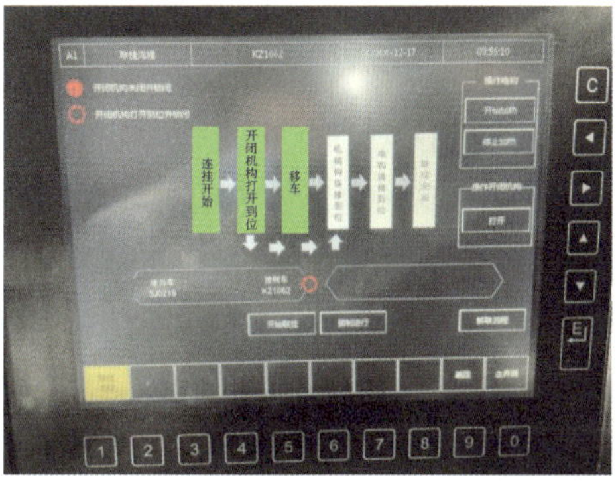

图 5-23　“移车”图标变为绿色闪烁

e. 联控车下作业人员，确认开闭罩开启正常、电钩导向杆安装完毕后准备连挂。

f. 被连挂控制车自动制动阀(大闸)置“重联”位，司机控制器换向手柄置“0”位，按下操纵台自动换端按钮，拔下电钥匙保持自动换端状态，等待连挂。

g. 操纵移车的控制车与车下人员、被连挂动车组控制车端操作人员联控可以连挂后，提手柄移车进行连挂作业，此时控制车微机限制最高输出速度为 2 km/h[控制车无单独制动阀(小闸)，需使用自动制动阀(大闸)停车]。

h. 两台控制车连挂后，电钩自动连接(接通电路、风路)，流程图标变为全绿色，如图 5-24 所示，连挂完成，随后微机屏流程图标全部变为白色，两台控制车车头位置圆图标为空心相连。

i. 完成连挂后可退出该微机界面回到主界面。

j. 完成连挂后将两台控制车制动柜内“机械钩隔离塞门”和“电钩隔离塞门”关闭(置于水平方向)，同时打好铅封，如图 5-25 所示。

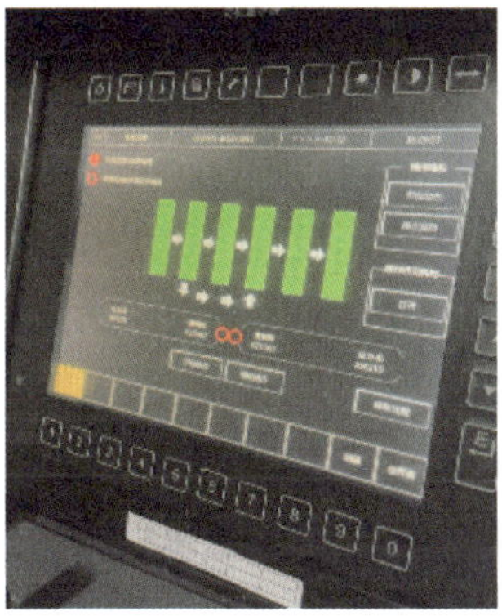
图 5-24　“连挂完成”流程图标变为全绿色

图 5-25　“机械钩隔离塞门”和“电钩隔离塞门”关闭

②解编作业

两列动车组均需上电(操纵解编移动的动车组闭合动力车和控制车蓄电池及司机室 SA10 开关)，在需要移动解编的动车组控制车开启电钥匙，升受电弓、闭合主断路器、闭合空压机开关，确认两列动车组工作状态正常，停放制动施加正常，将两列动车组总风缸充满风后断主断路器、降下受电弓。将两台控制车制动柜内“机械钩隔离塞门”和“电钩隔离塞门”开启(置于垂直方向)。

a. 在需移动解编动车组的控制车微机屏主界面点击“设备控制”切换到“连挂联解”界面，再点击微机屏右下角“解编流程”按键，进入解编流程界面，如图 5-26 所示(此时微机屏控制车车头红色圆图标为红色空心相连，表示开闭罩在开启状态且两台控制车在连挂状态)。

b. 与车下作业人员及另一台控制车操作人员进行联控，准备解编作业。联控后可以解编时，被解编动车组只需保持停放制动施加状态不需要任何操作。

c. 移动解编的动车组控制车操作人员点击微机屏“开始解联”按键(按键图标会闪变为蓝色)，如图 5-27 所示。

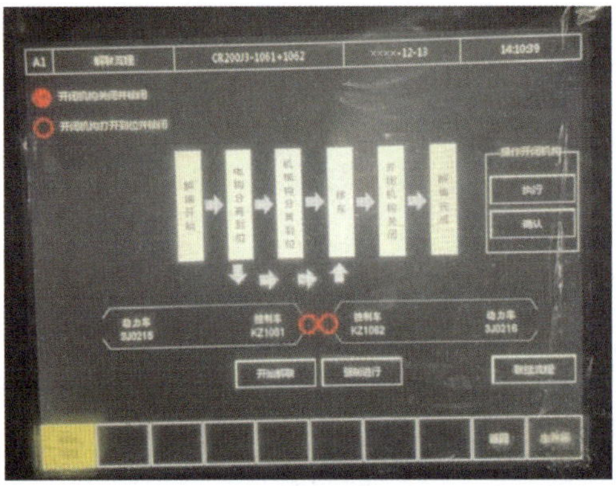

图 5-26　解编流程界面

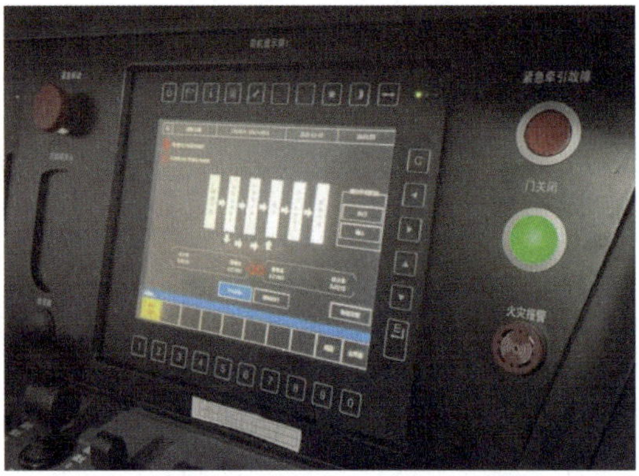

图 5-27　点击微机屏“开始解联”按键

d. 车下电钩电线路和风路会自动分离，“解编开始”“电钩分离到位”“机械钩分离到位”图标会变为绿色，“移车”图标会变为绿色闪烁，如图 5-28、图 5-29 所示。

e. 与车下作业人员进行联控，确认电钩状态后，此列控制车端操作人员将自动制动阀(大闸)置于“重联”位，司机控制器换向手柄置于“0”位，按下操纵台自动换端按钮，拔下电钥匙保持自动换端状态，随后本列动车组动力车端操作人员开启电钥匙，使动力车变为占用端。

f. 动车前与车下作业人员确认可以移车后，提手柄移车使两列动车组分开。

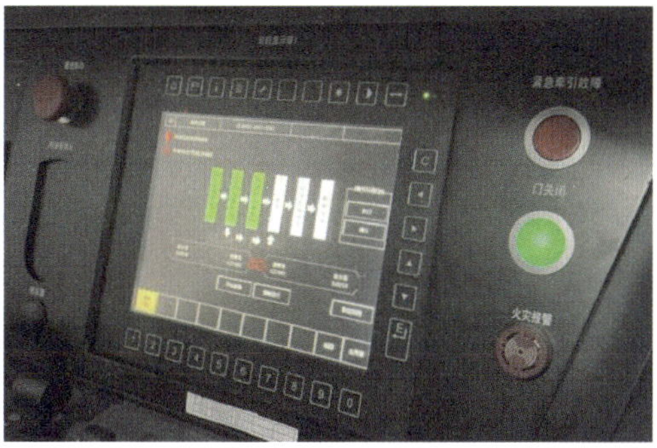

图 5-28　“解编开始”“电钩分离到位”“机械钩分离到位”图标会变为绿色

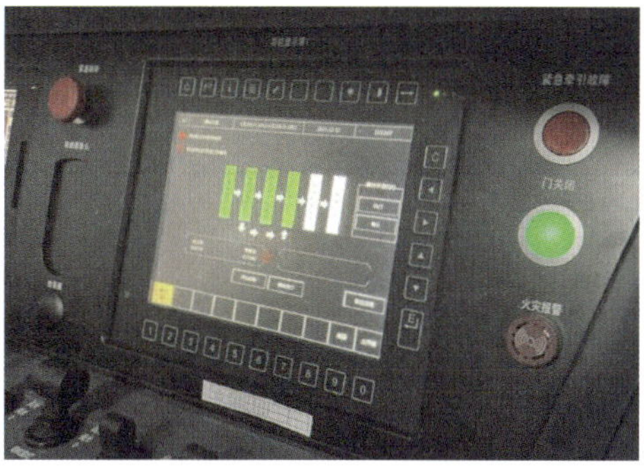

图 5-29　“移车”图标绿色闪烁

g. 两列动车组分开后移动动车组动力车端操作人员将自动制动阀（大闸）置于“重联”位，司机控制器换向手柄置于“0”位，按下操纵台自动换端按钮，拔下电钥匙保持自动换端状态，随后本列动车组控制车端操作人员开启电钥匙，使控制车变为占用端。

h. 换端后联控车下作业人员确认导向杆恢复到位可以关闭开闭罩后，在控制车司机室微机屏“解联流程”界面右侧“操作开闭机构”对话框内先点击“确认”按键（按键图标会闪变为蓝色），随后点击“执行”按键（按键图标会闪变为蓝色），随后车下开闭罩应自动关闭，微机屏会弹出黄色对话框“请确认开闭机构关闭到位?”，如图 5-30 所示。

i. 控制车操作人员与车下作业人员确认车下开闭罩关闭到位后，点击黄色对话框内“是”按键，黄色对话框消除解编流程图标全部变为绿色随后变为白色，如图 5-31、图 5-32所示，控制车车头圆形图标变为实心红色。

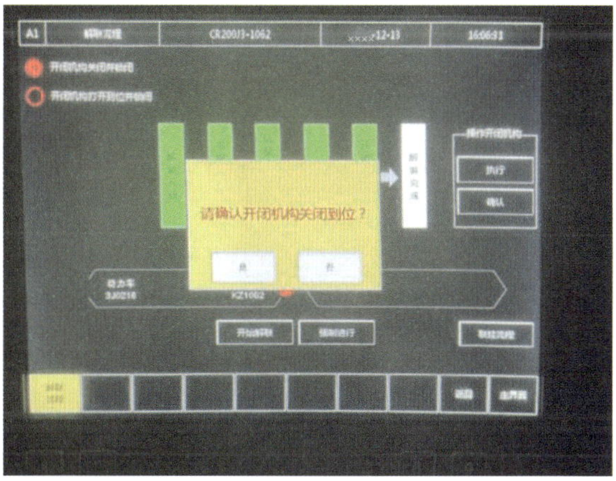

图 5-30　微机屏会弹出黄色对话框

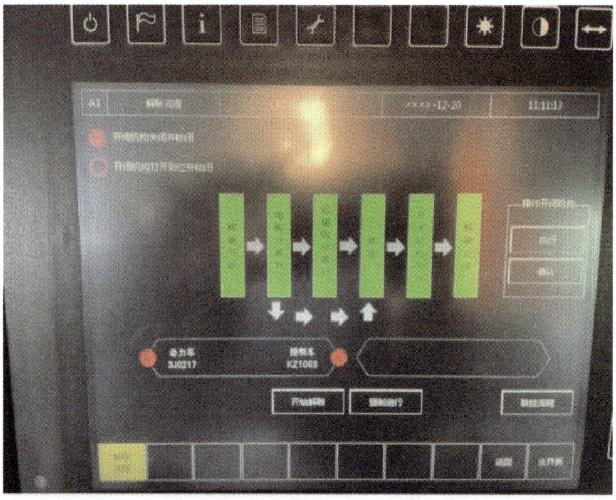

图 5-31　黄色对话框消除解编流程图标全部变为绿色

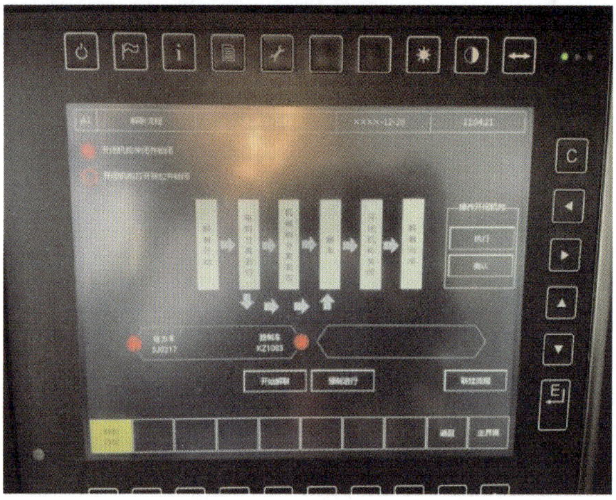

图 5-32　解编流程图标变为白色

③被解编动车组关闭开闭罩操作

a. 两列动车组分离后，操作人员确认本列动车组控制车总风风压充足后，开启电钥匙。

b. 在控制车端司机室微机屏进入“解联流程”界面后，联控车下作业人员导向杆恢复、电钩状态正常，可以关闭开闭罩后，点击微机屏“解联”按键后，流程图标“解编开始”“电钩分离到位”“机械钩分离到位”图标会变为绿色，“移车”图标会变为绿色闪烁。

c. 点击微机屏右侧“操作开闭机构”对话框内“确认”按键（按键图标会闪变为蓝色），随后点击“执行”按键（按键图标会闪变为蓝色），随后车下开闭罩应自动关闭，微机屏会弹出黄色对话框“请确认开闭机构关闭到位？”。

d. 控制车操作人员与车下作业人员确认车下开闭罩关闭到位后，点击黄色对话框内"是"按键，黄色对话框消除解编流程图标全部变为绿色随后变为白色，控制车车头圆形图标变为实心红色。

十一、列车供电操作

列车供电具有单路供电和双路供电两种供电模式。单路供电时，列供管理柜内接触器 KM4 和 KM6 闭合，由一路向外供电；双路供电时，列供管理柜内接触器 KM4 和 KM5 闭合，由两路向外供电；供电模式可以通过列供管理柜显示屏进行设置。列供管理柜上列供钥匙断开，列供管理柜内控制机箱断电，列供钥匙闭合，列供复位，列供配电柜显示屏如图 5-33 所示。

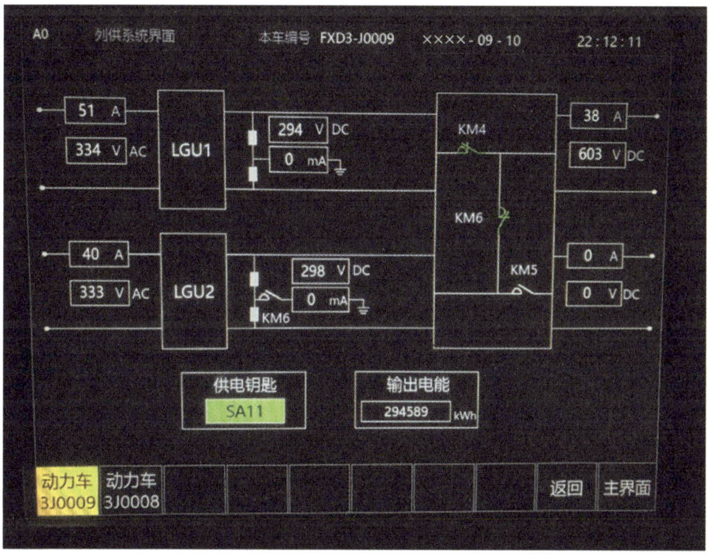

图 5-33 列供配电柜显示屏

十二、低温预热操作

每节动力车辅助加热回路中，设有低温预热回路，分别给本动力车的蓄电池充电单元、微机系统、辅助变流器控制系统、牵引变流器控制系统、列供控制系统进行加热。正常情况下，直流加热开关 QA63、交流加热开关 QA30、QA31、QA32 和低温预热开关 SA71 不允许闭合，否则会对被加热设备造成损害，还有可能引起蓄电池亏电。仅当环境温度过低，动力车各系统由于低温无法正常启动时才闭合直流加热开关 QA63，以及低温预热开关 SA71。同时闭合交流预热自动开关 QA25，此时动力车首先使用蓄电池对蓄电池充电装置、微机系统、辅助变流器控制系统，牵引变流器控制系统加热。一旦可以升弓合主断路器，辅助变流器工作后，就转由 AC 110 V 进行低温预热。

闭合自动开关 QA30，可以对压缩机进行低温加热。通过温控开关 TR，可以实现压缩机低温加热的自动投入和切除，当低温加热时压缩机不能工作。在压缩机的控制回路里，还设有温度保护开关 TS 和压力保护开关 PS，通过其常闭联锁，实现对压缩机的安全保护。

通过闭合自动开关 QA32，给空气压缩机出风管、油水分离器、干燥器、干燥器出风管、干燥器排污管、总风管及总风缸排水塞门进行加热。

十三、风笛操作

动力车司机室操作台上设置有 2 个风笛按钮和 1 个风笛脚踏开关。同时风笛压力开关信号送至监控装置(LKJ)，对鸣笛进行记录。

第四节　微机网络系统操作

一、微 机 柜

微机柜内主要包含：中央控制单元、WTB 网关、远程输入/输出单元、多功能网关、车辆以太网交换机、事件记录单元等，如图 5-34 所示。微机柜内的核心部件主要功能是综合动车组运行工况和各个设备的运行状态，对动力车进行特性控制、逻辑控制、故障诊断等功能。

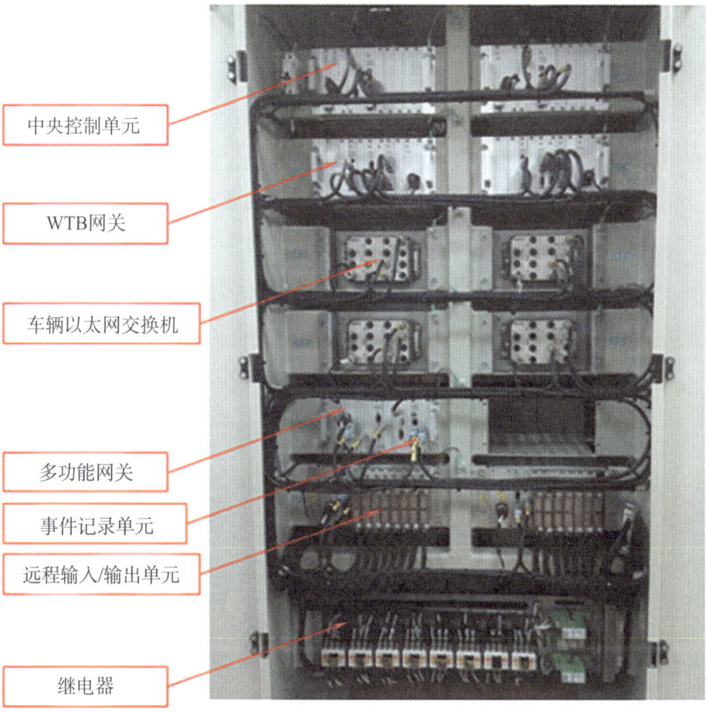

图 5-34　微机柜

二、I/O 单元安装组

I/O 单元安装组中包含两套完全冗余的 RIOM 模块，如图 5-35 所示，负责司机室内输入/输出信号与中央控制单元之间的通信。网络系统采信的输入/输出信号具有机箱冗余、板卡冗余、通道冗余三级冗余，增强信号的可靠性。

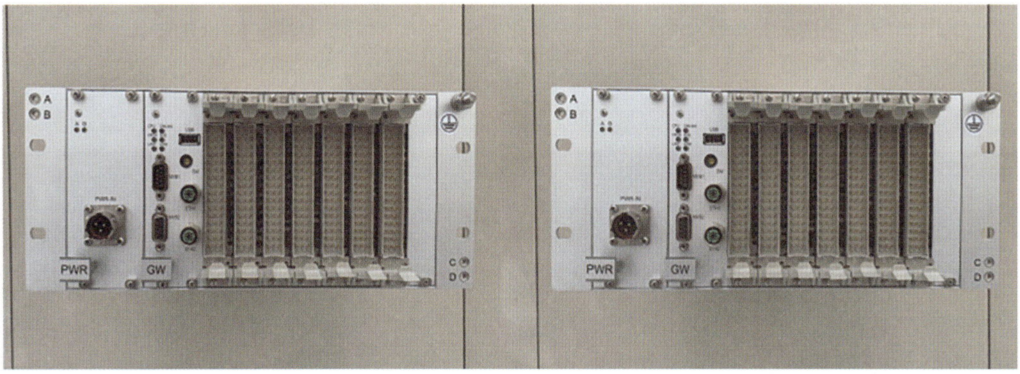

图 5-35　I/O 单元安装组

三、司机室显示屏

动车组司机室显示屏用来显示列车运行时的相关信息，包括列车网络控制系统、制动系统、车列信息（包括拖车的监控信息）和在维护时显示的其他内容。司机室显示屏操作面板如图 5-36 所示，上侧、下侧与右侧有硬件按键，蓝色区域为可触摸的液晶显示面板。司机可根据不同的显示内容，通过触摸屏与按键完成与列车的交互。上侧的硬件按键对应的功能是固定的，在条件满足时可触发其对应的功能，下侧与右侧的硬件按键在显示的内容不同时，可能会有不同的作用。司机可根据需要使用触摸按键或者硬件按键完成界面的切换或者列车设备的控制。

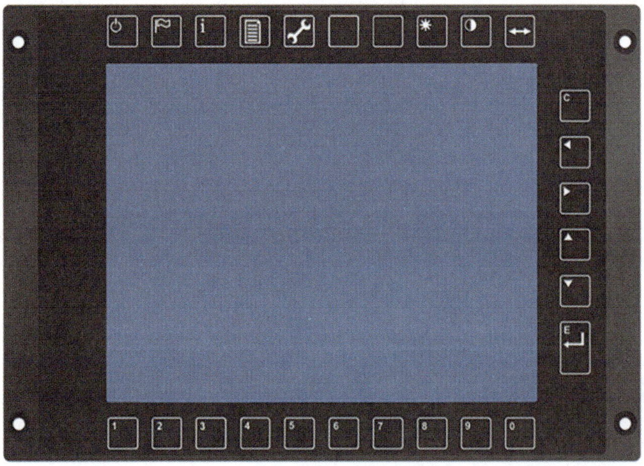

图 5-36　司机室显示屏

司机显示屏界面主要分为三个部分，分别是合屏模式、牵引模式和制动模式。司机显示屏界面的主要拓扑结构如图 5-37 所示。

(一)合屏模式界面

合屏模式界面，如图 5-38 所示，主要用来显示列车主要监控信息，是牵引系统和制动系统信息的概览。通过合屏模式界面底部的按键可进入牵引模式或制动模式界面。

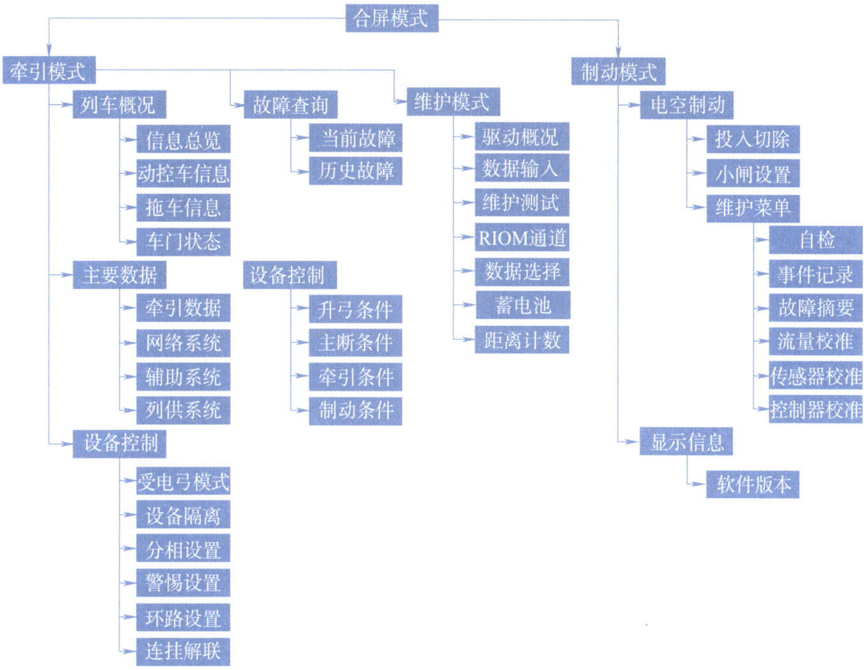

图 5-37　司机显示屏界面主要拓扑结构

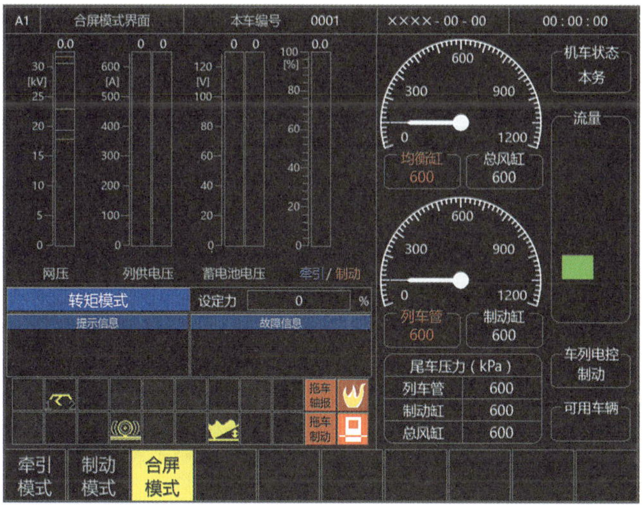

图 5-38　合屏模式界面

(二)牵引模式界面

牵引模式界面用来显示列车牵引信息，如图 5-39 所示。司机室显示屏 1 上电后默认为牵引模式界面。牵引模式界面显示牵引信息、列供信息、故障信息和提示信息，通过界面底部的按键可进入牵引模式的其他界面。

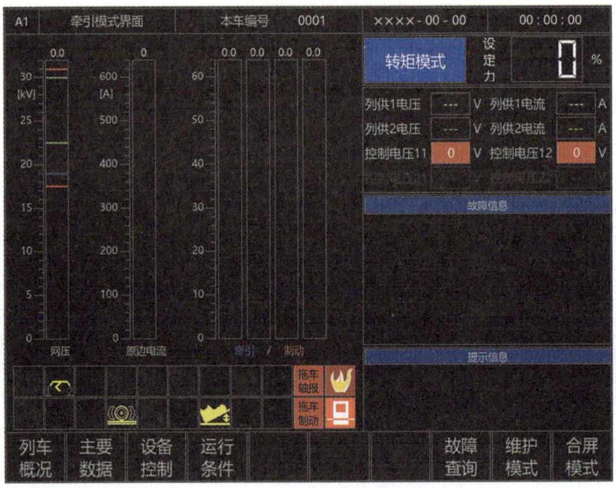

图 5-39　牵引模式界面

1. 列车概况界面

列车概况界面用来显示整列列车的监控信息，包括动力车、控制车的主要信息，拖车的监控信息和车门状态。列车概况界面一级菜单下不仅可以显示本车状态也可显示重联机车状态，通过界面底部的主界面按键可返回到牵引模式主界面。

(1)信息总览界面

信息总览界面用来显示整列列车的监控信息，包括动力车、控制车主要信息：电机状态、车电安全网关状态、车门状态、轴温、火灾报警情况及制动工作信息，如图 5-40所示。通过界面底部的主界面按键可返回到牵引模式主界面。

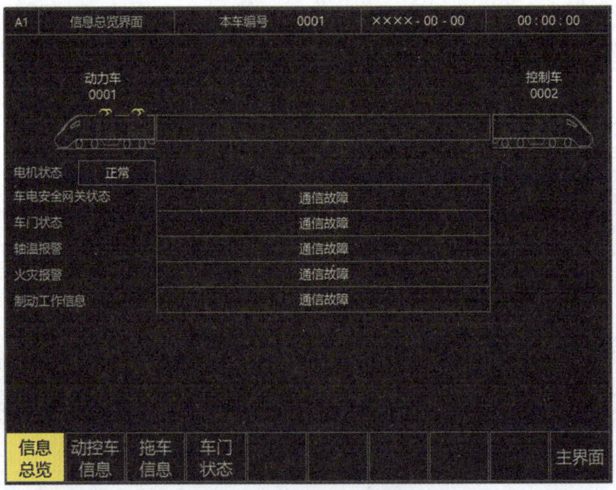

图 5-40　信息总览界面

(2)动控车信息界面

动控车(即动力车和控制车)信息界面用来显示动力车控制车相关的监控信息,包括停放制动、惩罚制动、常用制动及电机状态信息,如图 5-41 所示。

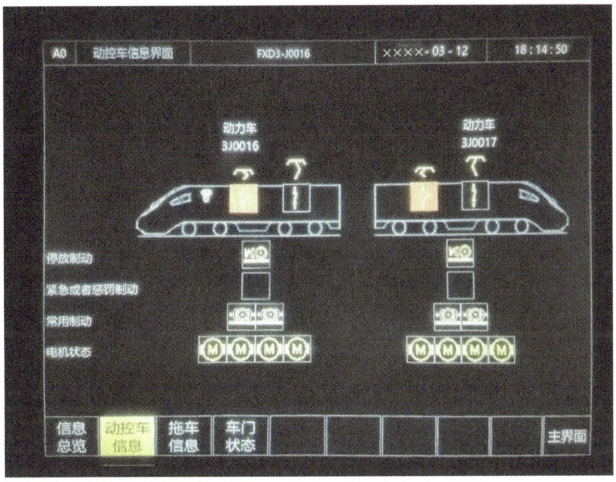

图 5-41　动控车信息界面

(3)拖车信息界面

拖车信息界面用来显示拖车车厢的相关监控信息,包括车厢在线状态、车电通信状态、轴温报警、火灾报警、制动工作状态信息,如图 5-42 所示。

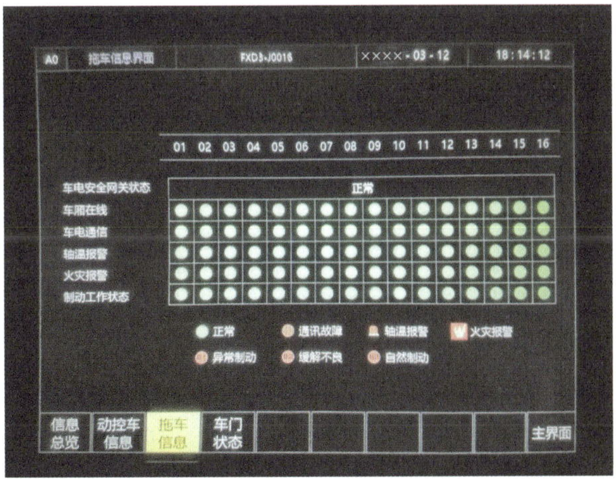

图 5-42　拖车信息界面

(4)车门状态界面

车门状态界面用来显示拖车车厢的车门监控信息,有车门关、车门开、车门隔离及通信状态无效的四种状态,如图 5-43 所示。

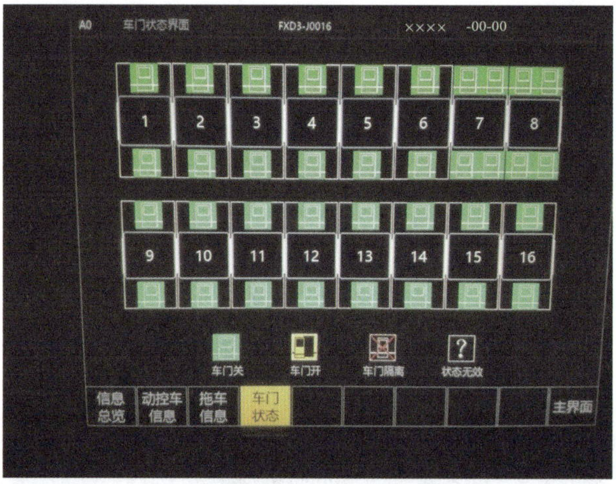

图 5-43　车门状态界面

2. 主要数据界面

主要数据界面用来显示列车的牵引数据、网络系统设备的在线状态、辅助系统的设备状态和列供系统的相关信息。

(1)牵引数据界面

牵引数据界面用来显示列车的牵引状态，包括四轴实时牵引制动力、设定牵引制动力、主断受电弓等一系列牵引数据，如图 5-44 所示。

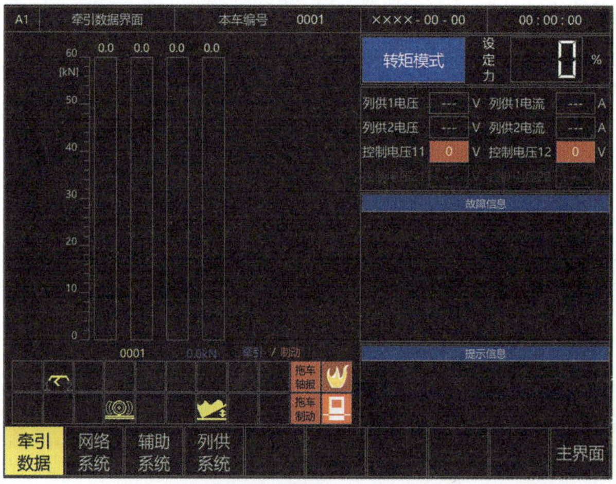

图 5-44　牵引数据界面

(2)网络系统界面

网络系统界面用来显示网络系统设备的在线状态、设备在线状态及设备 MVB、以太网通信是否完好的相关信息，如图 5-45 所示。

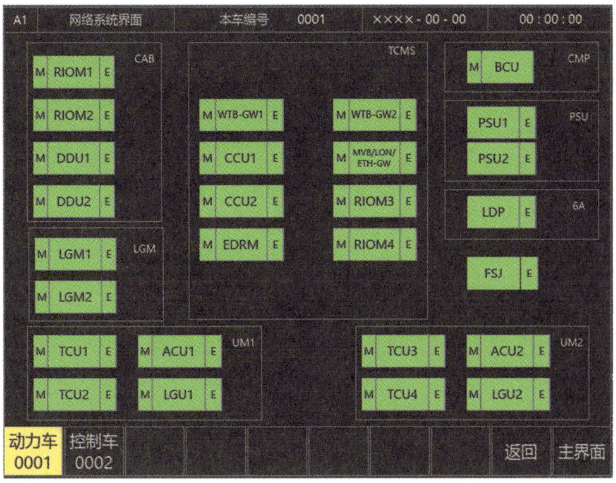

图 5-45　网络系统界面

(3)辅助系统界面

辅助系统界面用来显示辅助系统的设备状态,相关牵引通风机、冷却塔、空气压缩机、油水泵、蓄电池充电器等设备状态,及对应开关闭合情况,如图 5-46 所示。

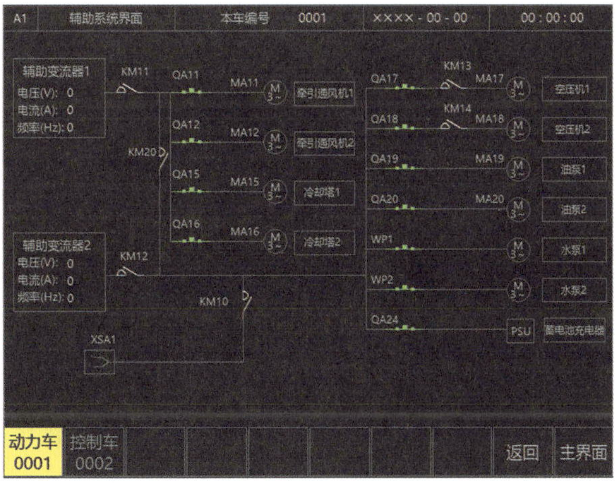

图 5-46　辅助系统界面

(4)列供系统界面

列供系统界面用来显示列供系统的相关信息,包括输入输出电压电流、相关开关状态等信息,如图 5-47 所示。

3. 设备控制界面

设备控制界面用来完成对列车设备控制的功能,包括对受电弓、变流系统、列供系统、功率模式、分相装置、列车环路、警惕装置和连挂解联功能的控制。

(1)受电弓模式界面

受电弓模式选择界面如图 5-48 所示。

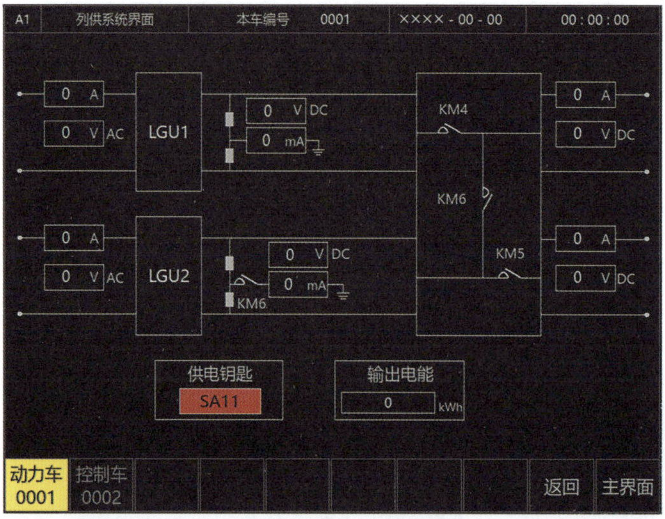

图 5-47　列供系统界面

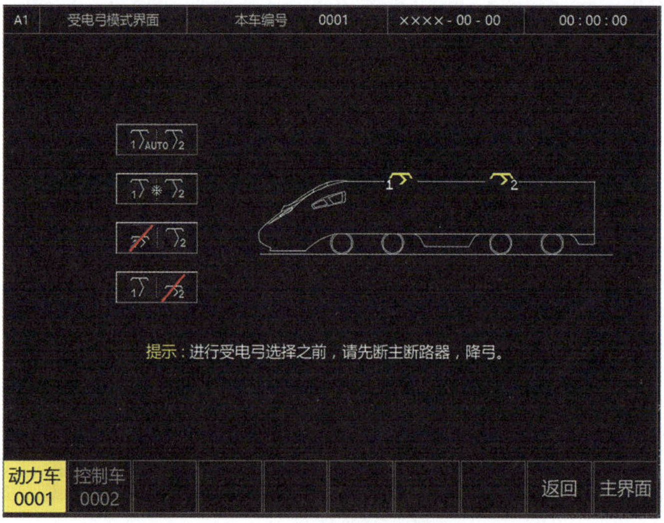

图 5-48　受电弓模式界面

(2)设备隔离界面

设备隔离界面用来完成对列车多个设备的隔离及恢复功能，包括牵引变流器、辅助变流器和列供系统的控制，如图 5-49 所示。

(3)分相设置界面

分相设置界面用来完成对列车分相装置的控制的功能，包括自动过分相投入或隔离，分相距离设置，如图 5-50 所示。

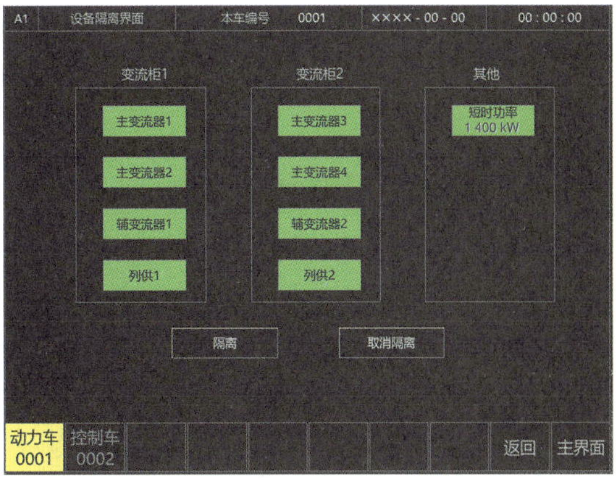

图 5-49　设备隔离界面

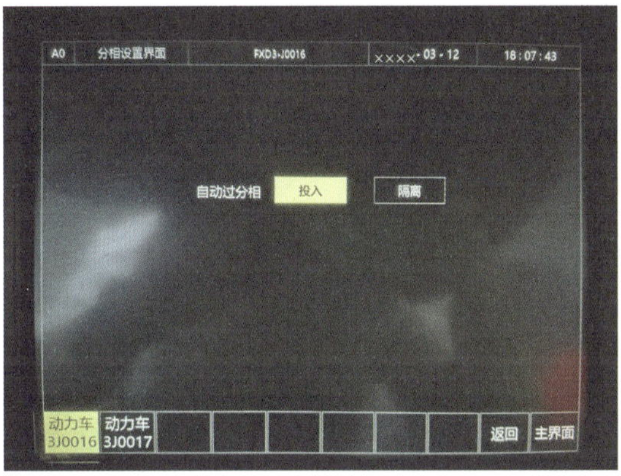

图 5-50　分相设置界面

(4)无人警惕界面

无人警惕界面用来完成对列车警惕装置的控制的功能，有投入和隔离两种控制模式，如图 5-51 所示。

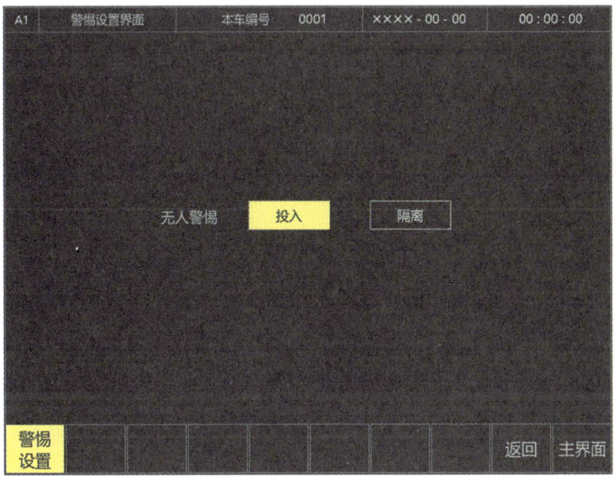

图 5-51　警惕设置界面

(5)环路设置界面

直形车体动力车牵引模式环路设置界面用来完成对列车环路功能的控制，包括火灾环路、车门环路、制动环路和轴报环路，如图5-52所示。

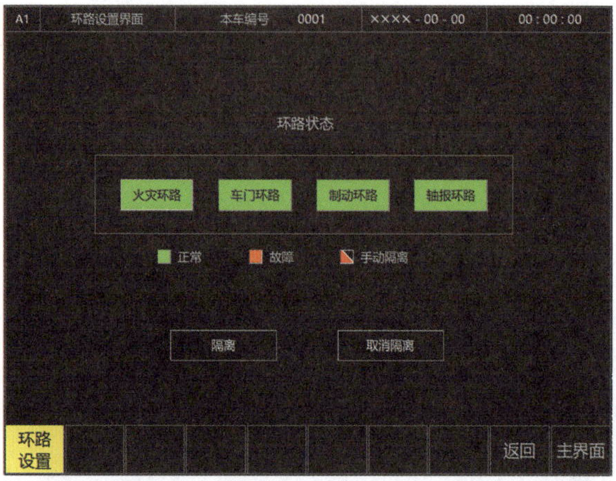

图5-52　环路设置界面(直形车体)

鼓形车体动力车在拖车增加停放制动后，整列增加停放制动安全环路，并将动力车的6A轴承报警和火灾报警纳入既有安全环路，如图5-53所示。

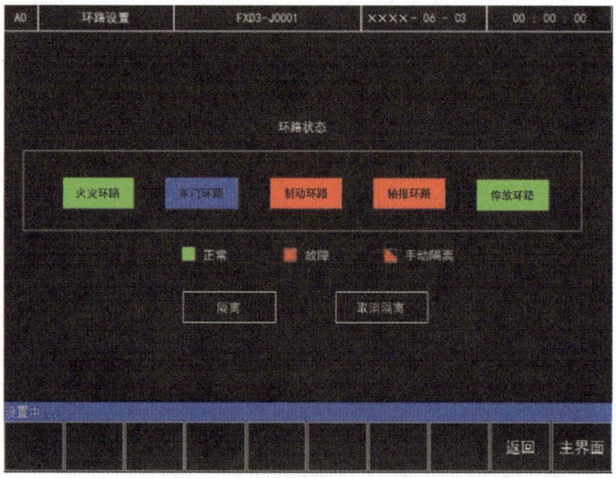

图5-53　环路设置界面(鼓形车体)

(6)连挂流程界面

连挂流程界面用来完成对列车连挂解联功能的控制，可通过界面反馈的状态信息了解连挂解编流程，如图5-54所示。

4. 故障查询界面

故障查询界面用来显示列车实时故障信息和历史故障信息，内容有车号、故障等级、故障代码、故障名称及故障发生时间、恢复时间，如图5-55、图5-56所示。

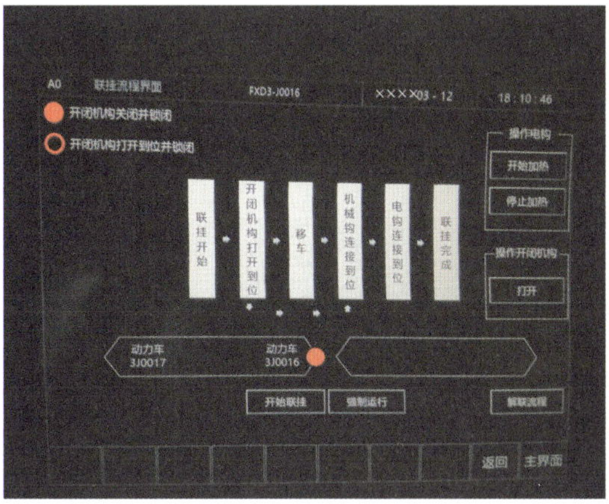

图 5-54　连挂流程界面

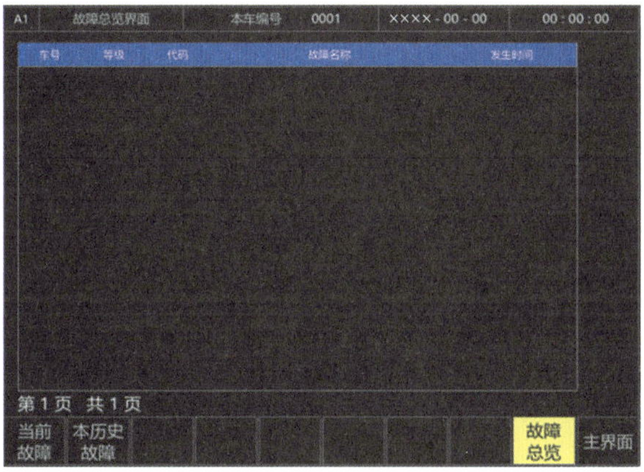

图 5-55　实时故障信息

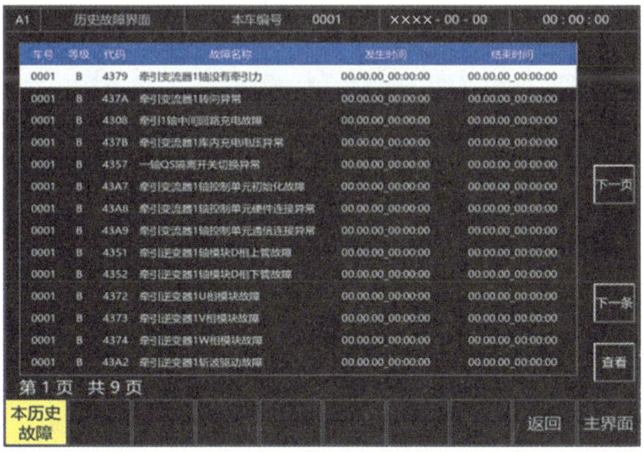

图 5-56　历史故障信息

5. 维护模式界面

维护模式界面用在动力车维护时显示相关的维护信息。通过维护模式界面页面底部的按键可进入不同的维护功能界面。维护模式界面禁止司机操作，如图 5-57 所示。

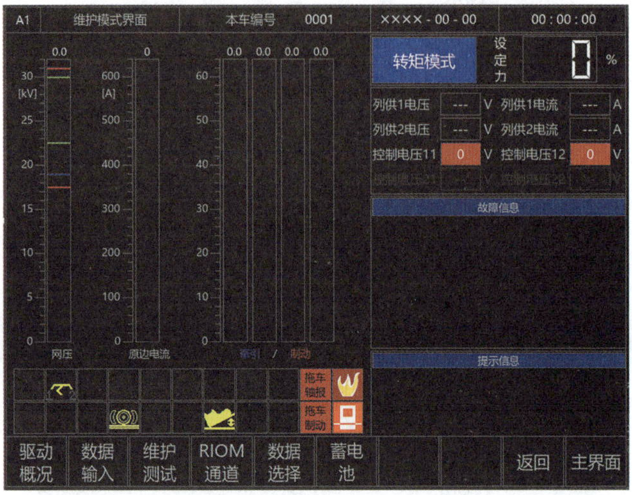

图 5-57 维护模式界面

(三)制动模式界面

制动模式界面显示制动系统的主要信息，如图 5-58 所示，通过底部的按键可进入制动系统的相关信息显示界面和设备设置界面，通过界面底部的合屏模式按键可返回到合屏模式界面。

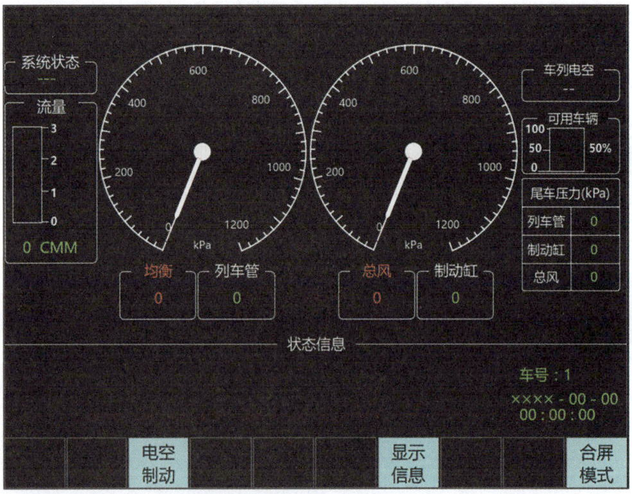

图 5-58 制动模式界面

第五节　司机操纵对比

鼓形动车组除了在车体断面进行鼓形优化设计之外，还进行了 DC 110 V 供电一体化设计、停放制动一体化设计、安全环路一体化设计、拖车网络由 Lonworks 改为以太网优化等调整。其中部分设计优化涉及司机操纵使用，与直形车体动车组操纵略有不同。本节主要介绍直形车体与鼓形车体动车组司机的操纵对比。

一、安全环路

直形车体动车组设置了火灾、制动、轴报、车门四个安全环路，这四个环路对应的均是拖车的故障，鼓形动车组在拖车增加停放制动后，整列增加停放制动安全环路，并将动力车的 6 A 轴承报警和火灾报警纳入既有安全环路。微机显示屏“环路设置”界面如图 5-59 所示。

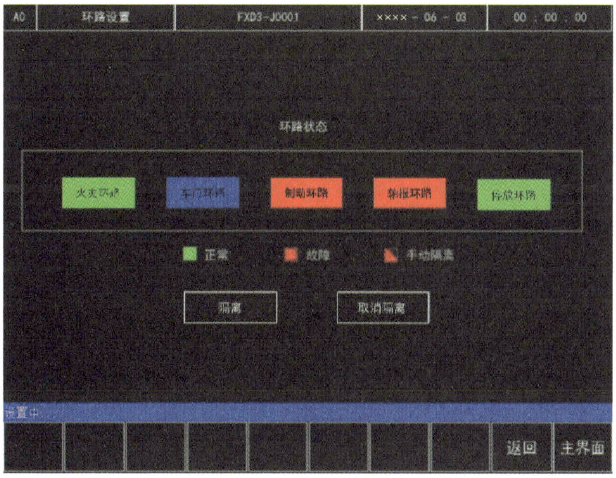

图 5-59　环路设置界面

停放制动安全环路：该环路表征整列停放制动状态（动力车和拖车），全列任意动、控、拖车施加停放制动后，该环路报警，速度≤5 km/h 牵引封锁，速度＞5 km/h 惩罚制动。当该环路报警时，司机可通过“环路设置”界面将停放环路隔离或者通过“制动状态”界面确认具体停放施加的车辆（动力车），如图 5-60 所示，通过转换开关隔离拖车（动力车）单车的停放制动环路功能。

注意：动力车停放制动隔离开关设置在低压柜上，如图 5-61 所示。

火灾安全环路：鼓形动车组将动力车 6A 火警纳入安全环路中，当动力车发生火警时，火灾安全环路报警，司机可通过低压柜上单车火警隔离开关隔离动力车火警环路功能。

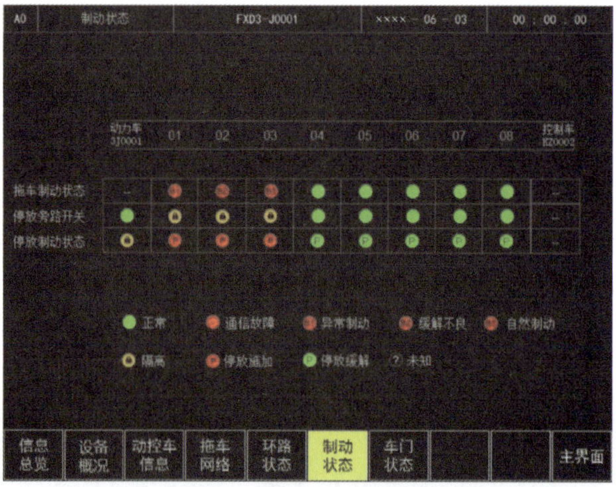

图 5-60　制动状态界面

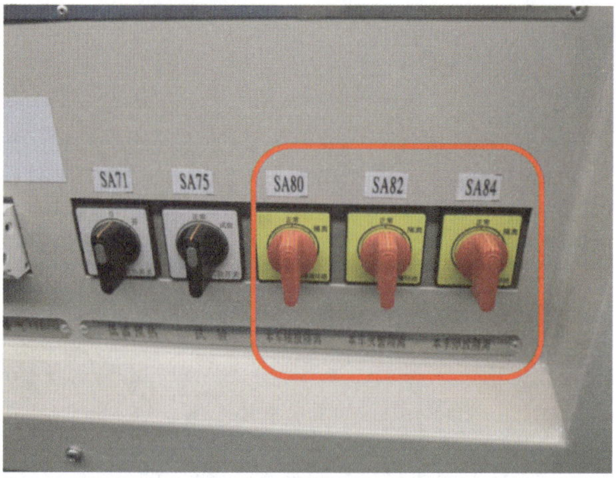

图 5-61　单车安全环路隔离开关

轴报安全环路：鼓形动车组将动力车 6A 轴承报警纳入安全环路中，当动力车发生轴报时，轴报安全环路报警，司机可通过低压柜上单车轴报隔离开关隔离动力车轴报环路功能。

二、停放制动

鼓形动车组在每节拖车上均增加了停放制动，取消原手制动装置。司机可通过操纵台上“停放施加”和“停放缓解”按钮控制整列停放施加或者缓解。司机在发车前，需确认动车组全列停放制动均已缓解，停放制动安全环路正常。

三、DC 110 V 母线供电

动力车设有 DC 110 V 母线供电功能，当动力车发生供电故障时，可通过整列电源母线给动力车设备进行供电，保障车组维持运行。DC 110 V 母线供电设置界面如图 5-62 所示，分为自动投入和手动投入两种工况。

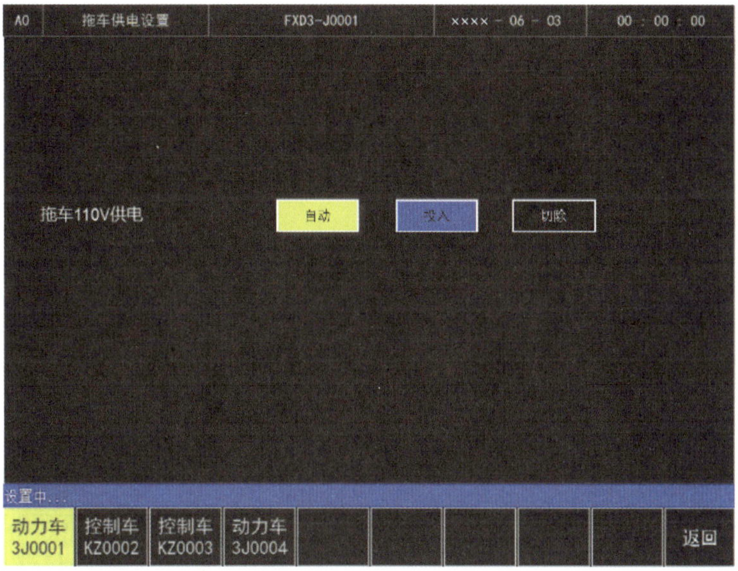

图 5-62　DC 110 V 母线供电设置界面

1. 自动投入工况

将动力车充电机内的 DC 110 V 重联转换开关置于“自动”位。司机室显示单元 DC 110 V 重联控制软开关置于“自动”位，当发生动力车充电机不工作故障或蓄电池电压低于 88 V，动力车 DC 110 V 重联接触器自动闭合，DC 110 V 母线给动力车设备供电；将司机室显示单元 DC 110 V 重联控制软开关置于“切除”位，动力车 DC 110 V 重联接触器断开，DC 110 V 母线停止给动力车设备供电。

2. 手动投入工况

将充电机内的 DC 110 V 重联转换开关置于“投入”位，动力车 DC 110 V 重联接触器自动闭合，DC 110 V 母线给动力车设备供电；将动力车充电机内的 DC 110 V 重联转换开关置于“自动”位，动力车 DC 110 V 重联接触器断开，DC 110 V 母线停止给动力车设备供电。将动力车充电机内的 DC 110 V 重联转换开关置于“自动”位，司机室显示单元的动力车 DC 110 V 重联控制软开关置于“投入”位，动力车 DC 110 V 重联接触器闭合，DC 110 V 母线给动力车设备供电；将司机室显示单元 DC 110 V 重联控制软开关置于“切除”位，动力车 DC 110 V 重联接触器断开，DC 110 V 母线停止给动力车设备供电。

四、显示屏界面

为满足鼓形动车组运用需求，在微机显示屏上新增部分界面，同时对既有界面进行了适应性调整，现将涉及司机查看和操作界面介绍如下：

1. 牵引主界面

微机显示屏牵引主界面对安全环路图标进行了调整，还对故障信息进行了优化，当故障报出，只需点击该故障，显示屏会跳转至处理措施，给予司机应急处置建议。

2. 环路状态界面（图 5-63）

微机显示屏新增“环路状态”界面，拖车通过车辆以太网与动力车通信，在显示屏上显示 5 个安全环路中各节拖车/动力车对应状态，为正常，为报警，为断开，为隔离，为通信故障。

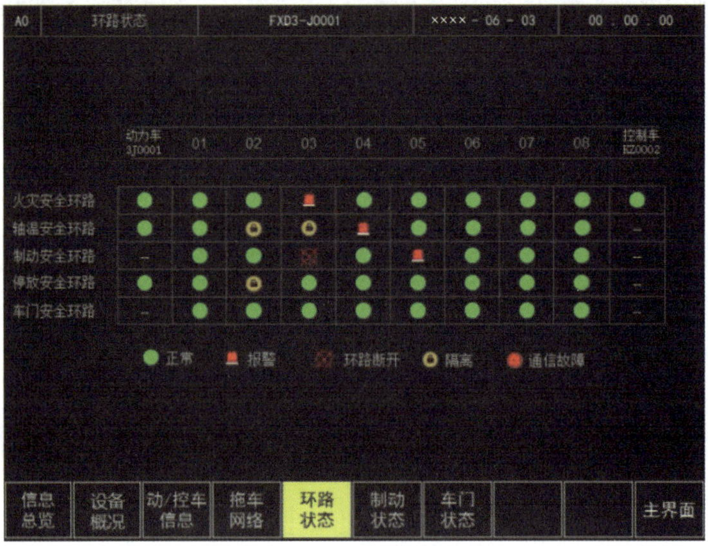

图 5-63　环路状态界面

3. 辅助电源界面(图 5-64)

微机显示屏新增“辅助电源”界面，用于显示各节拖车/动力车 DC 110 V 和 DC 600 V接地状态和漏电流数值。

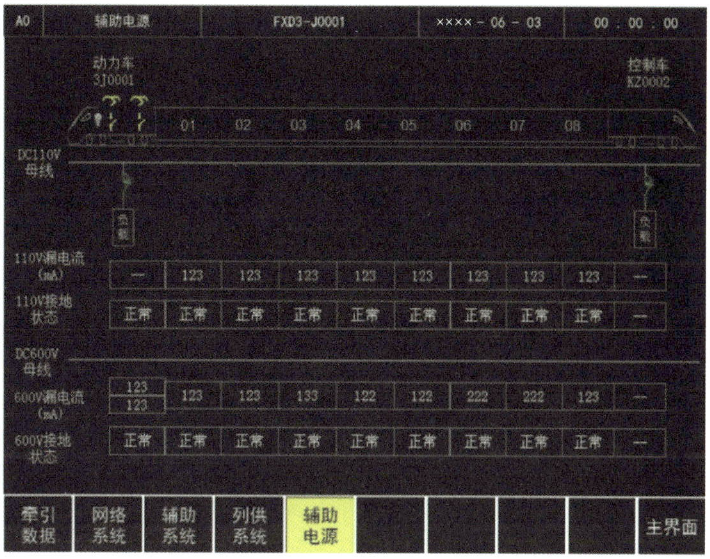

图 5-64　辅助电源界面

复习思考题

1. 简述动力车停放制动操作。
2. 简述换端时操作流程。
3. 简述动力车停机操作。
4. 紧急制动操作的方式有哪些？
5. 简述开闭机构开启时的操作步骤。

第六章　动力车故障处理

机车乘务员等相关作业人员的故障处置能力是列车安全运行的重要保证。本章主要介绍故障查询、隔离操作、故障应急处理、无动力回送操作、备用制动、高压连锁操作。

第一节　故障查询

司机室显示屏“故障信息”显示区以文本形式循环显示故障信息，最多同时显示七条故障，按照故障的等级划分，一级故障信息的背景色为红色，字符为黑色；二级故障信息的背景色为黄色，字符为黑色；三级故障信息的背景色为黑色，字符为白色。无故障发生时，此区域为空，显示背景色。

一、微机故障信息查询

1. 点击“故障查询”，如图 6-1 所示。

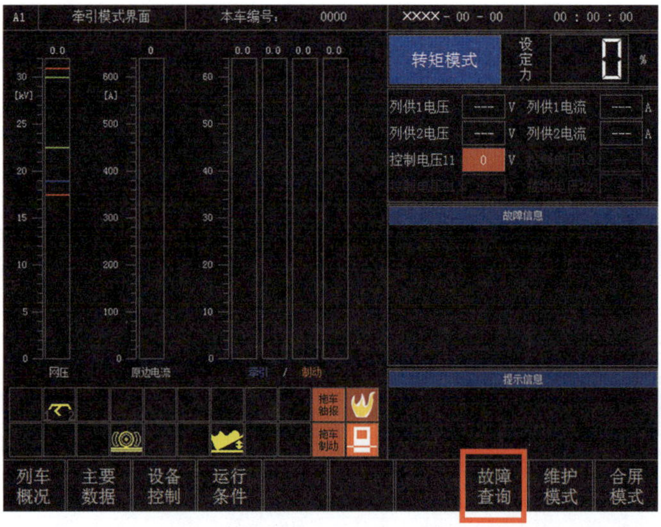

图 6-1　故障查询

2. 点击“本历史故障”查看历史故障记录，如图 6-2 所示。

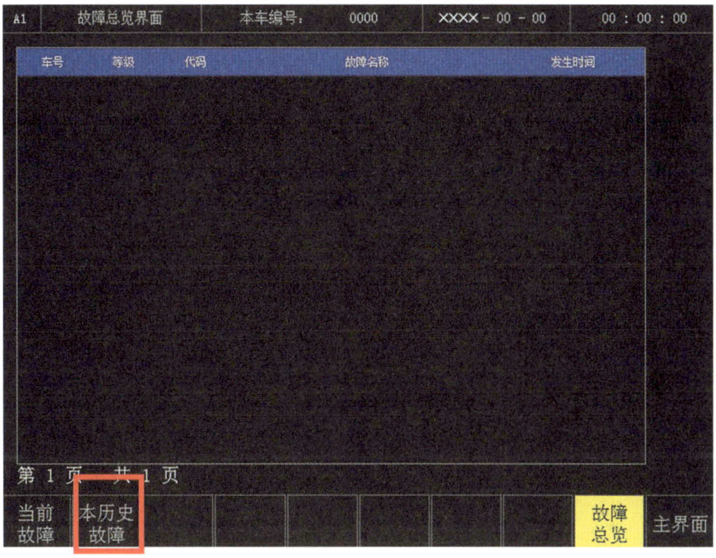

图 6-2　本历史故障

3. 点击“当前故障”查看当前故障信息，如图 6-3 所示。

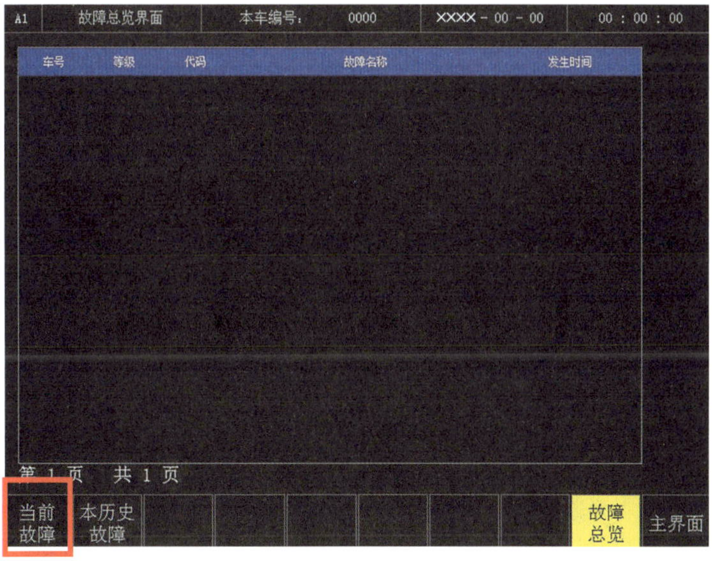

图 6-3　当前故障

根据故障信息提示进行处置。

二、制动故障信息查询

1. 按压 3 键，如图 6-4 所示。

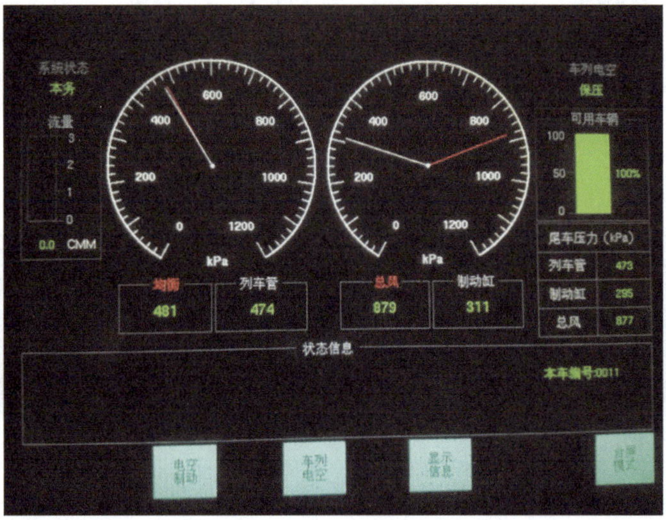

图 6-4　制动故障信息（按压 3 键）

2. 按压 7 键，如图 6-5 所示。

图 6-5　制动故障信息（按压 7 键）

3. 按压 2 键，显示“事件记录”页面。根据事件记录，进行相应处理，如图 6-6 所示。

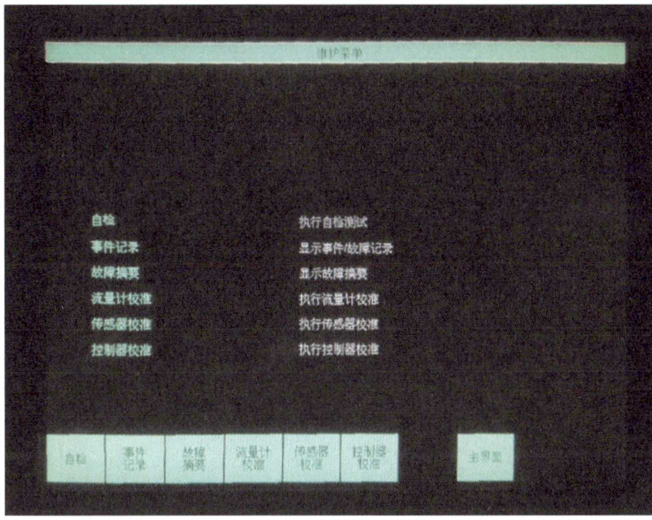

图 6-6　事件记录

4. 按压 7 键返回，按压 8 键显示主界面，如图 6-7 所示。

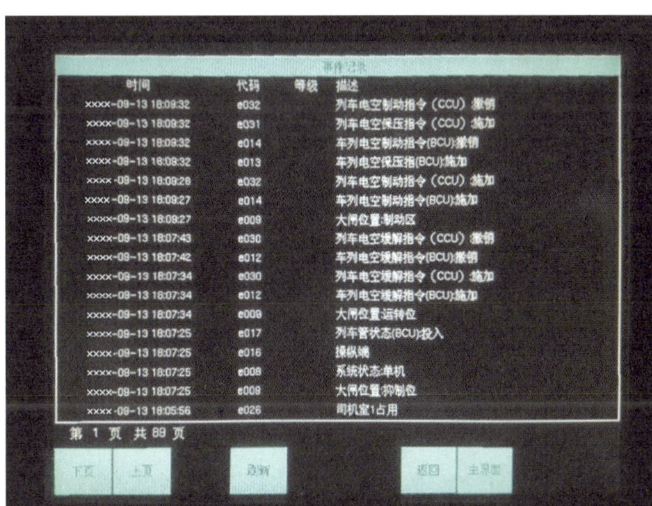

图 6-7　主界面

第二节　隔离操作

一、“牵引变流器”“辅助变流器”“列供”隔离操作及取消隔离操作

1. 前提：司控器手柄回“0”，动力车无牵引力输出。

2. 点击“设备控制”，如图 6-8 所示。

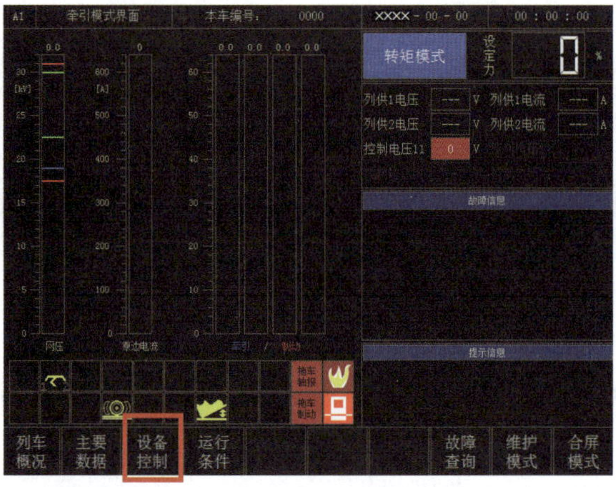

图 6-8　设备控制

3. 点击“设备隔离”，如图 6-9 所示。

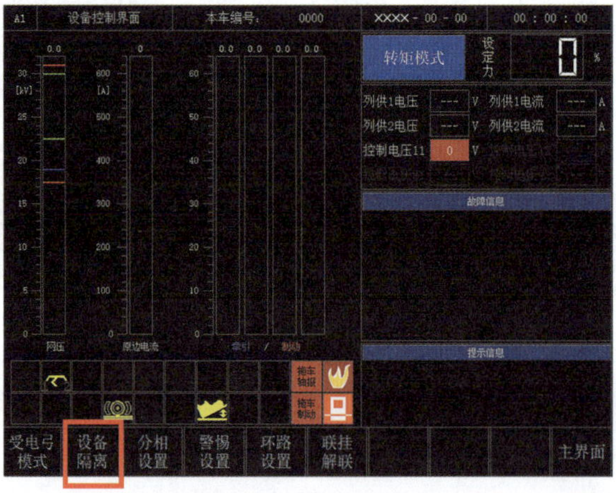

图 6-9　设备隔离

4. 点击相应“牵引变流器”“辅助变流器”“列供”等选项，如图 6-10 所示，选中后底色由绿色变为蓝色。

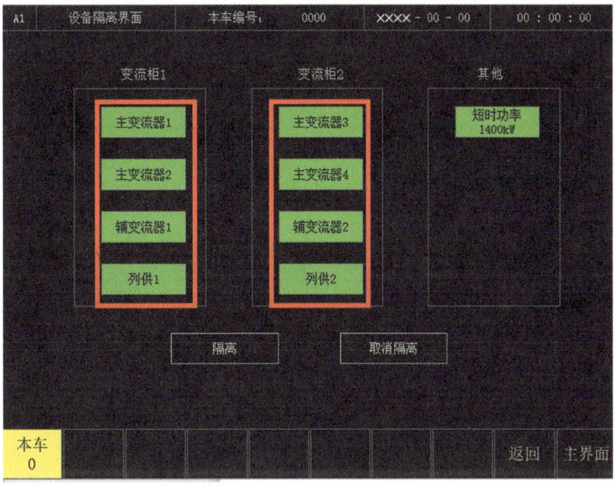

图 6-10　隔离界面

5. 点击“隔离”，被选中选项底色由蓝色变为红色，隔离成功。

6. 取消隔离：选择相应被隔离的设备选项，点击“取消隔离”，点击后相应选项底色恢复绿色，取消隔离成功。

二、“短时功率”切换操作

1. 重复“牵引变流器”“辅助变流器”“列供”隔离及取消隔离操作中的第 1、2、3 步。

2. 选择“短时功率 1 400 kW”，选中后底色由绿色变为蓝色，点击“1 600 kW”，点击后 1 600 kW 底色变为灰色，切换功率成功；若恢复“短时功率 1 400 kW”，点击“1 400 kW”，点击后 1 400 kW 底色变为灰色，切换功率成功。操作界面如图 6-11 所示。

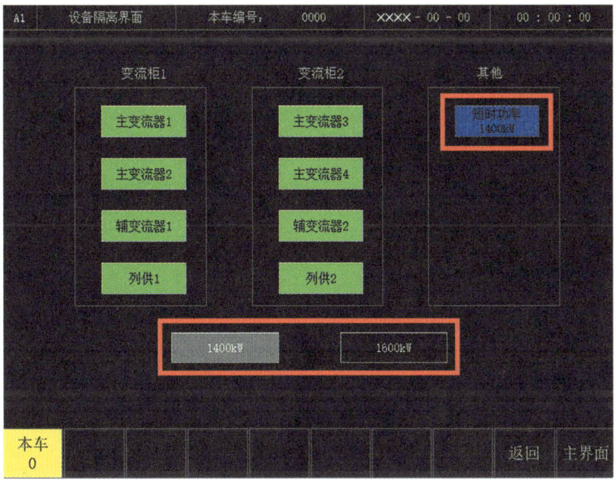

图 6-11　“短时功率”切换界面

三、车门/火灾/制动/轴报环路、自动过分相、无人警惕隔离操作

1. 前提:主控钥匙投入。

2. 点击“设备控制”,如图 6-12 所示,“设备控制”界面下可完成车门/火灾/制动/轴报环路、自动过分相、无人警惕隔离操作。

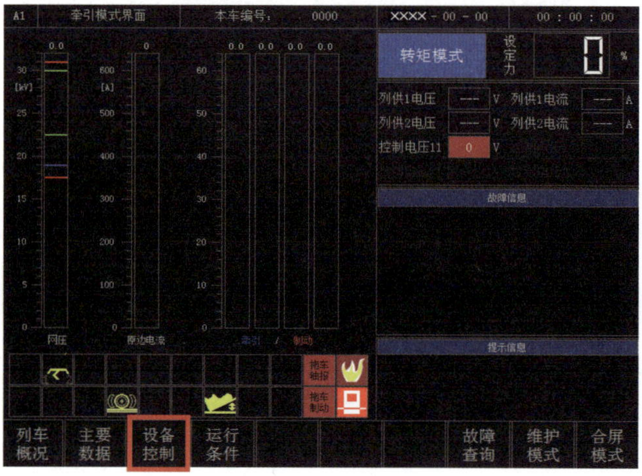

图 6-12　设备控制

环路隔离:点击“环路设置”,点击对应环路选项,选中后底色由绿色变为蓝色,点击“隔离”,点击后环路底色由蓝色变为红色,隔离成功;选择对应环路选项,点击“取消隔离”,点击后环路底色恢复绿色,取消隔离成功。操作界面如图 6-13、图 6-14 所示。

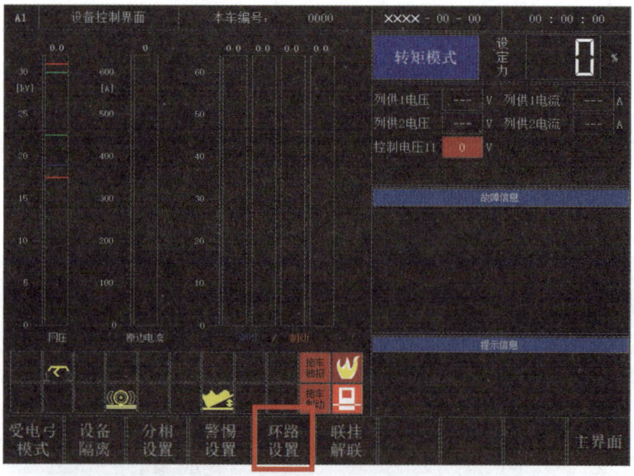

图 6-13　环路设置

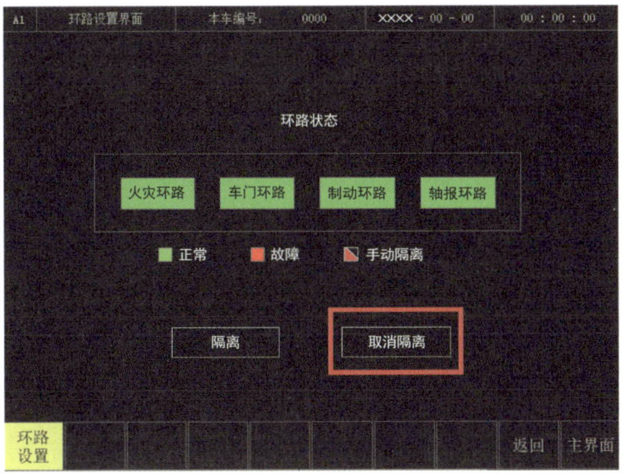

图 6-14　环路隔离

自动过分相隔离：点击“分相设置”，点击“隔离”，完成隔离操作。操作界面如图 6-15、图 6-16 所示。

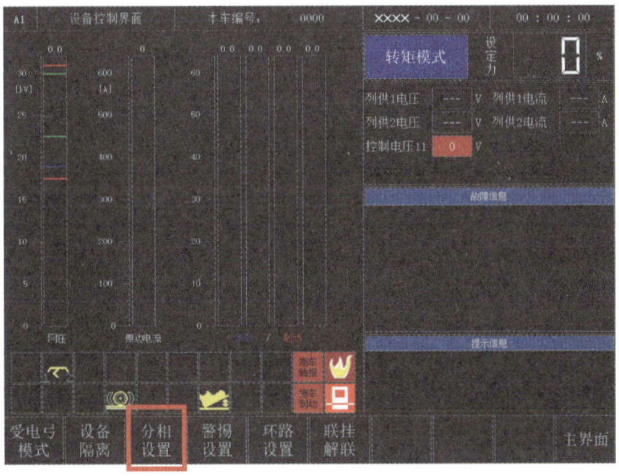

图 6-15　分相设置

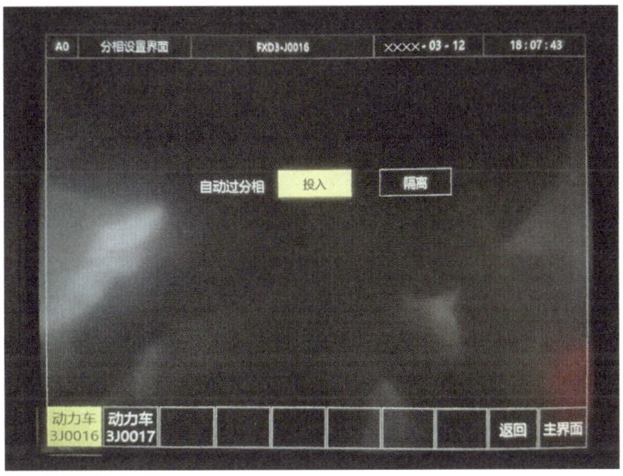

图 6-16　自动过分相隔离

无人警惕隔离：点击“警惕设置”，输入密码“100000”，点击“设定”，点击“隔离”，完成隔离操作。操作界面如图6-17～图6-19所示。

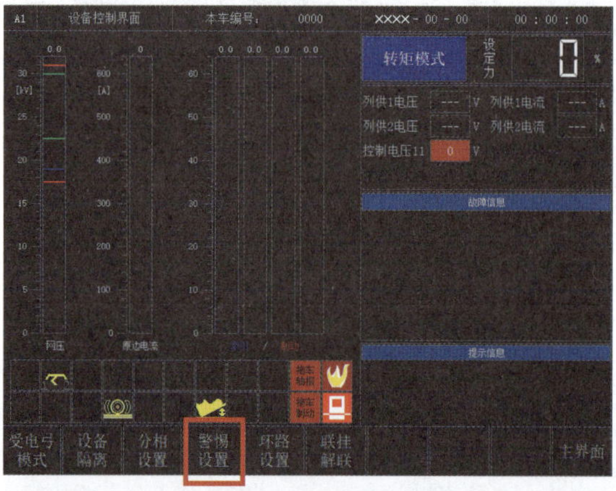

图6-17　警惕设置

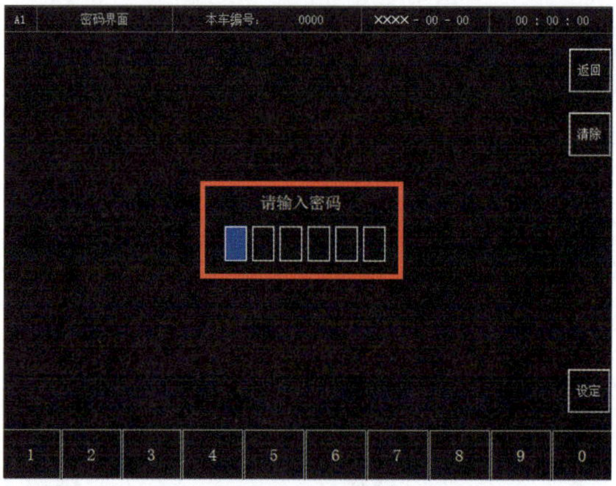

图6-18　设定密码

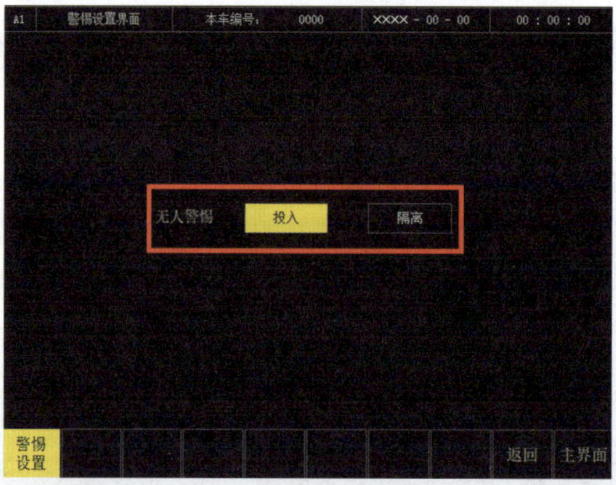

图6-19　无人警惕隔离

四、列供配电柜(LGM)隔离、切换单动力模式操作

1. 前提:主断路器断开。

2. 点击“维护模式”,如图 6-20 所示。

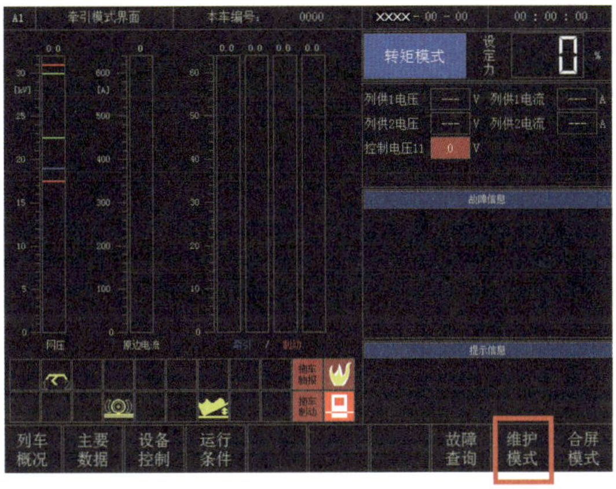

图 6-20　维护模式

3. 点击“数据输入”,如图 6-21 所示。

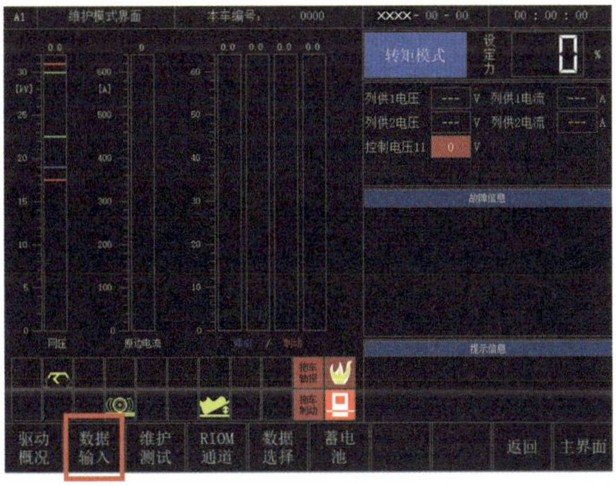

图 6-21　数据输入

4. 输入密码“100000”,点击“设定”,操作界面如图 6-22 所示。

5. 点击“其他设置”,如图 6-23 所示,该界面下可完成列供配电柜(LGM)隔离、切换单动力模式操作。

列供配电柜(LGM)隔离:点击相应“LGM 主控”选项,相应“LGM 主控”底色由黑色变为黄色,选中的列供配电柜(LGM)被隔离。列供配电柜(LGM)隔离操作界面如图 6-24 所示。

切换单动力模式:在停车状态下,断主断路器降弓,通过微机屏“设备控制”进入

“封锁设置界面”，选择激活“封锁本车高压”或“封锁它车控制”进行高压设备隔离操作，从而进入只升前车弓或者只升后车弓的单动力模式，若需恢复，则只需要选择相应“退出”按钮即可，具体操作如图 6-25 所示。

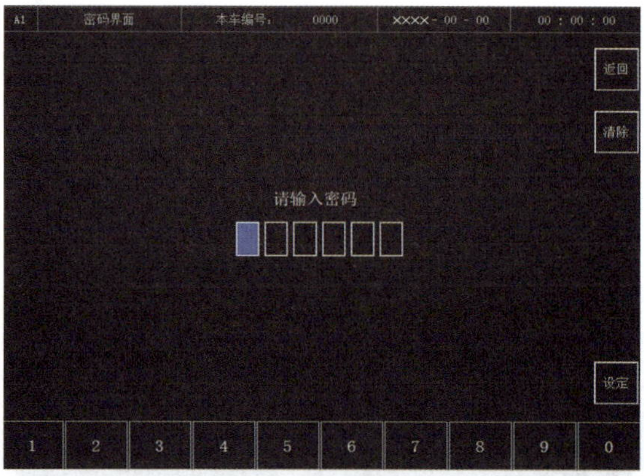

图 6-22　设定密码

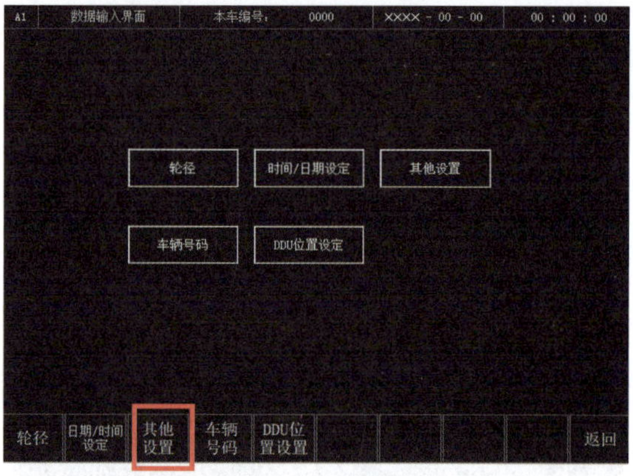

图 6-23　其他设置

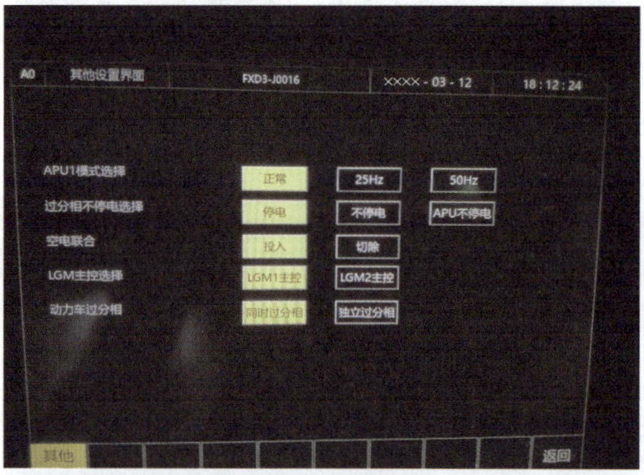

图 6-24　列供配电柜(LGM)隔离操作界面

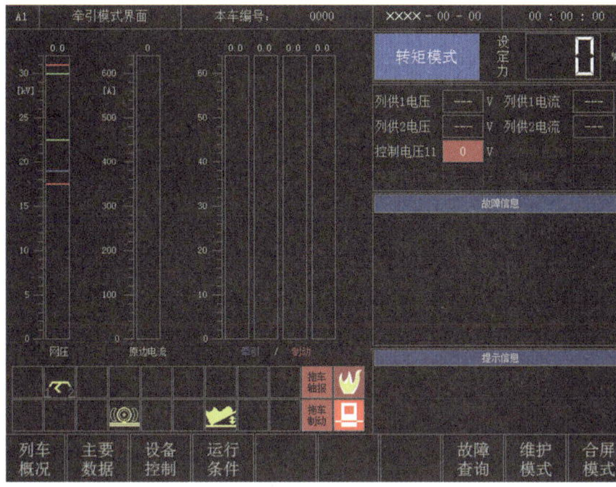

(a)

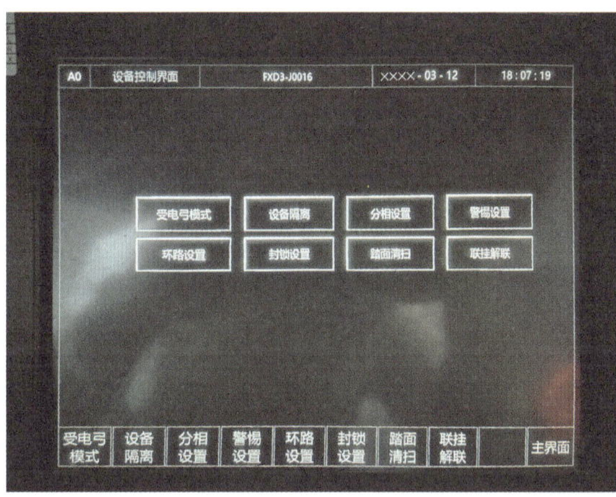

(b)

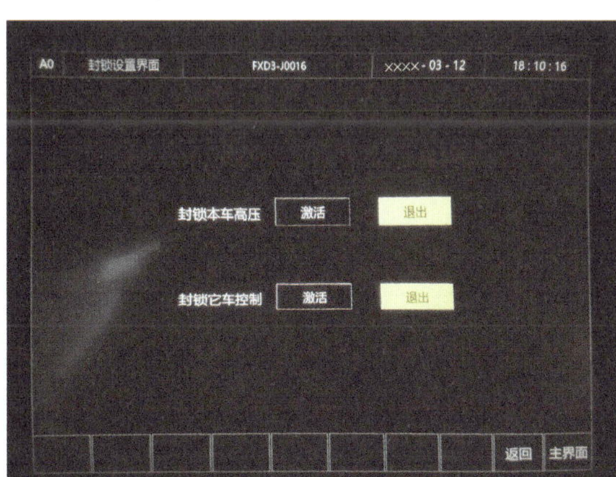

(c)

图 6-25　切换单动力模式操作

第三节　故障应急处理

本节重点介绍故障复位操作，选取25个常见故障进行介绍，包含从故障现象到处置位置、注意事项到处理步骤等内容，最后简要介绍紧急牵引操作。

一、故障复位操作

当发生故障时，根据情况可选择“开关复位”或“大复位”。

1. 开关复位

主手柄“0”位，断开主断路器或在显示屏上隔离相应设备后，重新闭合断开的自动开关。

2. 大 复 位

途中发生故障，需采取“大复位”进行复位时，应在停车、断开主断路器、降下受电弓、断开主控钥匙状态下进行，断开SA10控制电源开关1 min后再闭合，完成“大复位”操作。

二、常见故障及处理

1. 受电弓无法升起

<table>
<tr><th>名　　称</th><th colspan="2">受电弓无法升起</th></tr>
<tr><td>故障现象</td><td colspan="2">微机屏和网压表无网压显示；观察车外受电弓处于降弓状态</td></tr>
<tr><td>处置位置</td><td colspan="2">低压控制柜、制动控制柜</td></tr>
<tr><td>注意事项</td><td colspan="2">列车控制与监视系统（TCMS）显示屏内没有感应网压显示时，禁止升弓作业。
当机车在运行中出现某一受电弓无法升起故障时，应先做绝缘检测通过后，尝试升起另一架受电弓</td></tr>
<tr><td>步　　骤</td><td colspan="2">处理过程</td></tr>
<tr><td rowspan="2"></td><td>（1）确认总风截止塞门在开启位</td><td rowspan="2">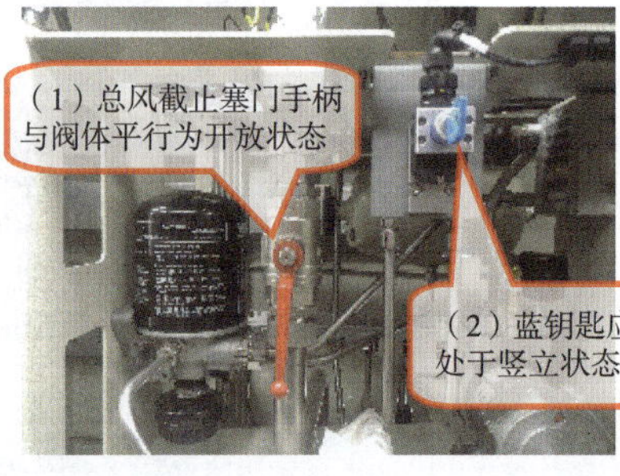
</td></tr>
<tr><td>（2）检查空气柜蓝钥匙是否在“开放”位（竖直状态）</td></tr>
</table>

续上表

步　骤	处理过程	
	(3)检查空气辅助控制箱内升弓供风塞门状态	
	(4)检查升弓电磁阀状态，确认升弓阀板压力风表有无压力显示，无读数则为电磁阀故障，换弓运行	
	(5)确认紧急制动按钮是否激活，若激活则缓解紧急制动	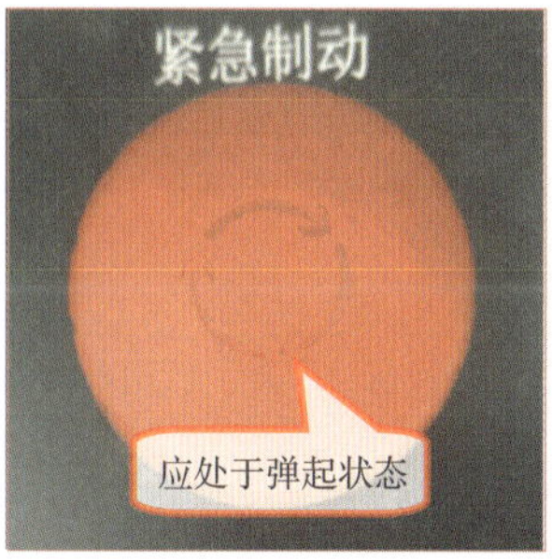
	注：受电弓仍不能升起，可用停车、大复位的方法进行复位处理	

2. 自动过分相后主断路器不自动闭合

名　称	自动过分相后主断路器不自动闭合
故障现象	司机显示屏显示主断路器分、无故障信息报出
处置位置	操作台
注意事项	—

续上表

<table>
<tr><th>步　　骤</th><th colspan="2">处理过程</th></tr>
<tr><td></td><td>将主断路器扳键开关置“断”位，再给“合”位尝试闭合主断路器</td><td>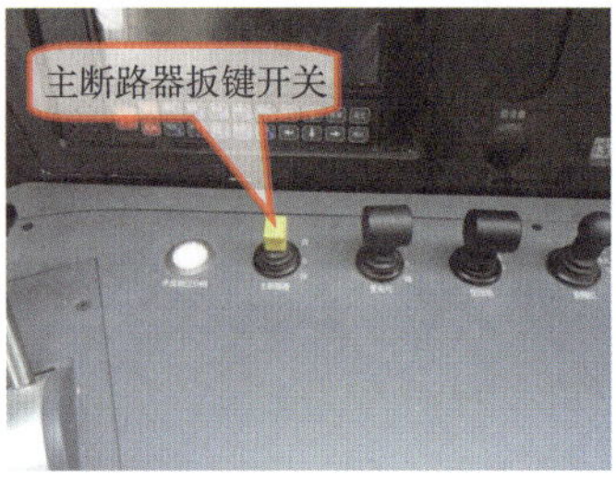
</td></tr>
</table>

3. 运行过程中发现走行部抖动

<table>
<tr><th>名　　称</th><th colspan="2">运行过程中发现走行部抖动</th></tr>
<tr><td>故障现象</td><td colspan="2">司机室内有明显抖动感，且司机显示屏无故障信息报出</td></tr>
<tr><td>处置位置</td><td colspan="2">操作台</td></tr>
<tr><td>注意事项</td><td colspan="2">—</td></tr>
<tr><td>步　　骤</td><td colspan="2">处理过程</td></tr>
<tr><td rowspan="3"></td><td colspan="2">检查过程</td></tr>
<tr><td>司控器回主手柄至“0”位，观察机车抖动情况，如抖动消失，再提主手柄至相同级位，机车又出现抖动。判断走行部位无故障，故障点在电机的速度传感器或其连接线路上</td><td>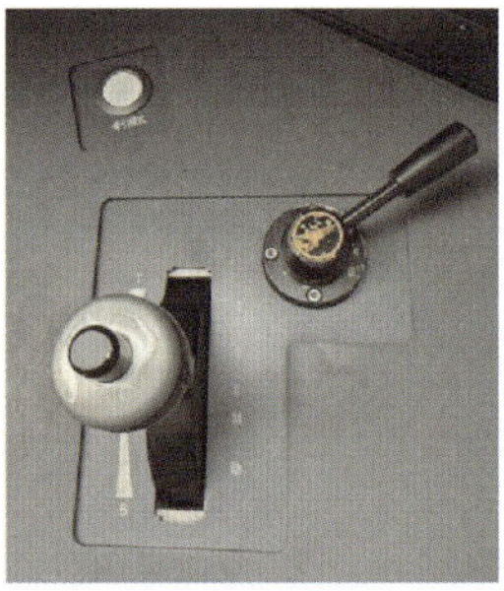</td></tr>
<tr><td>在第二次提主手柄且机车抖动时，观察微机屏中各电机的牵引力，会发现其中一个电机的牵引力超过其他三个。操作微机屏（维护模式—驱动概况—驱动数据）进入驱动数据界面查看四轴转速是否有较大差异，若有，进入隔离操作界面切除存在较大轴速差异的电机</td><td>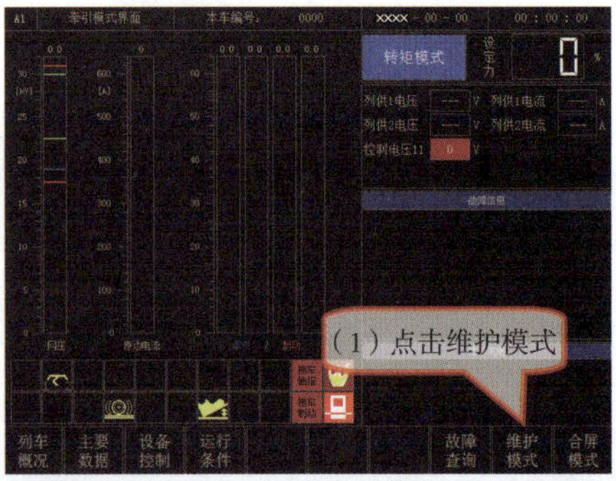
</td></tr>
</table>

续上表

<table>
<tr><th>步　骤</th><th colspan="2">处理过程</th></tr>
<tr><td rowspan="3"></td><td rowspan="3">在第二次提主手柄且机车抖动时，观察微机屏中各电机的牵引力，会发现其中一个电机的牵引力超过其他三个。操作微机屏（维护模式—驱动概况—驱动数据）进入驱动数据界面查看四轴转速是否有较大差异，若有，进入隔离操作界面切除存在较大轴速差异的电机</td><td>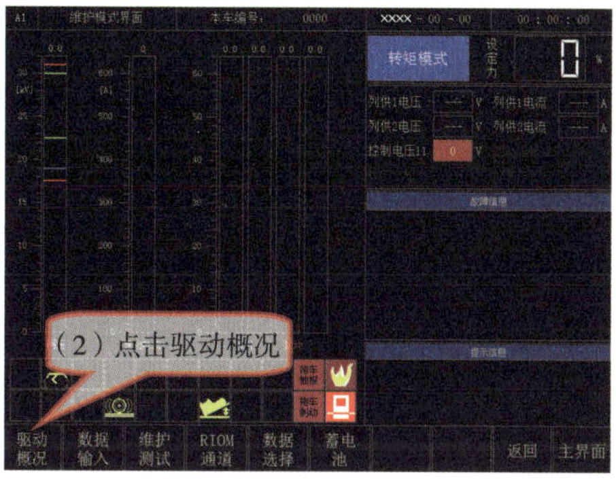
</td></tr>
<tr><td>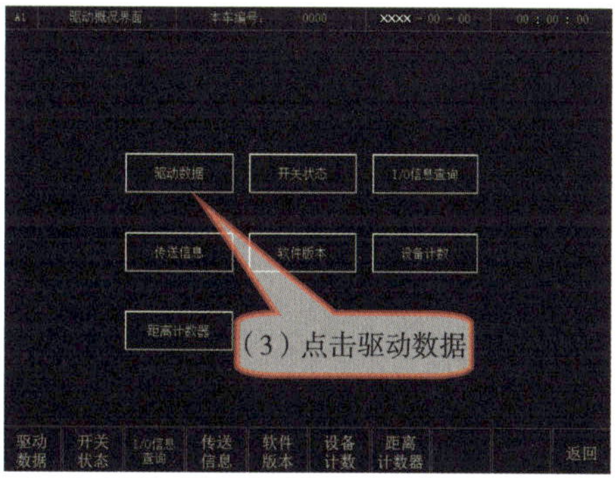
</td></tr>
<tr><td>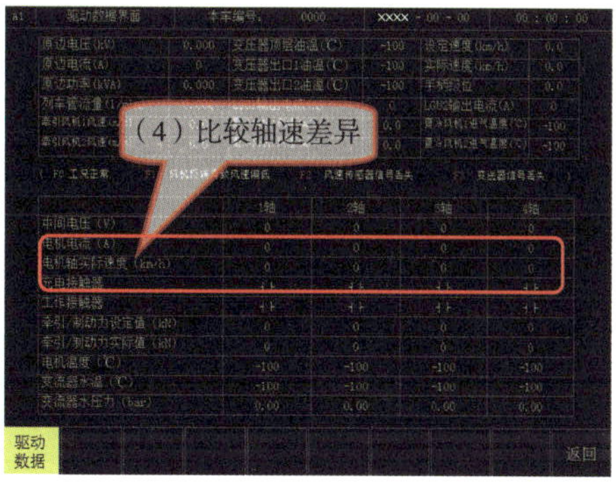
</td></tr>
</table>

续上表

步　骤	处理过程	
	隔离操作	
	以隔离1轴为例，操作微机屏（设备控制—设备隔离）进入设备隔离界面进行隔离操作（牵引变流器1对应2轴牵引电机2，牵引变流器2对应1轴牵引电机1，牵引变流器3对应3轴牵引电机3，牵引变流器4对应4轴牵引电机4）	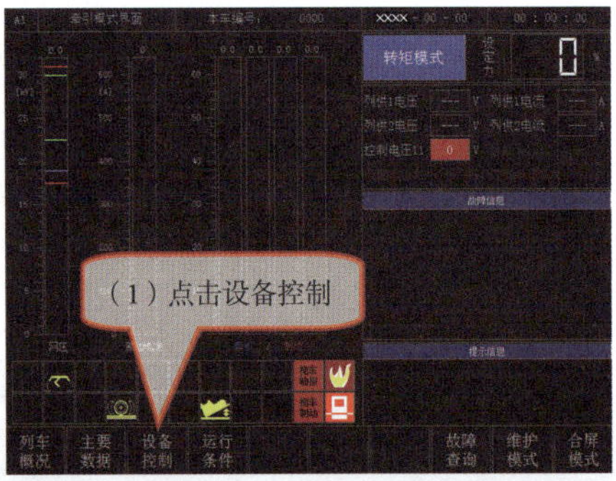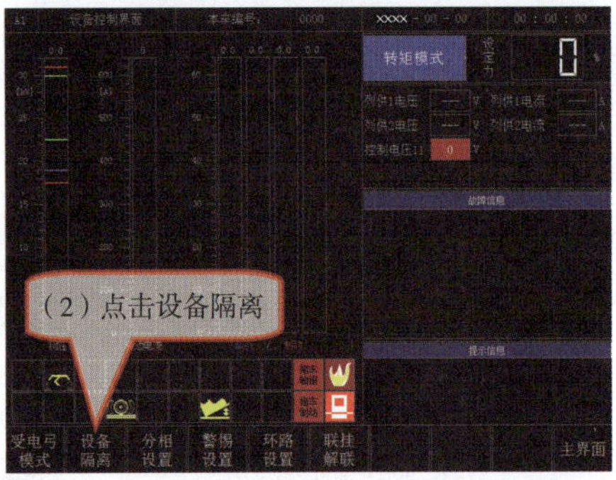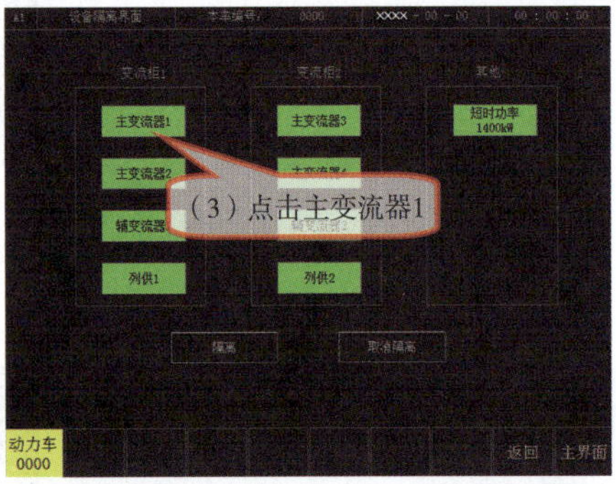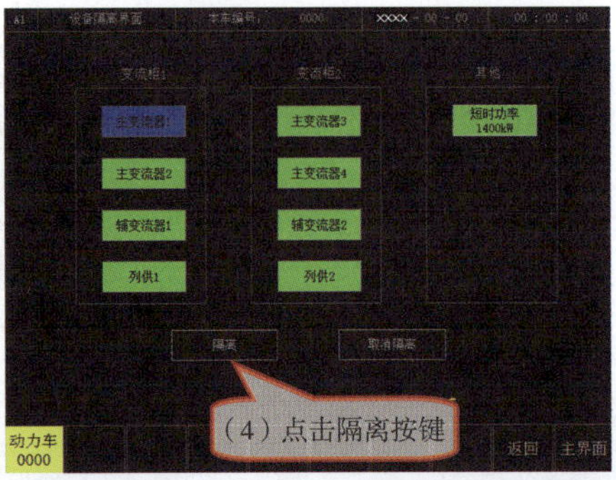

4. 主断路器无法闭合

<table>
<tr><td>名　称</td><td colspan="2">主断路器无法闭合</td></tr>
<tr><td>故障现象</td><td colspan="2">微机显示屏显示主断路器分，辅机不工作</td></tr>
<tr><td>处置位置</td><td colspan="2">低压柜、操作台微机显示屏、低压电器柜、制动柜</td></tr>
<tr><td>注意事项</td><td colspan="2">注意总风缸压力表显示；
当运行中出现主断路器断开或无法闭合时，首先将主断路器扳键开关置“断”位，再给“合”位尝试闭合主断路器</td></tr>
<tr><td>步　骤</td><td colspan="2">处理过程</td></tr>
<tr><td rowspan="4"></td><td>(1)受电弓升起后确认网压是否高于 16.5 kV；(若网压低于 16.5 kV，则无法闭合主断路器)当网压为零时，检查低压柜“原边电压”自动开关 QA1 是否跳开，断合几次防止假跳</td><td>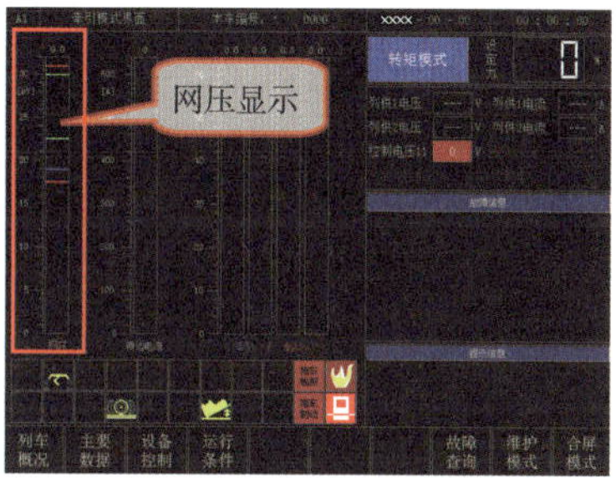
</td></tr>
<tr><td>(2)确认司机控制器主手柄处于“0”位</td><td></td></tr>
<tr><td>(3)观察微机显示屏故障信息栏，如有保护装置动作，按对应故障处理。若为牵引变流器 CI 故障，则将故障牵引变流器切除</td><td>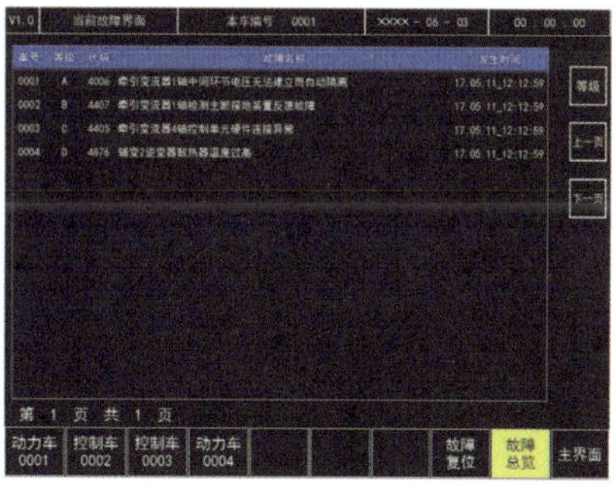
</td></tr>
<tr><td>(4)若显示屏幕提示“紧急制动按钮动作”，检查“紧急停车”按钮，确保在“弹起”位</td><td>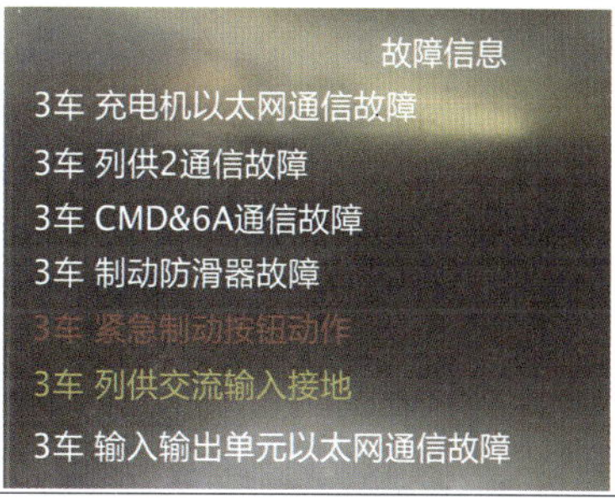
</td></tr>
</table>

续上表

步骤	处理过程	
	(4)若显示屏幕提示“紧急制动按钮动作”，检查“紧急停车”按钮，确保在“弹起”位	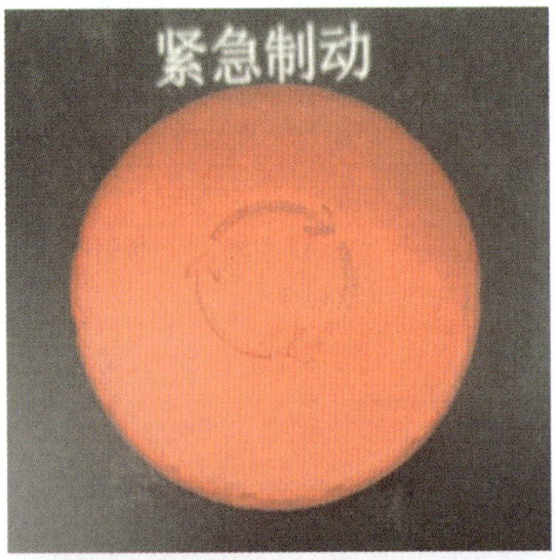
	(5)确认控制电气柜上试验开关 SA75 位置在“正常”位	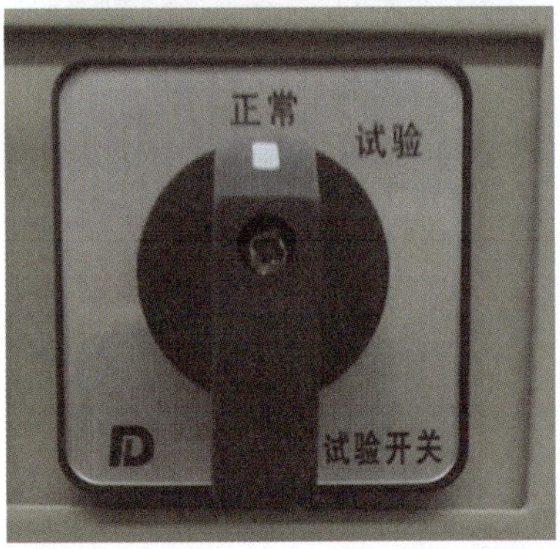
	(6)确认控制电器柜内主回路库用开关处于“正常”位	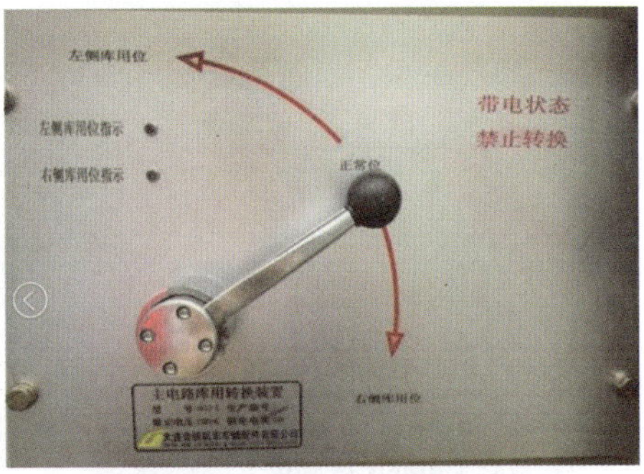
	(7)检查、确认主断路器气路塞门 U43.03(在空气柜控制风缸压力表正上方)在“开放”位(垂直状态)，鼓形车体主断路器塞门编号为 U43.14	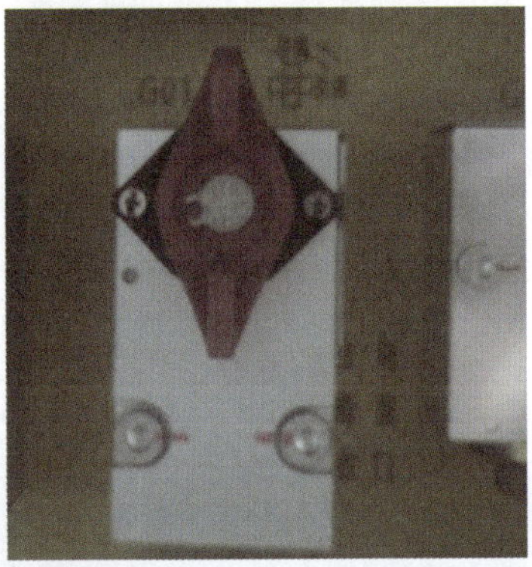

续上表

步　骤	处理过程	
	（8）断合主断路器无效后，在微机屏受电弓模式界面切换另一受电弓，随后再次闭合主断路器	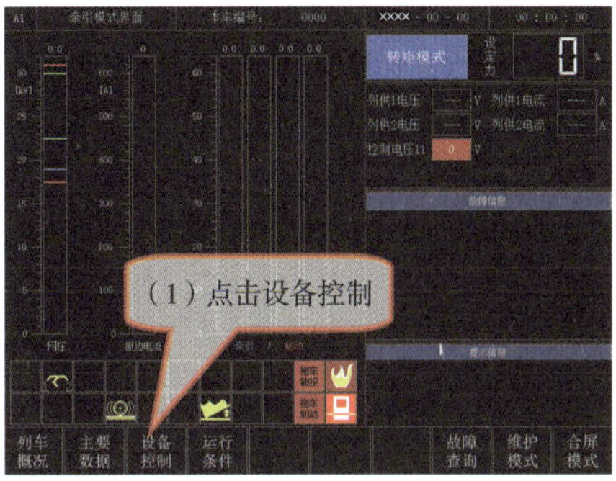 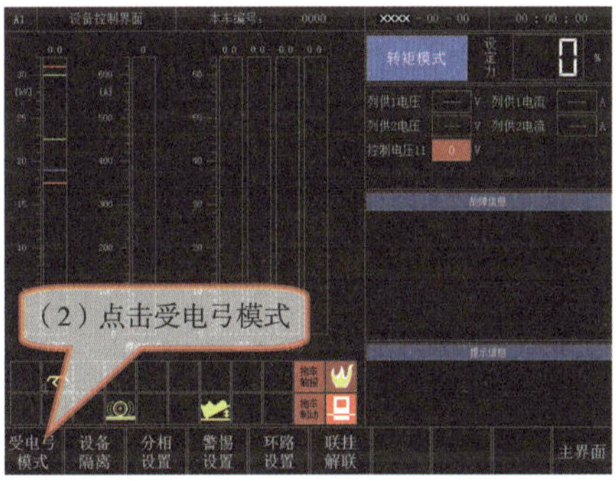 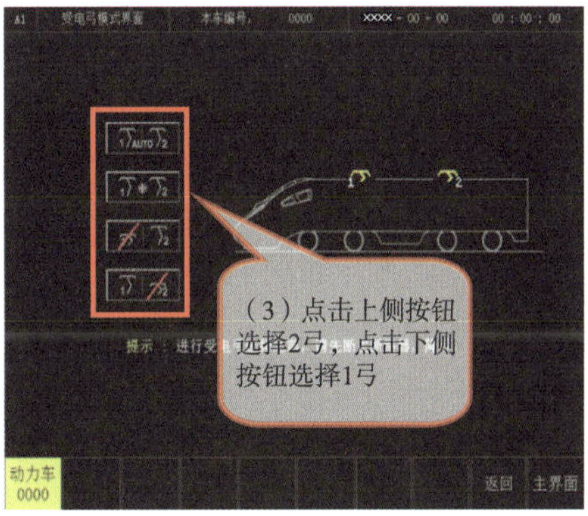
如按上述方法处理后主断路器仍不能闭合，尽可能维持进站。停车后，采取大复位处理		

5．以太网通信故障

名　称	以太网通信故障
故障现象	微机屏同时报出充电机、显示屏、列供单元、数据记录单元、中央控制单元等以太网通信故障
处置位置	低压控制柜中部面板
注意事项	需停车才能处理

续上表

步　　骤	处理过程	
	若在运行中，维持运行，待到最近一站时，停车请司机断主断路器，断开交换机电源自动开关 QA55，1～3 s后再闭合，闭合主断路器	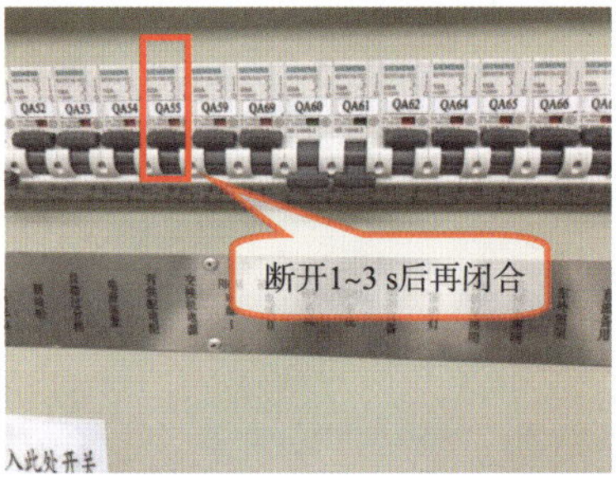
若进行上述操作后故障未消除，进行大复位，若故障仍未消除，维持运行，回段后处理		

6. 单个空压机异常

名　　称	单个空压机异常	
故障现象	某个空压机不能正常工作	
处置位置	低压控制柜面板上部	
注意事项	单空压机工作时，注意过分相前手动“强泵”位将总风补足	
步　　骤	处理过程	
	(1)将空气压缩机自动开关 QA17、QA18 重新断、合一次。查看微机显示屏“主压缩机 *X* 异常”是否消除	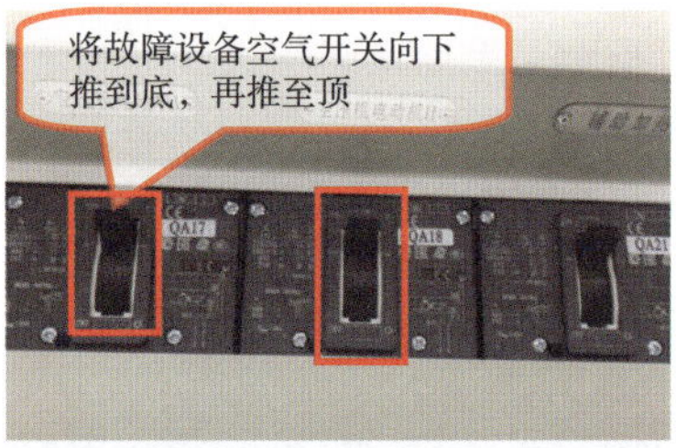
	(2)将操作台上空气压缩机扳扭开关扳至“强泵风”位，确认微机显示屏内空压机工作状态	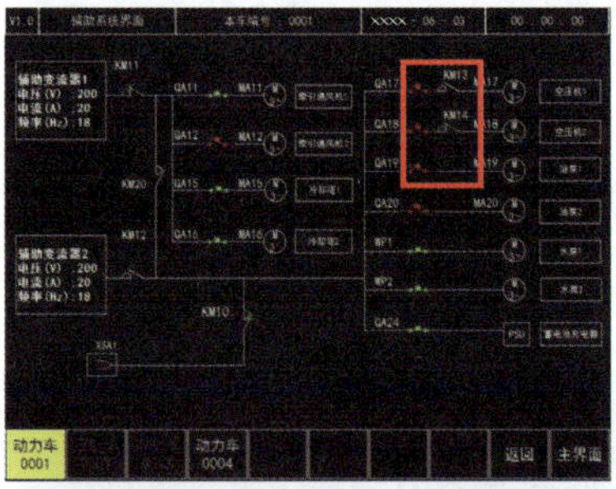
	(3)若复位后效果仍不能恢复正常，则隔离该空压机，将空压机扳键开关回“0”位，随后断开故障空压机自动开关 QA17 或 QA18	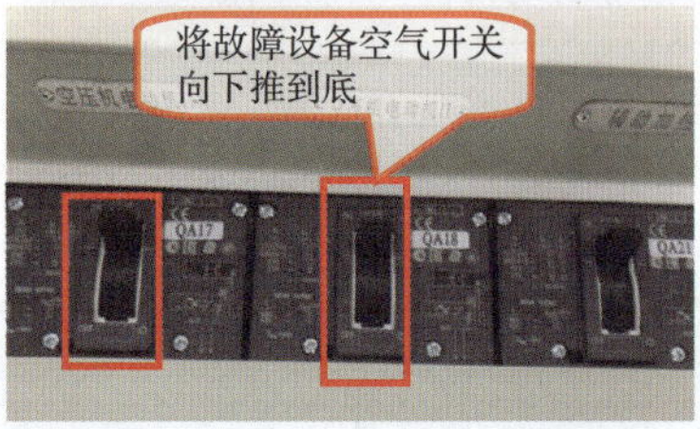

7. 单个牵引通风机异常

名　称	单个牵引通风机异常	
故障现象	某个牵引通风机不能工作	
处置位置	低压控制柜面板上部，微机屏	
注意事项	隔离某个牵引通风机后需要联锁隔离对应变流柜内设备	
步　骤	处理过程	
	司控器主手柄、换向手柄回“0”位，先断开主断路器，随后断开故障牵引风机自动开关 QA11 或 QA12，在微机屏隔离界面上隔离该牵引风机匹配的牵引变流器(1 架牵引风机对应牵引变流器 1、牵引变流器 2，2 架牵引风机对应牵引变流器 3、牵引变流器 4，隔离操作见“运行过程中发现走行部抖动”的隔离操作)，最后闭合主断路器	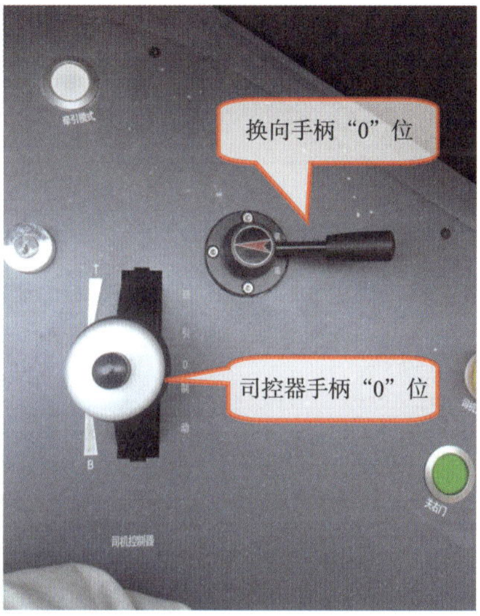 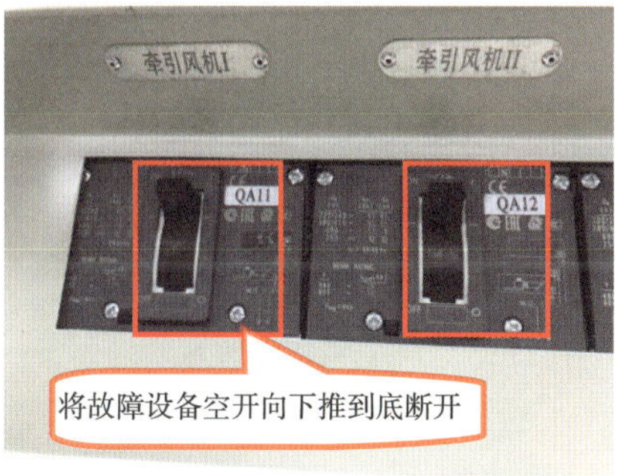

8. 单个冷却塔风机异常

名　称	单个冷却塔风机异常
故障现象	某个冷却塔风机异常导致对应复合冷却器不能正常工作
处置位置	低压控制柜面板上部，微机屏
注意事项	隔离某个冷却塔风机后需要联锁隔离对应变流柜内设备

续上表

步骤	处理过程	
	在微机屏隔离界面上隔离该冷却塔风机器匹配(复合冷却器1对应冷却塔风机1及牵引变流柜1,复合冷却器2对应冷却塔风机2及牵引变流柜2)的牵引变流柜内设备(包含牵引变流器、辅助变流器和列供单元,隔离操作见“运行过程中发现走行部抖动”),随后断开故障冷却塔风机自动开关QA15或QA16	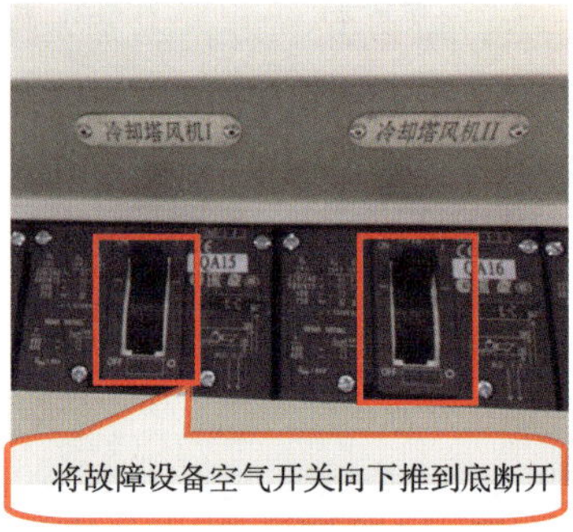

9. 辅助加热空气开关跳开

名称	辅助加热空气开关跳开	
故障现象	辅助加热空气开关跳开,司机室不供暖	
处置位置	低压控制柜面板上部	
注意事项	辅助加热空气开关有三挡,过流保护挡位于中间,复位时需先向下拉到底(off挡),再推至顶(on挡)	
步骤	处理过程	
	将QA21向下拉至“off”位,再推至“闭合”位,运用观察是否再次跳开,若跳开,尝试性降低加热负载(关闭司机室脚炉及后墙暖风机),若依旧无效,断开QA21,维持运用,回段检查	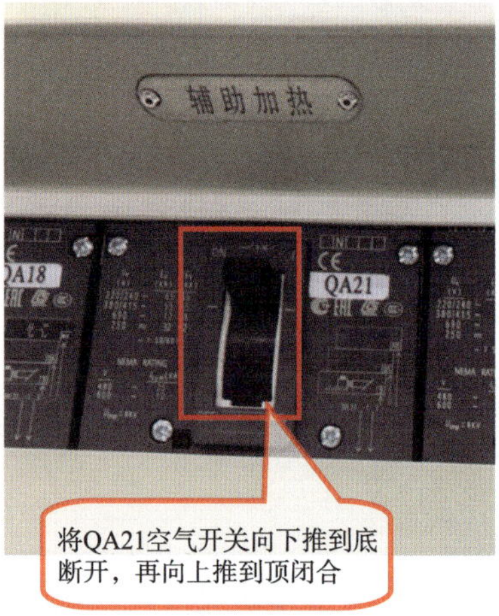

10. 单个牵引电机异常

名称	单个牵引电机异常
故障现象	单个牵引电机异常不能工作,司机显示屏上对应轴无牵引力输出
处置位置	微机屏
注意事项	确认故障设备未自动隔离后须手动隔离

续上表

步　骤	处理过程	
	以牵引电机 2 故障为例，在微机屏上检查故障牵引电机是否自动隔离，若未隔离，手动隔离故障牵引电机（牵引变流器 1 对应牵引电机 2，牵引变流器 2 对应牵引电机 1，牵引变流器 3 对应牵引电机 3，牵引变流器 4 对应牵引电机 4）	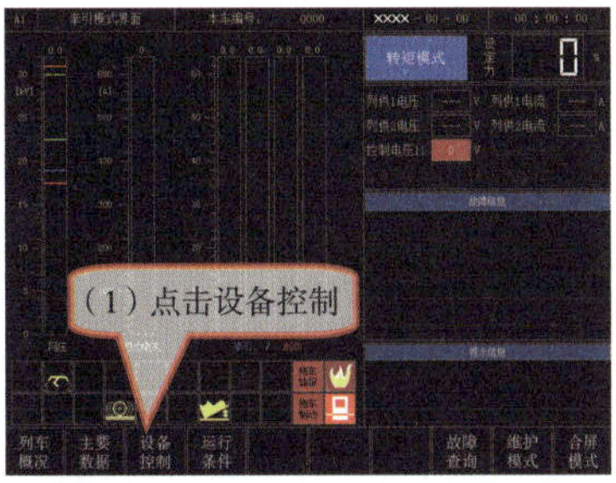 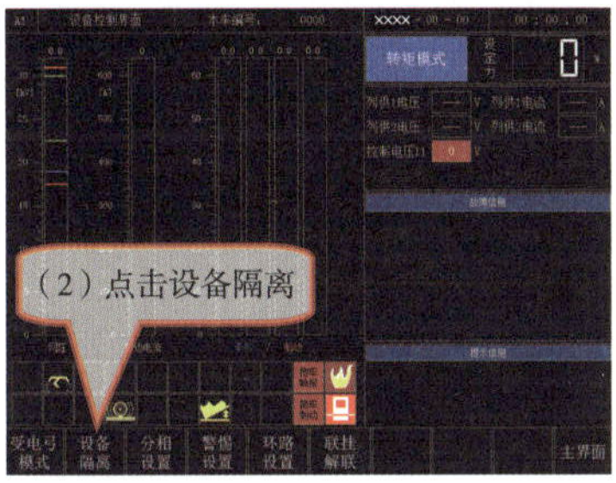 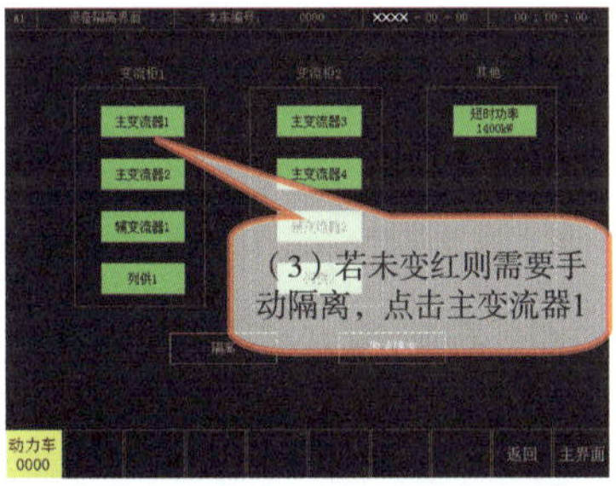 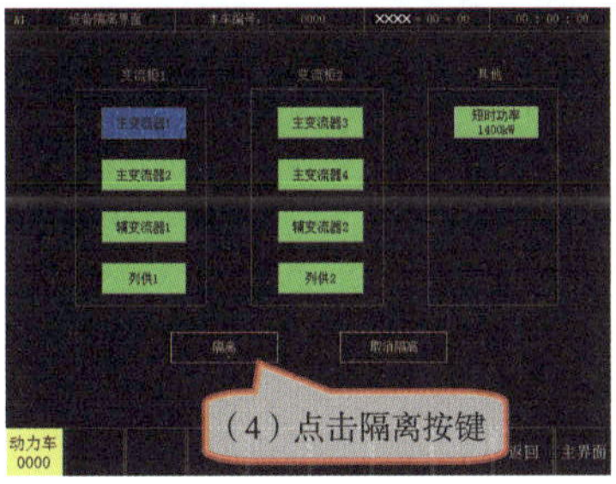

11. 布赫继电器 1 级报警

名　称	布赫继电器 1 级报警
故障现象	司机显示屏报出布赫继电器 1 级报警
处置位置	空压机下方，布赫继电器
注意事项	若微机屏提示“布赫继电器分主断”，检查控制与监视系统（TCMS）故障记录伴随记录“布赫继电器报警”“压力释放阀动作”“原边过流”等信息时，降弓并选择有利时机停车，立即请求救援。机车不得升弓，无动力附挂回送

续上表

步　　骤	处理过程
	稍许旋松布赫继电器排气孔塞门，观察有油溢出后旋紧排气孔塞门

12. 单个蓄电池充电单元故障

<table>
<tr><th>名　　称</th><th colspan="2">单个蓄电池充电单元故障</th></tr>
<tr><td>故障现象</td><td colspan="2">微机屏报出充电机非冗余状态工作，进入当前故障界面查看详细故障信息发现当前充电机故障无法工作，周期性（10 min一次）检查蓄电池电量发现蓄电池电压持续降低，表明充电单元未自动切换</td></tr>
<tr><td>处置位置</td><td colspan="2">电源柜，操作台</td></tr>
<tr><td>注意事项</td><td colspan="2">切换充电单元操作需要在断主断路器的条件下进行</td></tr>
<tr><td>步　　骤</td><td colspan="2">处理过程</td></tr>
<tr><td></td><td>司控器主手柄和换向手柄回“0”位，断开主断路器，充电装置转换开关从“自动”位转至非故障单元，合主断路器，充电正常后继续运行</td><td>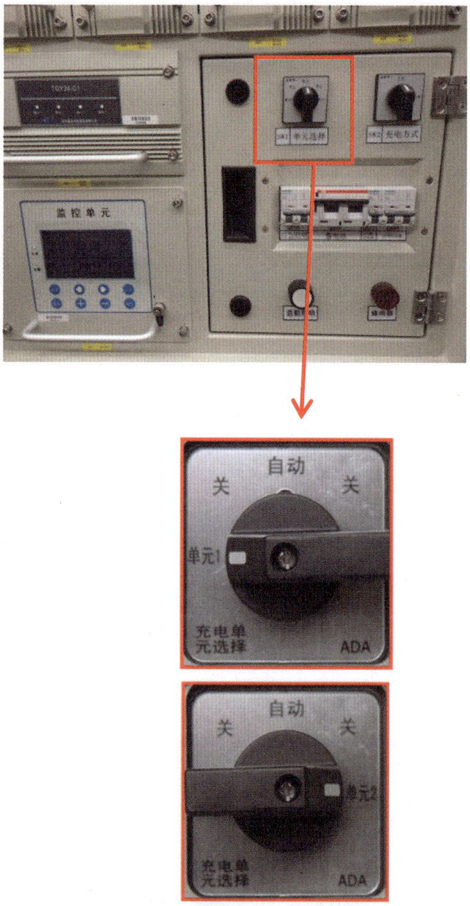
</td></tr>
<tr><td colspan="3">若仍不能充电，维持前方站停车，牵引/制动主手柄回“0”位，断开主断路器、降下受电弓，大复位，间隔1 min后，升受电弓、闭合主断路器，观察控制电压显示110 V且不下降后，继续运行</td></tr>
</table>

13. 列供单元故障不工作

名　　称	列供单元故障不工作	
故障现象	微机屏报出列供单元相关故障信息，且对应列供单元自动隔离或无输出功率	
处置位置	司机显示屏，低压控制柜	
注意事项	—	
步　　骤	处理过程	
	（1）检查故障列供单元是否自动隔离，若未隔离从司机显示屏上隔离故障列供单元（隔离操作见“运行过程中发现走行部抖动”的隔离操作）	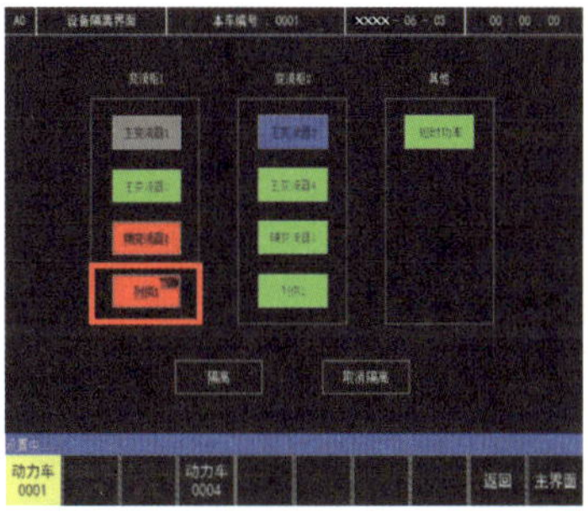
	（2）断开低压控制柜上对应故障列供单元空气开关QA49（列供一）或QA50（列供二），保持断开状态1～3 s后，重新闭合上述开关	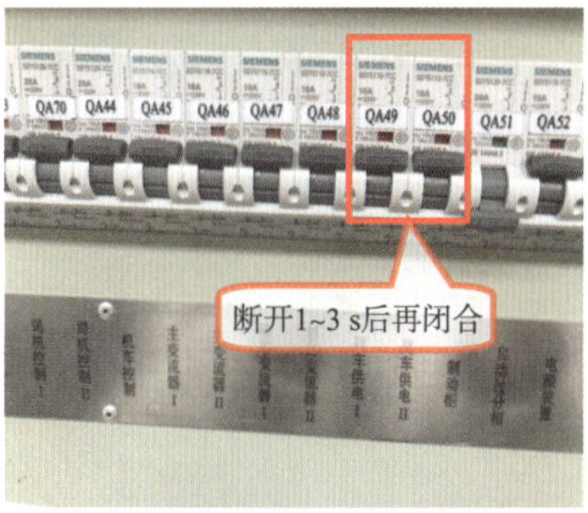
	（3）从司机显示屏设备隔离界面上取消隔离故障列供单元，断合主断路器1次	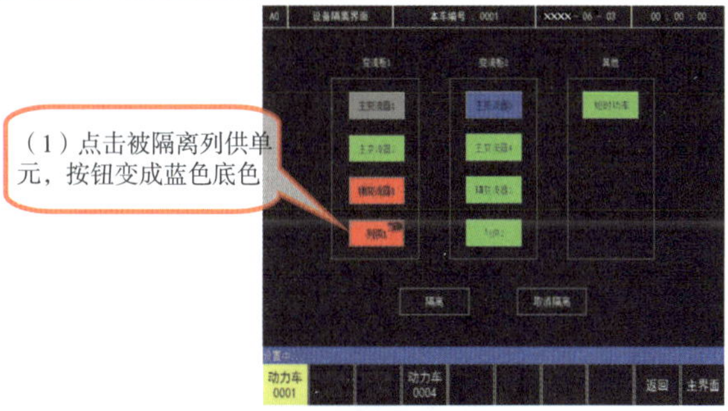 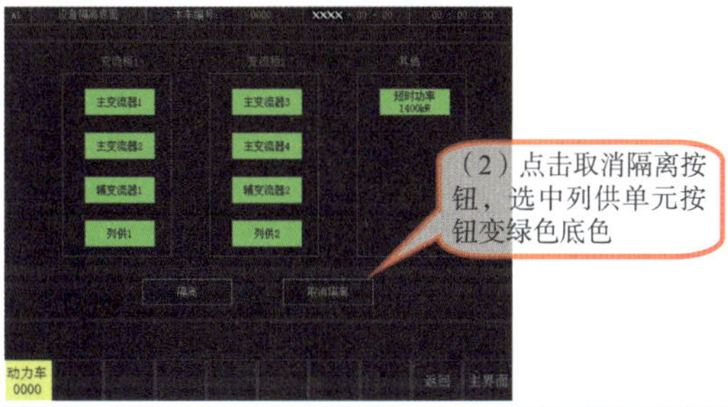
若故障未消除，手动隔离对应列供单元，通知列车长适当降低车组负载，维持运行回段处理		

14. 辅助变流器(ACU)单元故障不工作

名称	辅助变流器(ACU)单元故障不工作	
故障现象	微机屏报出辅助变流器(ACU)单元故障信息，且对应辅助变流器(ACU)单元自动隔离或无输出功率	
处置位置	司机显示屏，低压控制柜	
注意事项	—	
步骤	处理过程	
	(1)检查故障辅助变流器单元是否自动隔离，若未隔离从司机显示屏上隔离故障辅助变流器单元(隔离操作见“运行过程中发现走行部抖动”的隔离操作)	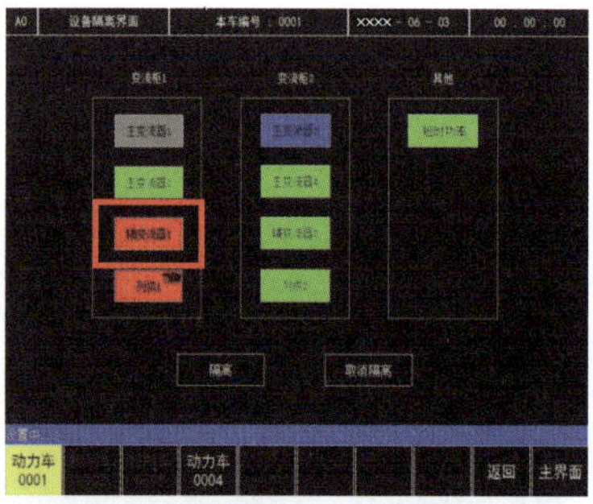
	(2)其中一组辅助变流器(APU)故障时，确认控制与监视系统(TCMS)自动切换	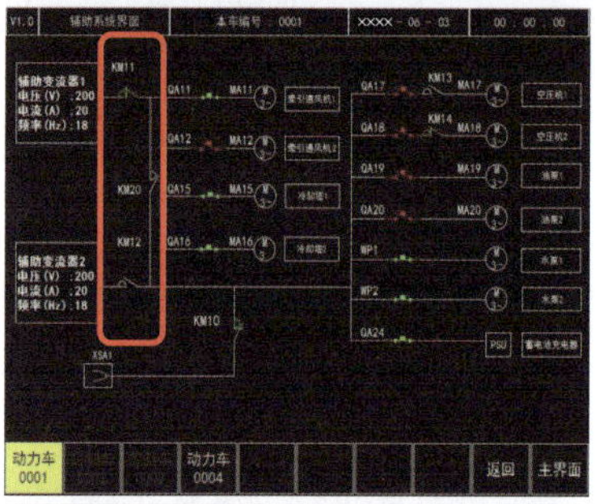
	(3)从低压控制柜上断辅助变流器(ACU)自动开关QA47(辅助变流器一)或QA48(辅助变流器二)，保持10 s以上后，闭合对应开关	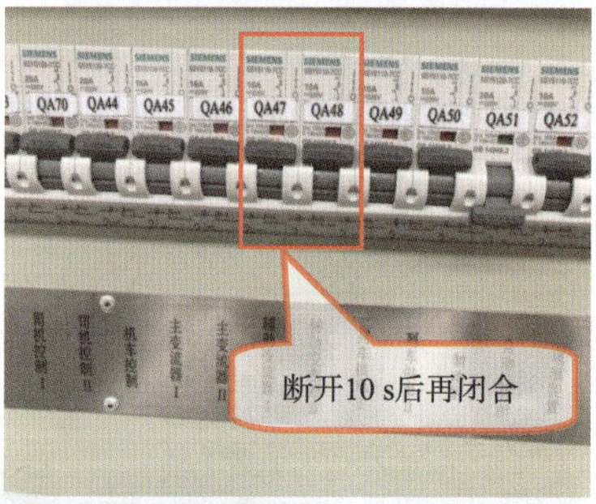
	(4)从司机显示屏设备隔离界面上取消隔离故障辅助变流器单元，并确认两组辅助变流器单元是否都正常工作[KM11、KM12吸合，两辅助变流器(ACU)单元均有输出]	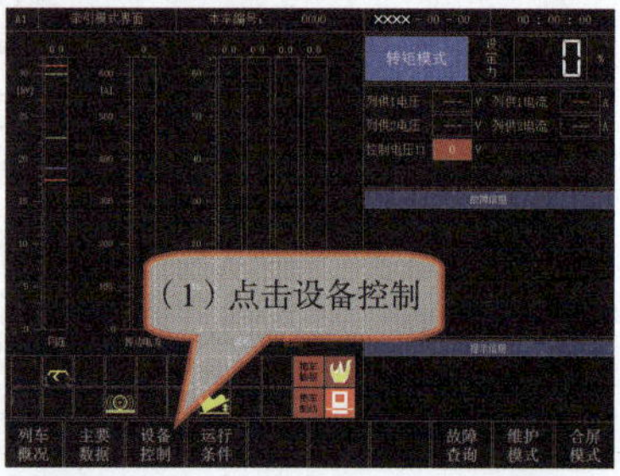

续上表

步 骤	处理过程	
	(4)从司机显示屏设备隔离界面上取消隔离故障辅助变流器单元，并确认两组辅助变流器单元是否都正常工作[KM11、KM12 吸合，两辅助变流器(ACU)单元均有输出]	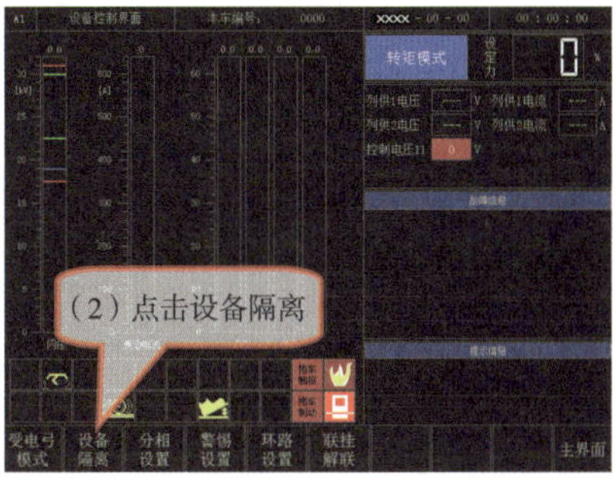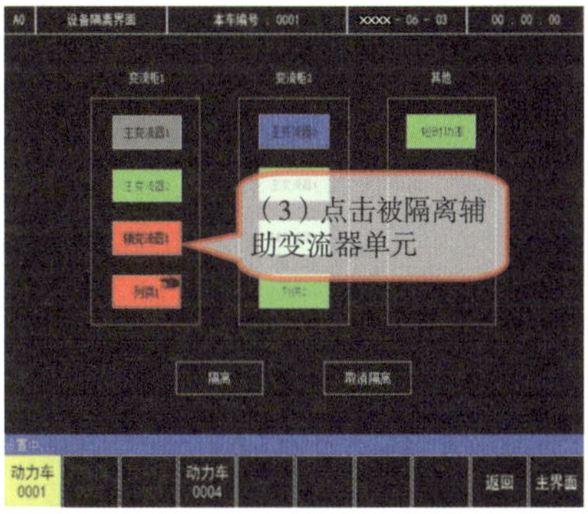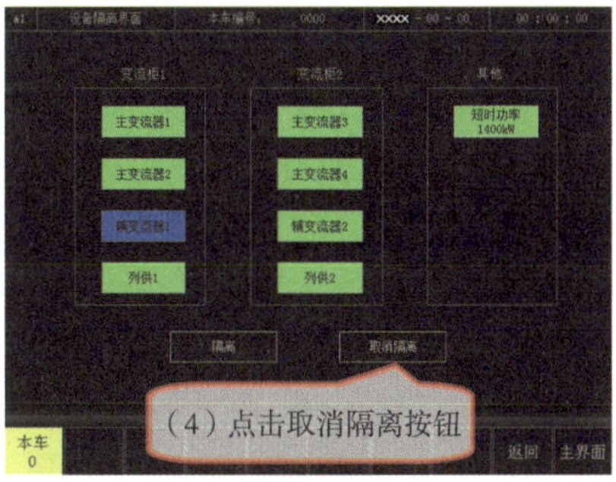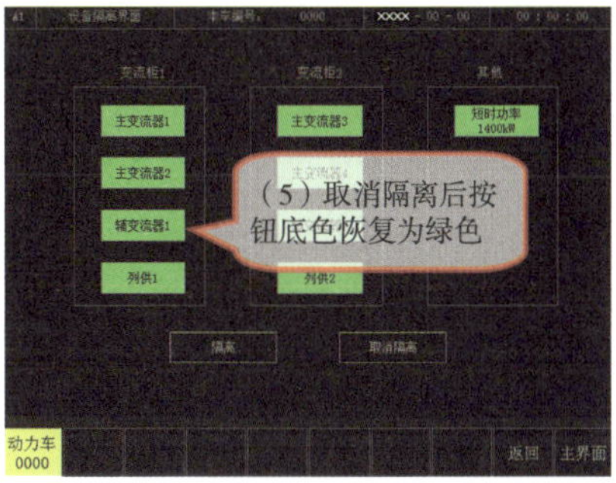
若故障无法消除，确定另一组辅助变流器(ACU)正常工作的前提下，维持机车运行至有条件的地方进行大复位操作(一定要确保复位时电钥匙在“0”位)，复位后手动恢复已被隔离的辅助变流器(ACU)单元		

15. 牵引控制单元(TCU)故障不工作

<table>
<tr><td>名　称</td><td colspan="2">牵引控制单元(TCU)故障不工作</td></tr>
<tr><td>故障现象</td><td colspan="2">微机屏报出牵引控制单元(TCU)相关故障信息，且对应牵引控制单元(TCU)自动隔离或离线</td></tr>
<tr><td>处置位置</td><td colspan="2">司机显示屏，低压控制柜，变流柜</td></tr>
<tr><td>注意事项</td><td colspan="2">故障牵引控制单元(TCU)隔离后，仅能在停车，且司控器手柄、换向手柄回“0”时复位重启</td></tr>
<tr><td>步　骤</td><td colspan="2">处理过程</td></tr>
<tr><td rowspan="2"></td><td>(1)于设备隔离界面检查故障牵引控制单元(TCU)是否为离线状态，若为离线状态则无须进行手动隔离操作，否则需要对故障牵引控制单元(TCU)进行隔离处理(隔离操作见“运行过程中发现走行部抖动”的隔离操作)</td><td>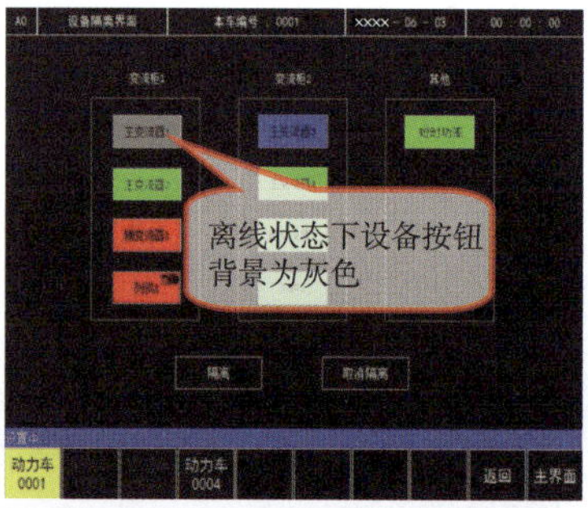
</td></tr>
<tr><td>(2)维持运行至前方站停车后，司控器手柄回“0”，换向手柄回“0”，断开主断路器，打开观察窗观察牵引变流器控制单元体空气开关Q1、牵引变流器控制单元体空气开关Q2是否跳开，若跳开将其按下闭合，随后从低压控制柜上断牵引控制单元(TCU)自动开关QA45(对应TCU1和TCU2)或QA46(对应TCU3和TCU4)，保持10 s以上，闭合上述开关，随后取消隔离[取消隔离操作见“辅助变流器(ACU)单元故障不工作”]，闭合主断路器</td><td>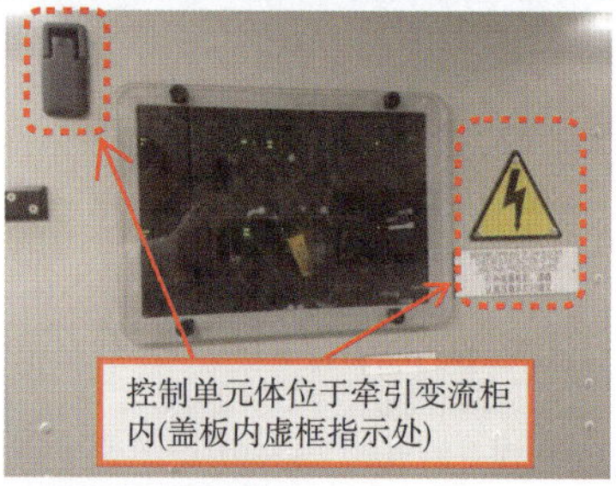

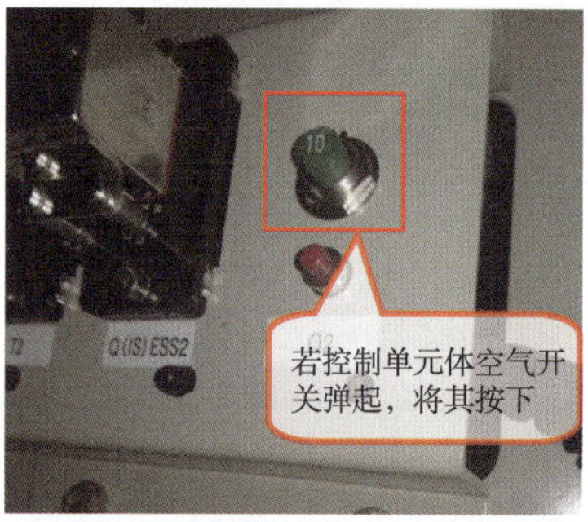

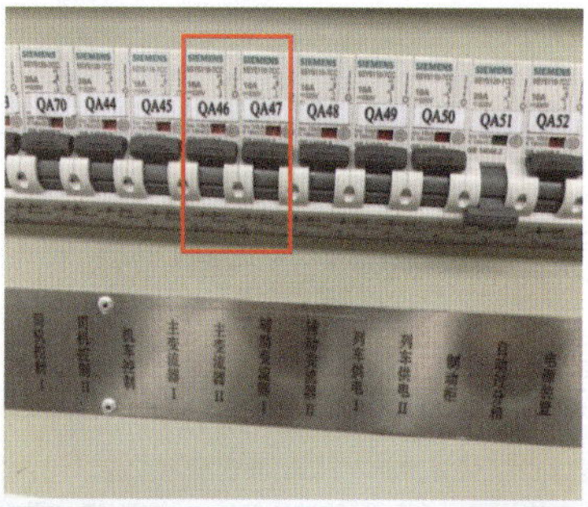
</td></tr>
<tr><td colspan="3">若故障仍无法消除，尝试大复位，若依旧无效，手动隔离故障牵引控制单元(TCU)，维持运行回段后处理</td></tr>
</table>

16. 6A 显示屏死机或无法查看从控车监控图像

名　　称	6A 显示屏死机或无法查看从控车监控图像	
故障现象	6A 显示屏卡死，无法操作及查看监控图像	
处置位置	6A 显示屏	
注意事项	6A 显示屏重启较慢，需等待 1 min 左右	
步　　骤	处理过程	
	使用细长棍状物插入复位孔对 6A 显示屏进行复位	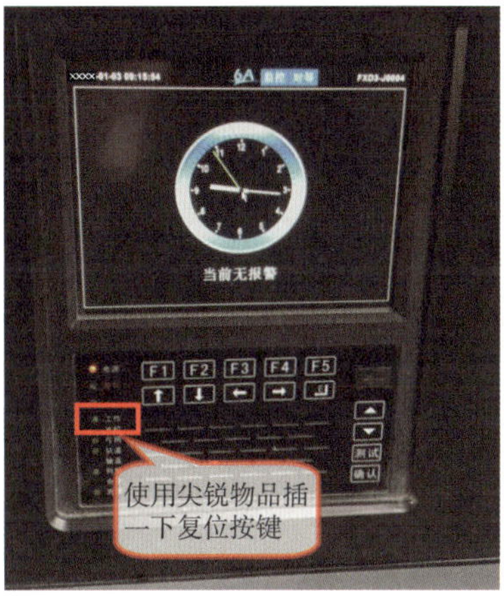

17. CMD 与 6A 通信故障

名　　称	CMD 与 6A 通信故障	
故障现象	微机屏报出 CMD 与 6A 通信故障，故障信息常驻	
处置位置	6A 柜	
注意事项	—	
步　　骤	处理过程	
	断合 6A 柜内 CMD 模块电源开关	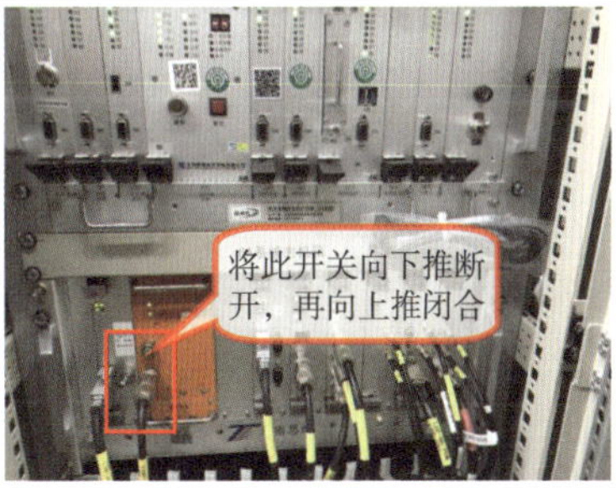

18. 数据记录单元通信故障

名　　称	数据记录单元通信故障
故障现象	微机屏报出数据记录单元通信故障
处置位置	微机柜
注意事项	—

续上表

步　骤	处理过程	
	拔掉 MGW 网关机箱电源线，随后再插上	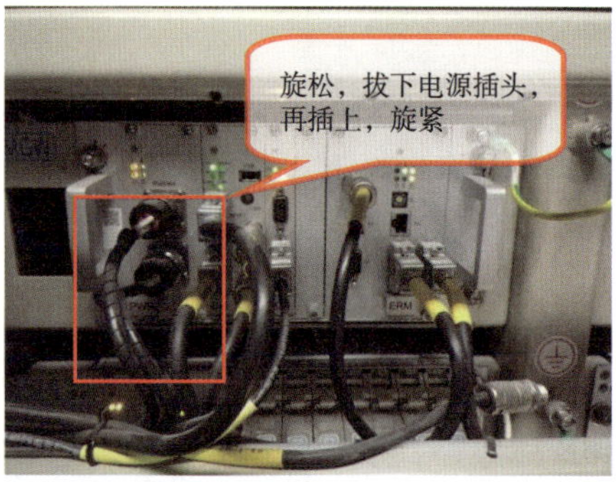

19. 提司控器主手柄无牵引力输出

名　称	提司控器主手柄无牵引力输出	
故障现象	微机屏主画面有级位显示，但 4 台牵引变流器无力矩显示	
处置位置	操作台微机显示屏、操作台、制动柜	
注意事项	先确认受电弓升起、主断路器闭合。 再确认监控装置是否动作	
步　骤	处理过程	
	（1）确认总风缸压力应在 600 kPa 以上，手动缓解停车制动，显示屏未提示停放制动正在施加。若显示屏提示停放制动正在施加，请按图示操作方法缓解停放制动（制动柜）	 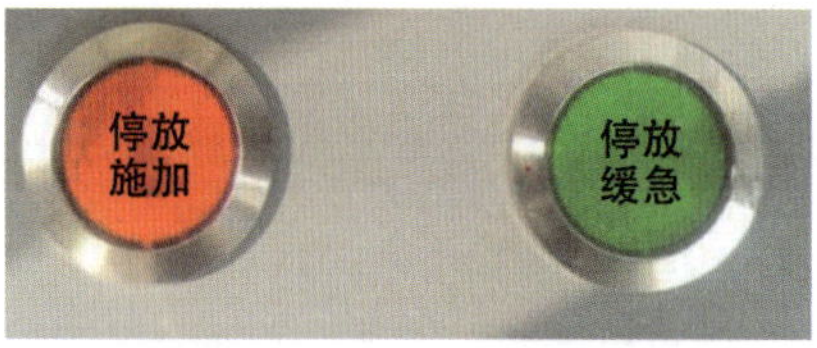 

续上表

步　骤	处理过程	
	(2)确认辅助变流器启动完成,各风机、油泵、水泵启动完毕。机车微机故障显示栏无牵引风机风速不良、油泵油流不良和复合冷却风机、水压差异常等故障信息出现	
	(3)微机显示屏如有“动力切除”显示,确认自动制动器是否在“重联”位;警惕装置是否动作	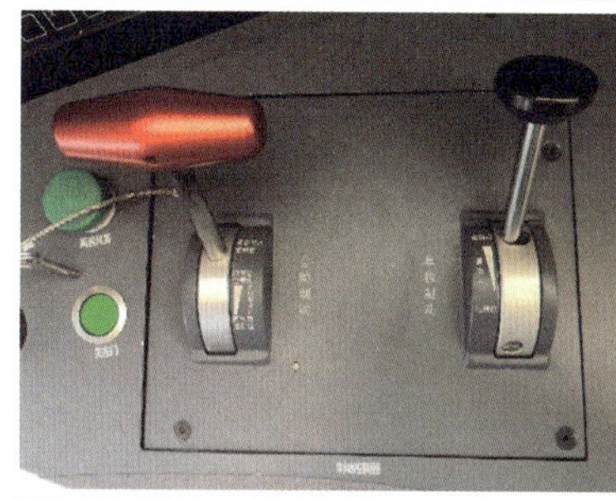
	(4)微机显示屏(制动界面)显示“惩罚制动”时,自动制动阀置“抑制”位 1 s,待惩罚制动消除后,继续运行	
	(5)过分相后,机车不能加载,可将司控器主手柄回“0”位后重新加载,但要注意手柄的级位与机车速度是否相符	
	(6)上述处理无效,停车,采取断、合大复位开关复位处理	
	(7)仍无牵引力输出,请求救援	

20. 辅助回路接地故障

名　称	辅助回路接地故障	
故障现象	微机屏显示“辅变 X 负载接地”“辅变 X 中间回路”接地故障	
处置位置	微机显示屏、低压柜	
注意事项	加强机械室的巡视,防止电气设备短路起火	
步　骤	处理过程	
	(1)列车控制与监视系统(TCMS)显示屏内切除故障辅助变流器 1(APU1)或辅助变流器 2(APU2),如果接地故障不出现,机车可继续运行(说明被隔离的辅助变流器有接地现象,回段报修)	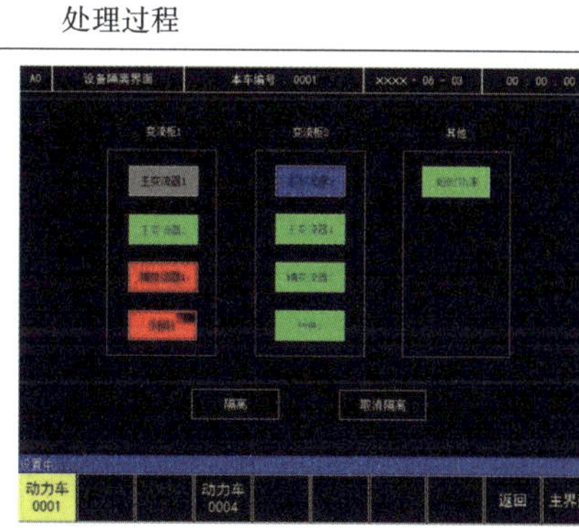

续上表

<table>
<tr><th>步　骤</th><th colspan="2">处理过程</th></tr>
<tr><td></td><td>（2）若辅机出现单点接地，机车可以维持运行，维持机车运行，待回段后进行处理。若双点接地造成某一断路器断开的情况，同样建议维持运行，若发生辅助变流器（APU）接地，按第 1 步方法处理</td><td></td></tr>
</table>

21. 微机显示屏故障

<table>
<tr><th>名　称</th><th colspan="2">微机显示屏故障</th></tr>
<tr><td>故障现象</td><td colspan="2">黑屏、画面卡滞、触控失效等</td></tr>
<tr><td>处置位置</td><td colspan="2">低压控制柜</td></tr>
<tr><td>注意事项</td><td colspan="2">—</td></tr>
<tr><td>步　骤</td><td colspan="2">处理过程</td></tr>
<tr><td rowspan="2"></td><td>（1）机车运行中显示屏黑屏，将司控器主手柄和换向手柄回“0”位，同时断开 QA41、QA42（微机控制 1、微机控制 2）自动开关 1 min 后，重新闭合，故障消失后继续运行</td><td>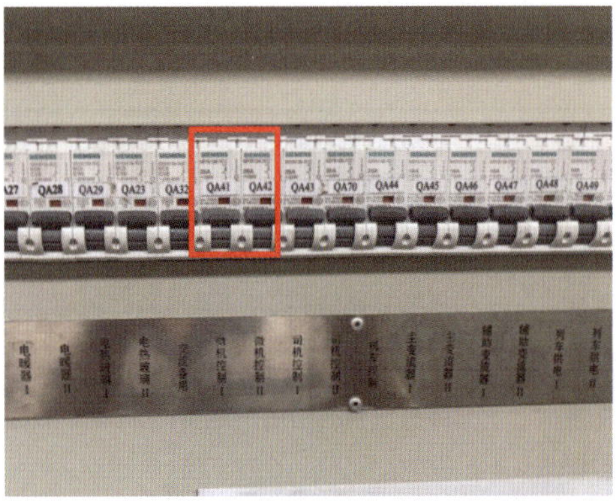</td></tr>
<tr><td colspan="2">（2）处理无效，此时如有牵引力输出可维持运行至前方站停车或立即停车，采取大复位进行处理</td></tr>
</table>

22. 车门无法集控打开

名　称	车门无法集控打开
故障现象	按下开门按钮车门不打开
处置位置	操作台、操作台左边柜
注意事项	确认车组停车、制动

续上表

步　骤	处理过程	
	（1）进入 I/O 信息查询 RIOM1 界面，配合按下开门按钮观察“左门开”或“右门开”“左门开继电器检测”或“右门开继电器检测”模块是否亮起，若亮起执行操作 2，若不亮，联系随车机械师，使用车辆控制车集控开门	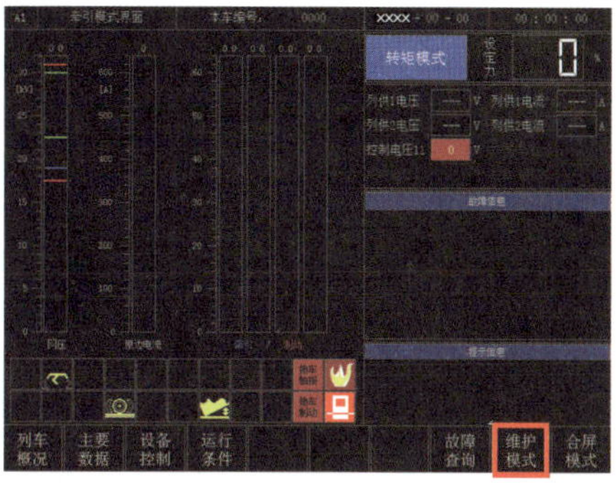 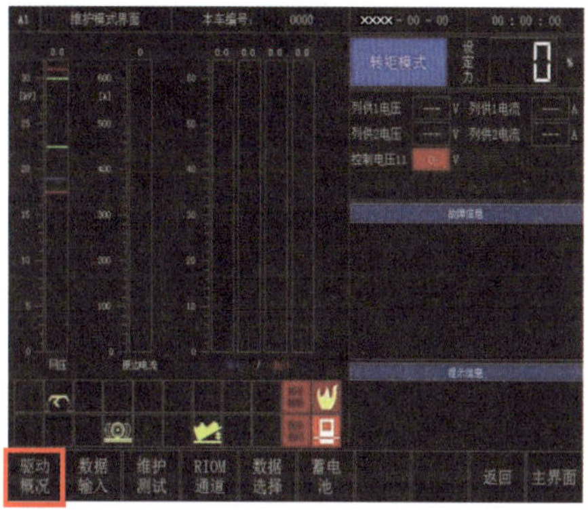 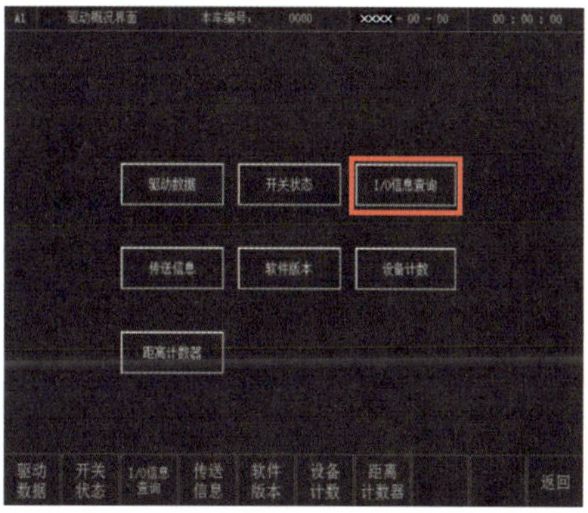 

续上表

步骤	处理过程	
	（2）将“车门零速”旋钮转至“隔离”位，再次尝试按开门按钮，若车门正常打开，表明车辆零速信号发送异常或相关线路存在故障。若不能打开车门，联系随车机械师，使用车辆控制车集控开门	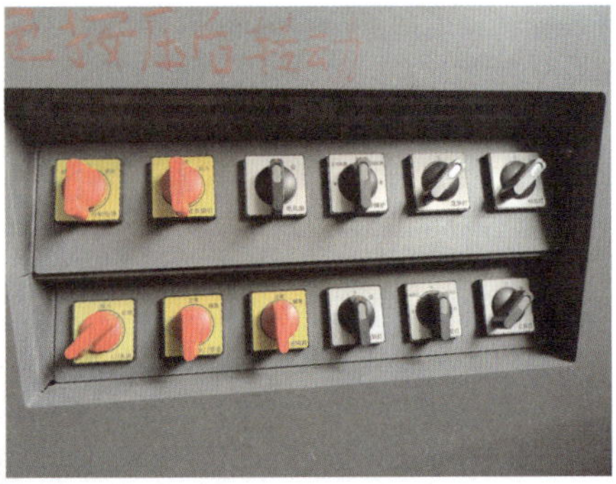

23. 车门无法集控关闭

名称	车门无法集控关闭	
故障现象	按下关门按钮车门不关闭	
处置位置	操作台、操作台左边柜	
注意事项	确认车组停车、制动	
步骤	处理过程	
	（1）进入I/O信息查询RIOM1界面，配合按下开门按钮观察“左门关”或“右门关”“左门关继电器检测”或“右门关继电器检测”模块是否亮起，若未亮起执行操作2；若亮，问题可能出在重联插座或车辆部分，联系随车机械师，使用车辆控制车集控关门，若仍不能关门，则需组织乘务员手动关门	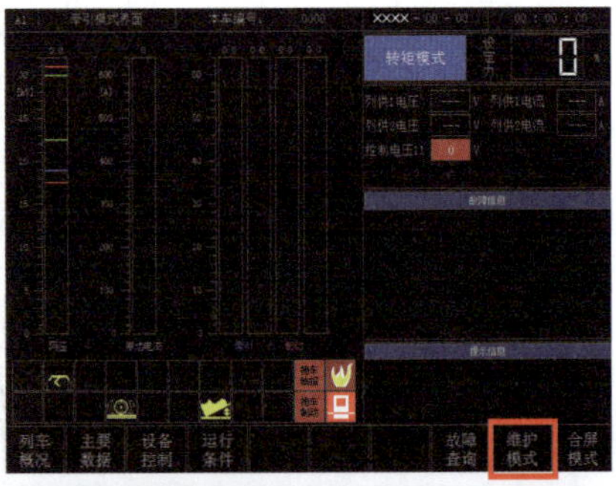 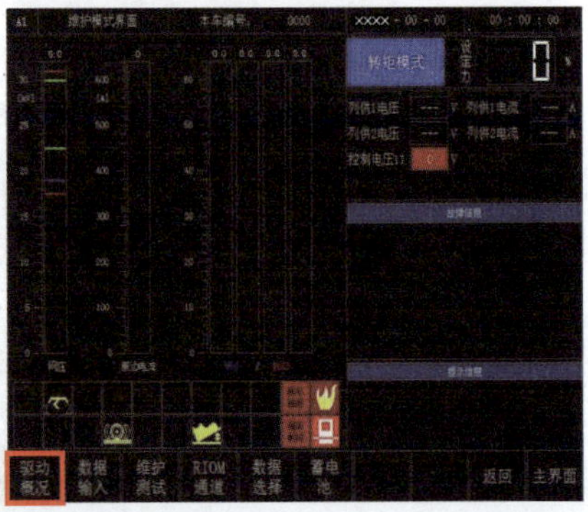

续上表

<table>
<tr><th>步 骤</th><th colspan="2">处理过程</th></tr>
<tr><td rowspan="2"></td><td>(1)进入 I/O 信息查询 RIOM1 界面,配合按下开门按钮观察“左门关”或“右门关”“左门关继电器检测”或“右门关继电器检测”模块是否亮起,若未亮起执行操作 2;若亮,问题可能出在重联插座或车辆部分,联系随车机械师,使用车辆控制车集控关门,若仍不能关门,则需组织乘务员手动关门</td><td>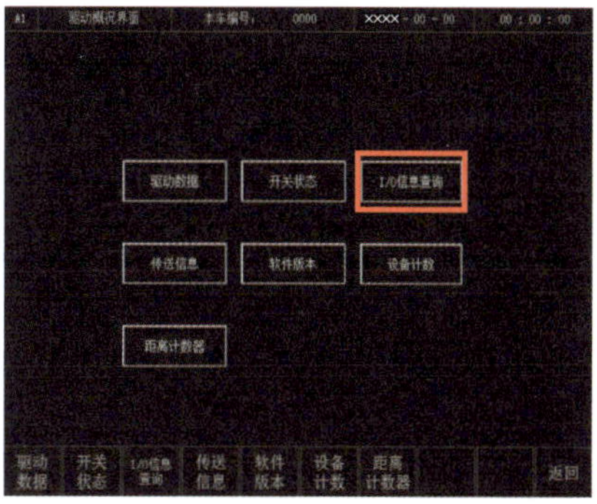

</td></tr>
<tr><td colspan="2">(2)以左门不能关闭为例,按下“右门关”按钮,若成功关门则维持运行;若仍不能关门,则使用车辆控制车集控关门或组织乘务员手动关门。右门不能关闭,则尝试按下“左门关”按钮</td></tr>
</table>

24. 布赫继电器动作报警

<table>
<tr><th>名 称</th><th colspan="2">布赫继电器动作报警</th></tr>
<tr><td>故障现象</td><td colspan="2">布赫继电器动作,微机屏显示布赫报警</td></tr>
<tr><td>处置位置</td><td colspan="2">操作台</td></tr>
<tr><td>注意事项</td><td colspan="2">故障未消除或连续出现时禁止升弓</td></tr>
<tr><td>步 骤</td><td colspan="2">处理过程</td></tr>
<tr><td></td><td>(1)微机屏提示“布赫继电器分主断”时:降弓并选择有利时机停车,检查列车控制与监视系统(TCMS)故障记录
①若伴随记录“布赫继电器报警”“压力释放阀动作”“原边过流”等信息时,立即请求救援。机车不得升弓,无动力附挂回送。
②未伴随记录“布赫继电器报警”“压力释放阀动作”“原边过流”等信息时。</td><td>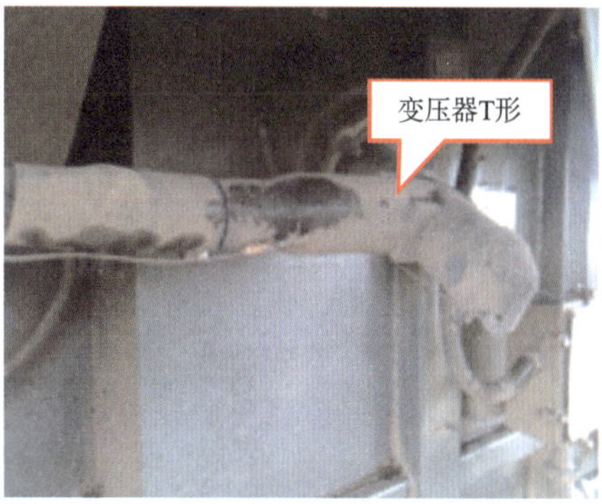
</td></tr>
</table>

续上表

步　　骤	处理过程	
	a. 检查车下压力释放阀周围是否有油迹喷出。 b. 检查车下牵引变压器T形头是否有放电、炸裂、漏油。 上述a、b检查均正常时，闭合1次，如正常，继续运用，但必须通过6A等手段加强对机车的监控。闭合不上立即请求救援。机车不得升弓，无动力附挂回送	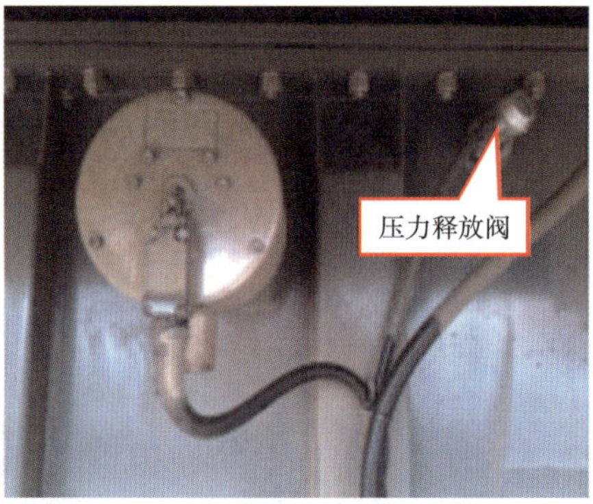
	(2)微机屏连续3次及以上提示并记录“布赫继电器报警”时：立即降弓并选择有利时机停车，请求救援。机车不得升弓，无动力附挂回送	

25. 机车保护继电器故障

名　　称	机车保护继电器故障	
故障现象	油流继电器故障；油温高；布赫继电器动作；压力释放阀动作	
处置位置	操作台、车下走行部	
注意事项	如要进行拆除端子接线时必须确认好点位及端子线号并做好包扎	
步　　骤	处理过程	
	(1)微机屏提示油流 X 故障或油泵 X 断路器断开时，微机会自动切除相对应的变流装置，在不影响运行时，维持运行	
	(2)微机屏提示油流 X 故障微机会自动切除相对应的变流装置，不能满足牵引需要时，立即反馈信息。 微机屏提示油泵 X 断路器断开时，不能满足牵引需要时，检查并恢复低压柜油泵1(油泵2)脱扣，机车正常后维持运行。无法恢复时，立即反馈信息	
	(3)列车控制与监视系统(TCMS)提示“油温传感器 X 异常”时，查看微机显示屏当前油温状态，牵引变压器设有3个温度传感器，分别监测变压器顶部油温和两个循环支路出口油温。正常测量范围−50～150 ℃	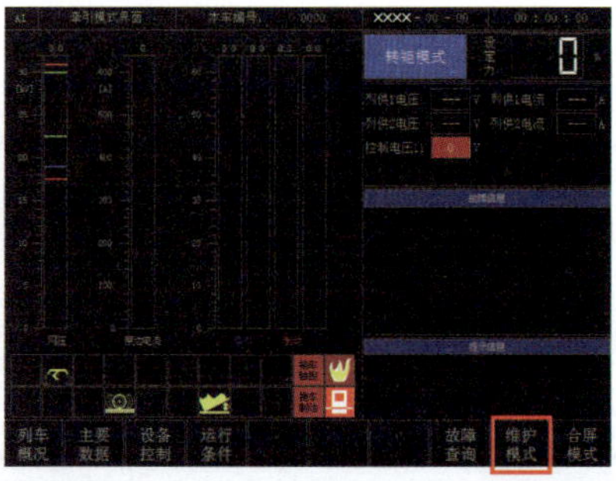

续上表

<table>
<tr><th>步　骤</th><th colspan="2">处理过程</th></tr>
<tr><td rowspan="4"></td><td>①超出正常测量范围−50～150 ℃范围时，判定该传感器为故障，其值作为无效数据，并报出“油温传感器 X 故障”（X＝BT47、BT48、BT49），故障等级为 C。
②当变压器 3 个温度传感器温差（最大值与最小值之差）大于 10 ℃时，报出“油温传感器温差过高”；故障等级为 C</td><td>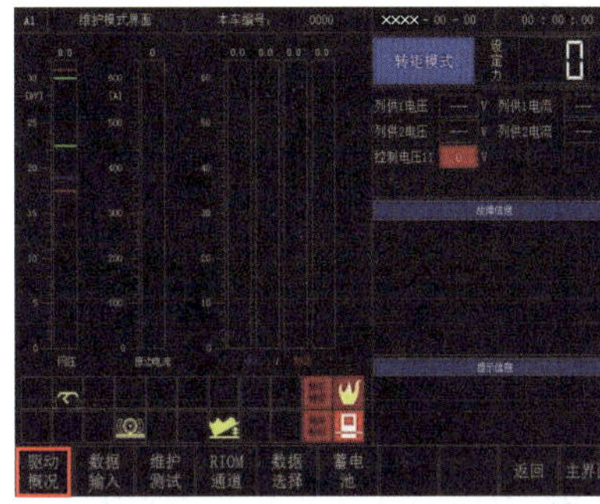
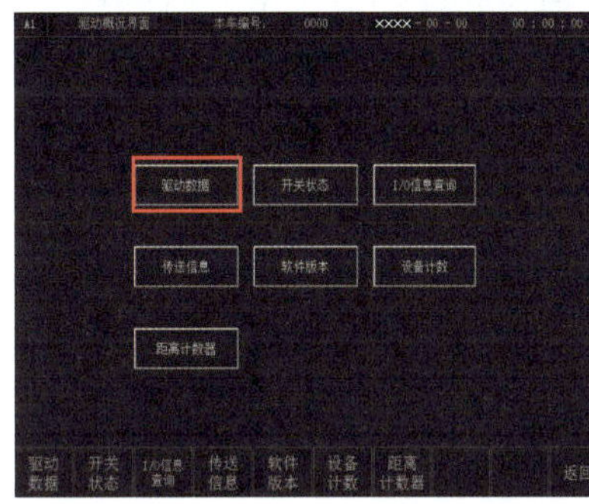

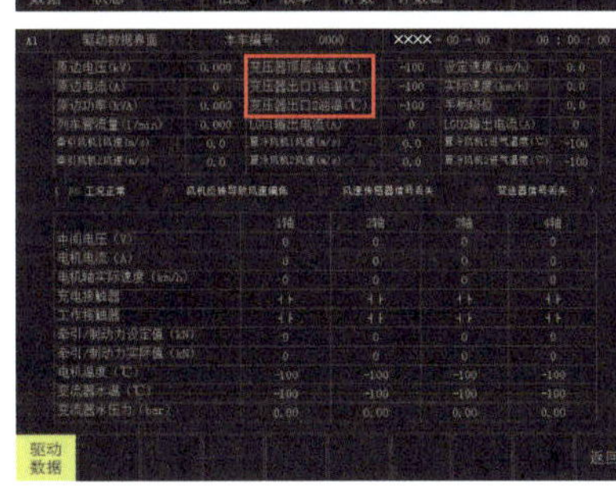</td></tr>
<tr><td colspan="2">（4）中央控制单元（CCU）根据牵引变压器温度 3 个温度传感器测量值的最高值进行相应保护。最高值超过一下设定值时，中央控制单元（CCU）将按下述规则进行功率限制[此项由中央控制单元（CCU）完成]。
①牵引变压器油温≥90 ℃，机车线性降低功率，当牵引变压器油温＝100 ℃时降为额定功率的70%，并进行故障提示，B 类。当油温≤88 ℃时，机车重新恢复额定功率运行。
②牵引变压器油温≥100 ℃，机车实施牵引封锁，辅机仍正常工作，并进行故障提示，A 类。当油温≤88 ℃时，机车解除牵引封锁。
③牵引变压器油温≥105 ℃，机车分主断路器，并进行故障提示，A 类。当油温≤103 ℃时，允许合主断路器，辅助变流器和列供单元可正常工作，当牵引变压器油温≤88 ℃时，机车重新恢复额定功率运行。
微机提示“油温过高禁止牵引”时，立即反馈信息</td></tr>
<tr><td colspan="2">（5）牵引变压器设有压力释放阀，监测牵引变压器压力。当变压器内部压力过高时，压力释放阀动作，释放压力，机车分主断路器，并在显示屏上显示故障信息。发生问题后司机可下车确认压力释放阀是否动作，如动作释放阀周围会有大量油迹喷出，如无油喷出时可判定为误动作，应急时可手动行程开关几次如微机报警消除维持运行。（如释放阀确有喷油现象不建议继续运行）</td></tr>
<tr><td colspan="2">（6）微机屏提示“牵引变压器压力过高”，请求救援。（禁止合主断路器操作）</td></tr>
</table>

三、紧急牵引操作

动力车具备在列车总线、车辆总线通信故障情况下进行紧急牵引维持行车到最近车站的能力。该功能通过列车贯穿线直接进入动力车网络控制系统实现。

通过激活操纵端侧操纵台上的紧急牵引开关可直接进入紧急牵引模式。该模式下，司机可以直接升弓、合主断路器，然后将司控器牵引手柄置于“牵引”位（任一级位），此时动力车网络控制系统将控制动力车牵引供电单元按照一定加载率增加牵引力至当前速度下的最大牵引力，允许列车运行在 70 km/h 以下。

在紧急牵引模式下，空电联合功能失效。

在紧急牵引模式下，动力车的主空压机工作状态与正常运行时，压缩机扳键开关在“合”位的工作状态一致。

第四节　无动力回送操作

一、单动力车无动力回送

1. 操作关键点

(1)防止单动力车溜逸、异常抱闸。

(2)出入造修企业(单位)及跨局调拨回送时,动力车受电弓应绑扎固定。

(3)根据现场作业条件等实际情况,合理确定牵引机车连挂时机。

(4)牵引机车与动力车司机室端连挂。

2. 操作部件位置

单动力车在进行无动力回送操作时的操作部件位置如图 6-26~图 6-29 所示。

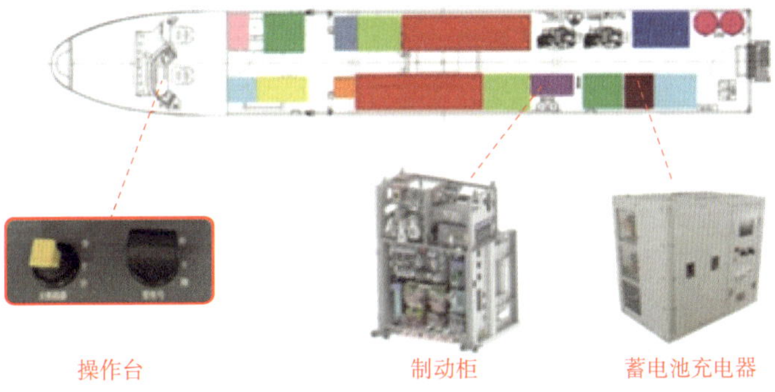

图 6-26　单动力车无动力回送操作部件位置

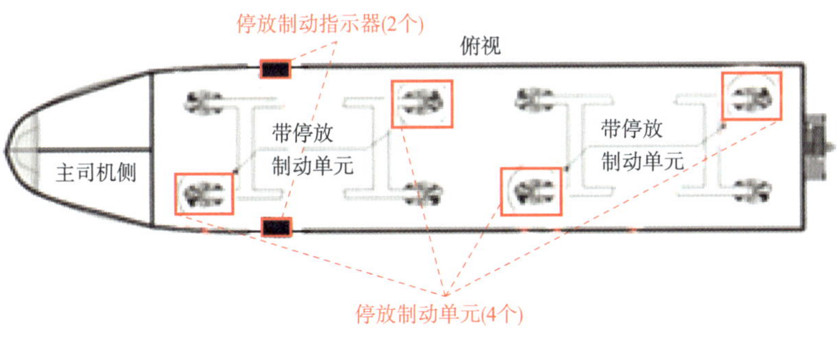

图 6-27　停放制动单元和停放制动指示器部件位置

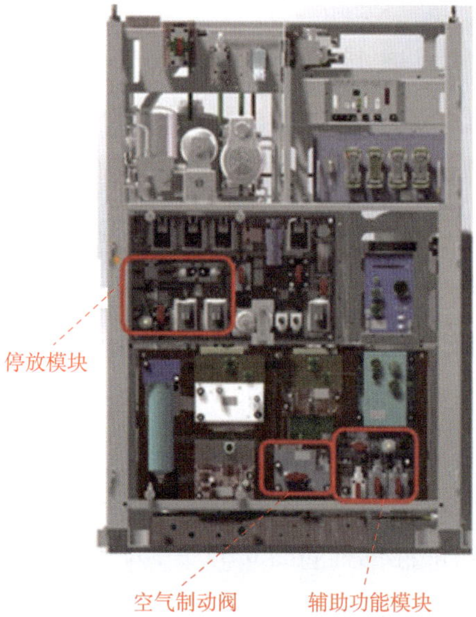

图 6-28　制动柜操作部件位置

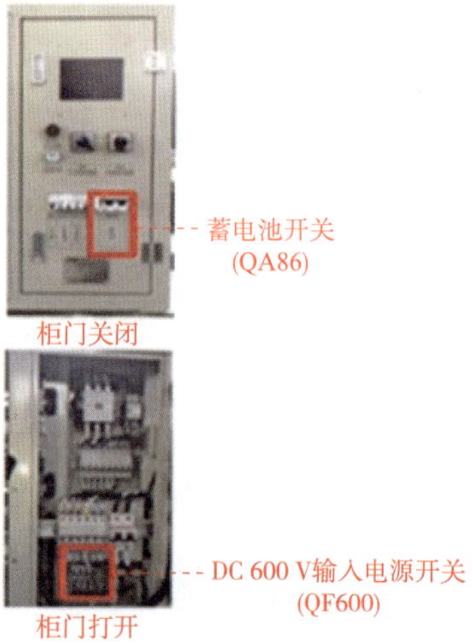

图 6-29　蓄电池充电器位置

3. 单动力车无动力回送操作程序

单动力车无动力回送具体操作程序见表 6-1。

表 6-1　单动力车无动力回送具体操作程序

步　骤	操　　作	图　　示	目的及注意事项
第一步	(1)按压停放制动施加按钮		根据线路条件做好防溜措施
	(2)自动制动阀(大闸)置“重联”位并用穿销锁闭，单独制动阀(小闸)置“运转”位	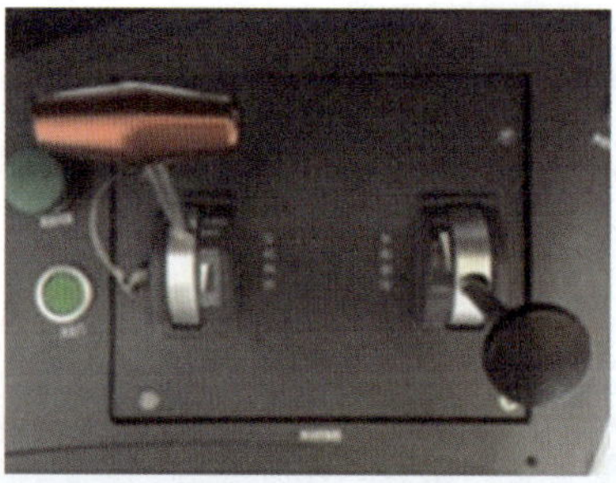	自动制动阀(大闸)置“重联”位保证动力车可靠制动

续上表

步　骤	操　　作	图　　示	目的及注意事项
第二步	(3)断开主断路器、降下受电弓、拔出占用端电钥匙	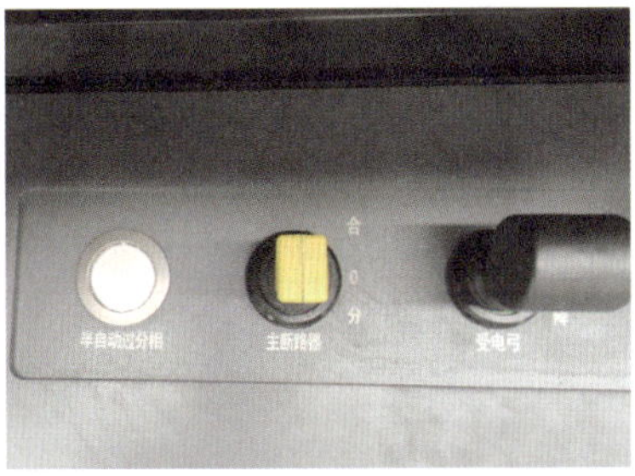	动力车高压断电
	(4)断开蓄电池开关QA86	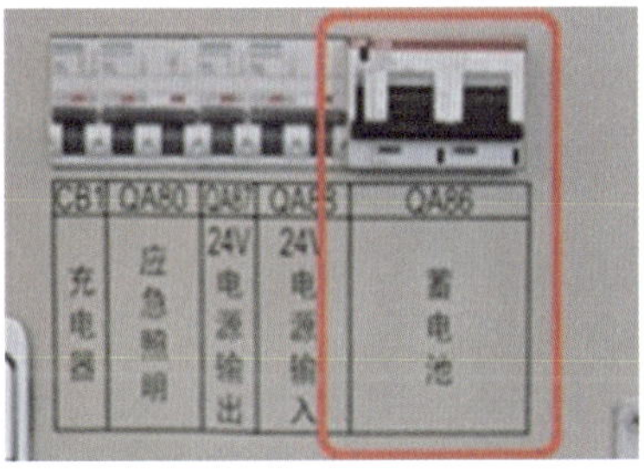	动力车蓄电池断电
	(5)* 断开 DC 600 V 输入电源开关 QF600	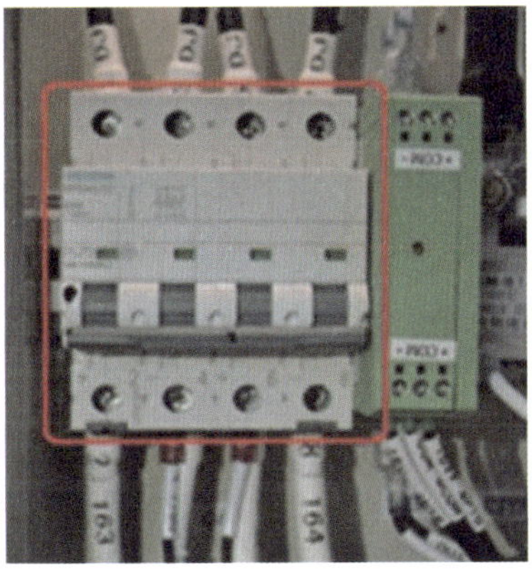	切除外部蓄电池充电器的供电电源

续上表

步　骤	操　　作	图　　示	目的及注意事项
第三步	(6)将制动柜右下角辅助功能模块上的“Ⅰ架制动缸三隔离塞门”和“Ⅱ架制动缸隔离塞门”置水平“隔离”位	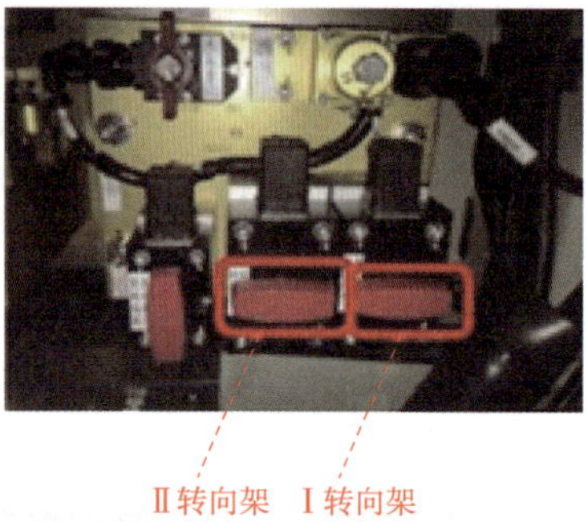	排出制动缸压力空气，动力车空气制动缓解
	(7)将制动柜内中三部左侧的“停放隔离塞门”置水平“隔离”位		切断停放制动缸充风通路，停放制动施加
		⚠ 置“隔离”位后，禁止再次转换该塞门！如发生转换，须自此步骤开始往后，重新进行无动力回送操作	
第四步	(8)车下查看动力车的停放制动指示器显示“红色”	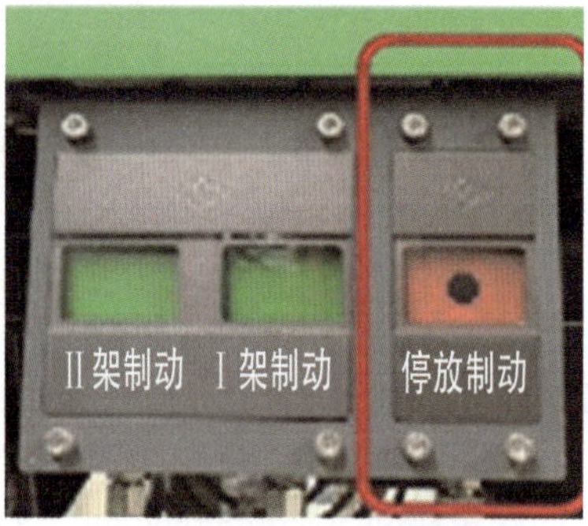	停放制动指示位于动力车两侧，共两个
第五步	(9)首先用力摇晃停放制动夹钳无活动量，处于制动状态，然后手动拉环(拉出后保持 3 s 以上)，缓解停放制动器的停放制动，确认其处于缓解状态		确认缓解状态参考方法：用力摇晃制动夹钳有活动量，盘、片之间有间隙，用 1～2 mm 塞尺塞入能通过盘、片之间的间隙。动力车共 4 个停放制动器，需要逐一拉环缓解

续上表

步　骤	操　　作	图　　示	目的及注意事项
第六步	（10）将制动柜右下角辅助功能模块上的“无动力（无火）塞门”置水平“无动力（无火）”位	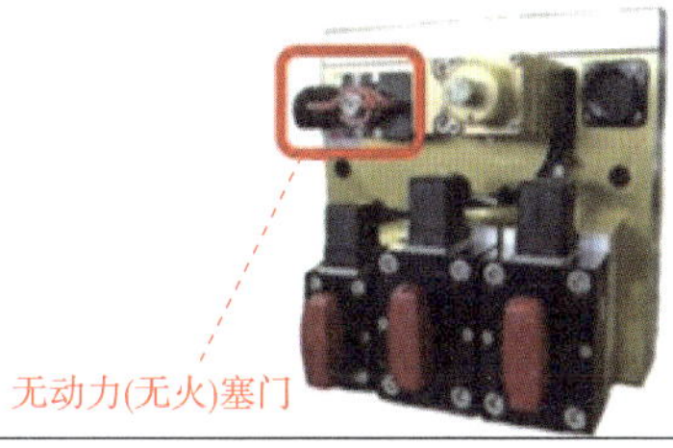	列车管充风至制动风缸
	（11）将制动柜下方的空气制动阀上的“转换塞门”置水平“无动力（无火）”位		此步只有在单动力车编入货物列车回送时才进行。“转换塞门”置水平“无动力（无火）”位后，动力车制动缸压力为200～250 kPa
	（12）将制动柜右下角辅助功能模块的“Ⅰ架制动缸隔离塞门”和“Ⅱ架制动缸隔离塞门”置垂直“开通”位	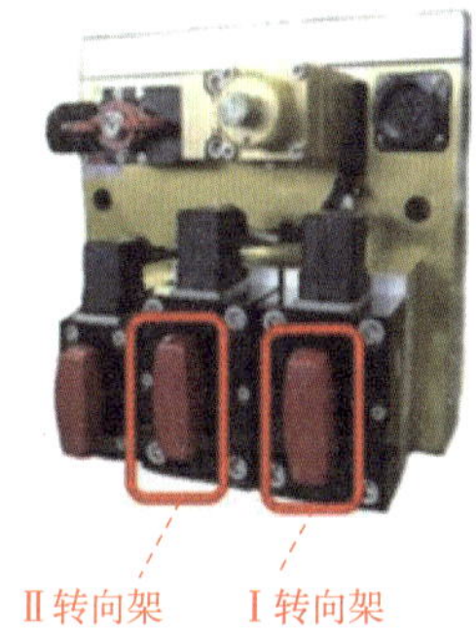	恢复制动缸制动缓解功能
第七步	（13）在牵引机车操纵端进行制动、缓解试验，在车下确认动力车的制动、缓解作用良好		确认牵引机车的列车管定压为600 kPa。同时，观察动力车司机室左边柜的制动缸和列车管机械风压表，确认压力变化正常。 ⚠ 动车前撤除防溜
第八步	（14）始发站开车前，检查确认动力车无异常抱闸现象		
注：带 * 标记的非必做步骤，根据实际场景选择实施			

二、长编动车组无动力回送

1. 操作关键点

（1）防止动车组溜逸、异常抱闸。

（2）出入造修企业（单位）及跨局调拨回送时，动力车受电弓应绑扎固定。

（3）操纵端、非操纵端两台动力车都要进行无动力回送操作。

2. 操作部件位置

长编动车组在进行无动力回送操作时的操作部件位置如图 6-26～图 6-29 所示。

3. 长编动车组回送操作程序

长编动车组回送具体操作程序见表 6-2。

表 6-2　长编动车组回送具体操作程序

步　骤	操　　作	图　　示	目的及注意事项
第一步	（1）动车组停车后，按压操纵端动力车停放制动施加按钮		根据线路条件做好防溜措施
	（2）操纵端自动制动阀（大闸）置“重联”位并用穿销锁闭，单独制动阀（小闸）置“运转”位	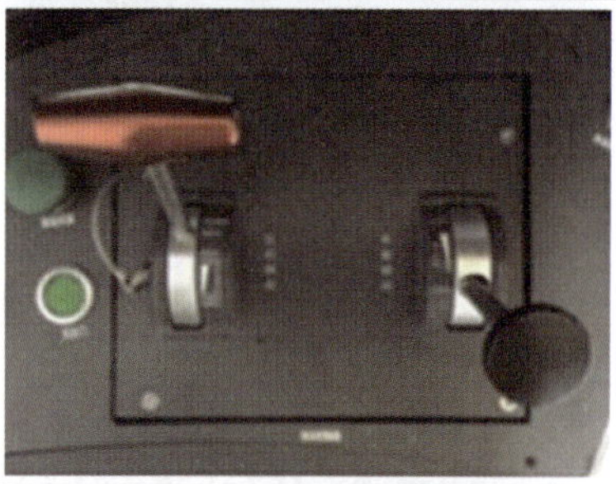	自动制动阀（大闸）置“重联”位保证动车组可靠制动。 确认非操纵端的自动制动阀大闸保持在“重联”位并用插销锁闭，单独制动阀（小闸）置“运转”位
第二步	（3）牵引机车/动车组与回送动车组连挂并连接总风软管和列车软管，开放折角塞门	 “开通”位	机车无总风管时，只连接列车软管
第三步	（4）操纵端断开主断路器、降下受电弓、拔出占用端电钥匙	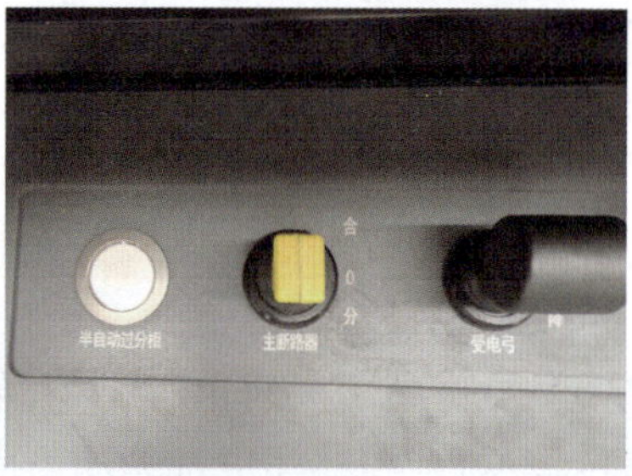	动车组高压断电

续上表

步　骤	操　　作	图　　示	目的及注意事项
第三步	(4)操纵端断开主断路器、降下受电弓、拔出占用端电钥匙		动车组高压断电
	(5)分别断开两台动力车的蓄电池开关 QA86	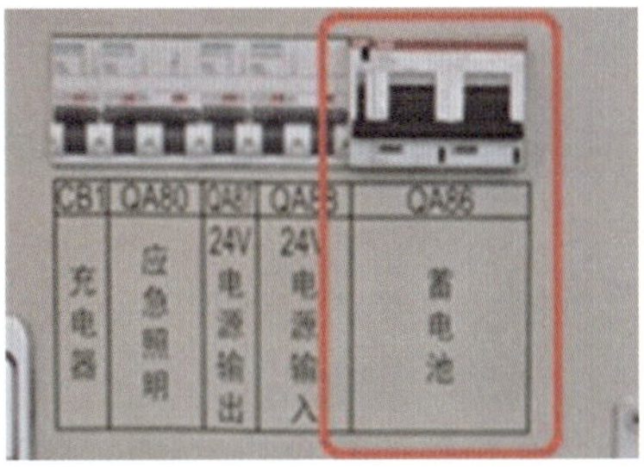	动车组蓄电池断电
	(6)* 分别断开两台动力车 DC 600 V 输入电源开关 QF600	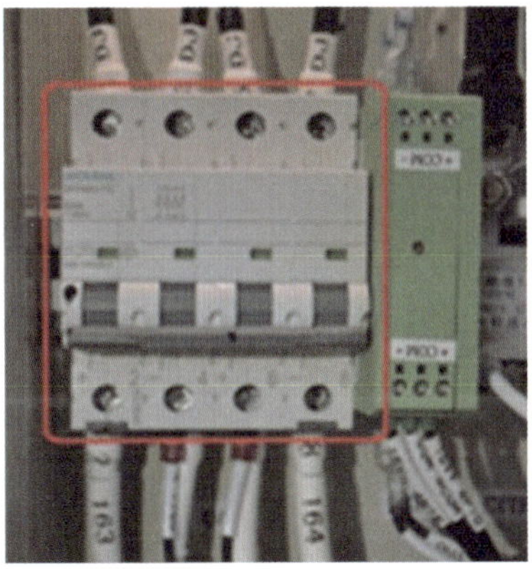	实现动车组整车完全断电
第四步	(7)将两台动力车制动柜右下角辅助功能模块上的“Ⅰ架制动缸隔离塞门”和“Ⅱ架制动缸隔离塞门”置水平“隔离”位	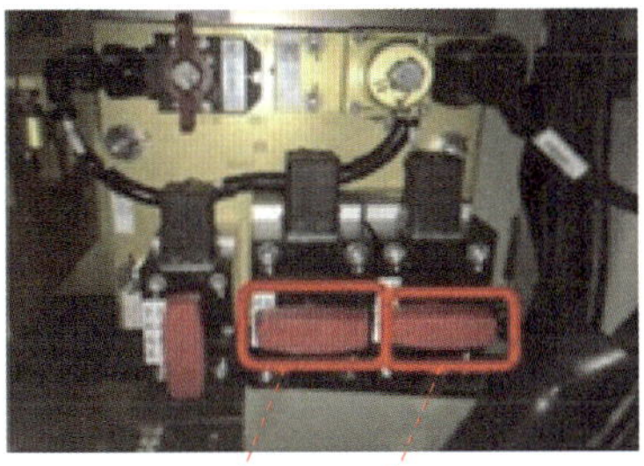	排出制动缸压力空气，动力车空气制动缓解

续上表

步　骤	操　　作	图　　示	目的及注意事项
第四步	(8)将两台动力车制动柜内中部左侧的“停放隔离塞门”置水平“隔离”位		切断停放制动缸充风通路，停放制动施加
		⚠ 置“隔离”位后，禁止再次转换该塞门！如发生转换，须自此步骤开始往后，重新进行无动力回送操作	
第五步	(9)下车查看两台动力车的停放制动指示器显示“红色”	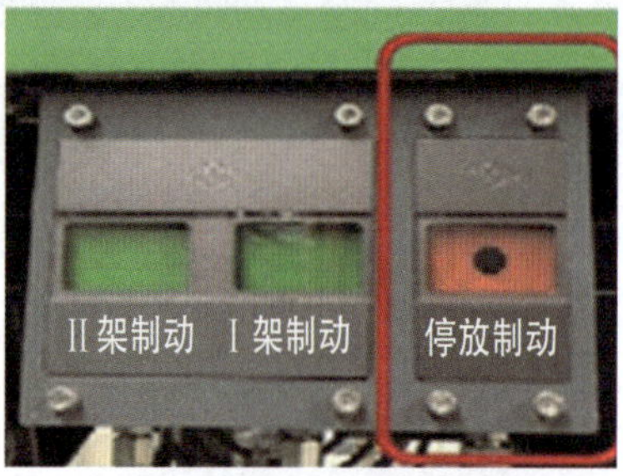	停放制动指示器位于动力车两侧，每台动力车共两个
第六步	(10)首先用力摇晃停放制动夹钳，无活动量，处于制动状态，然后手动拉环(拉出后保持 3 s 以上)，缓解停放制动器的停放制动，确认其处于缓解状态		确认缓解状态参考方法：用力摇晃制动夹钳有活动量，盘、片之间有间隙，用 1～2 mm 塞尺塞入能通盘、片之间的间隙。每台动力车共 4 个停放制动器，需要逐一拉环缓解
第七步	(11)将两台动力车制动柜右下角辅助功能模块上的“无动力(无火)塞门”置水平“无动力(无火)”位	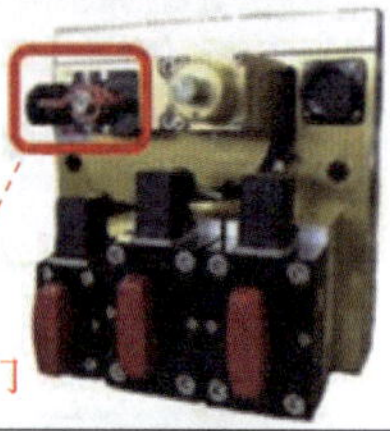 无动力(无火)塞门	列车管充风至制动风缸
	(12)将两台动力车制动柜右下角辅助功能模块上的“Ⅰ架制动缸隔离塞门”和“Ⅱ架制动缸隔离塞门”置垂直“开通”位	 Ⅱ转向架　Ⅰ转向架	恢复制动缸制动缓解功能

续上表

步　骤	操　　作	图　　示	目的及注意事项
第八步	(13)在牵引机车/动车组操纵端进行制动、缓解试验，在车下确认头尾两台动力车制动、缓解作用良好		确认牵引机车/动车组的列车管定压为 600 kPa。同时，观察两台动力车司机室左边柜的制动缸和列车管机械风压表，确认压力变化正常 ⚠ 动车前撤除防溜
第九步	(14)开车后运行至前方第一个站申请停车，检查确认两台动力车无异常抱闸现象		
注：带＊标记的非必做步骤，根据实际场景选择实施			

三、长编动车组非操纵端动力车无动力回送

1. 操作关键点

(1)防止动车组溜逸、异常抱闸。

(2)出入造修企业(单位)及跨局调拨回送时，动力车受电弓应绑扎固定。

(3)操纵端动力车可正常工作，仅对非操纵端动力车进行无动力回送操作。

2. 操作部件位置指示图

长编动车组非操纵端动力车无动力回送操作部件如图 6-30～图 6-33所示。

3. 长编动车组非操纵端动力车无动力回送操作程序

长编动车组非操纵端动力车无动力回送操作程序见表 6-3。

表 6-3　长编动车组非操纵端动力车回送具体操作程序

步　骤	操　　作	图　　示	目的及注意事项
第一步	(1)动车组停车后，按压操纵端动力车停放制动施加按钮		根据线路条件做好防溜措施

续上表

步骤	操作	图示	目的及注意事项
第一步	(2)操纵端动力车自动制动阀(大闸)置“重联”位并用穿销锁闭,单独制动阀(小闸)置“运转”位	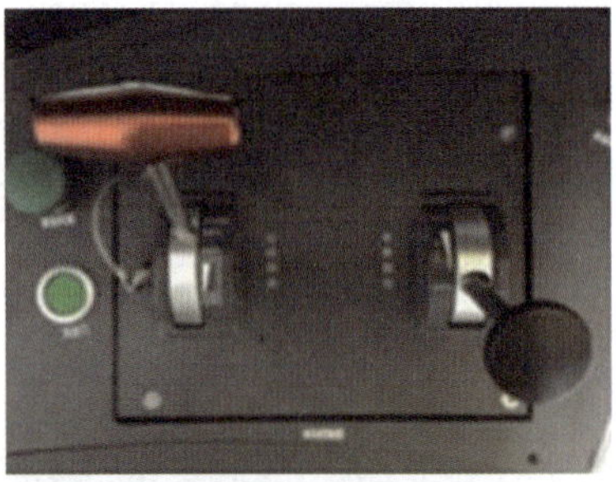	自动制动阀(大闸)置“重联”位保证动车组可靠制动。确认非操纵端动力车自动制动阀(大闸)保持在“重联”位并用插销锁闭,单独制动阀(小闸)置“运转”位
第二步	(3)操纵端动力车断开主断路器、降下受电弓、拔出占用端电钥匙	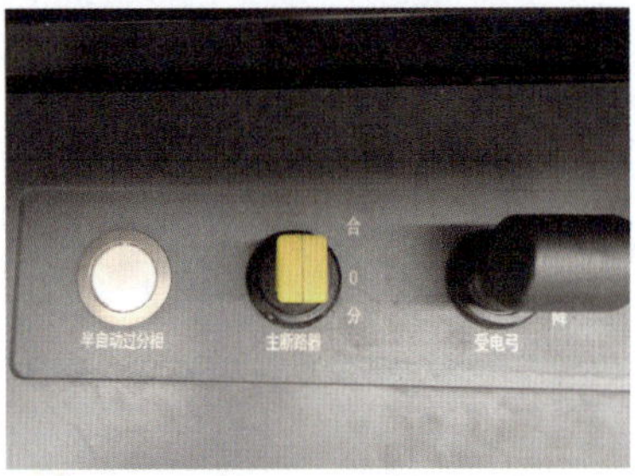	两台动力车高压断电
	(4)断开非操纵端动力车的蓄电池开关QA86	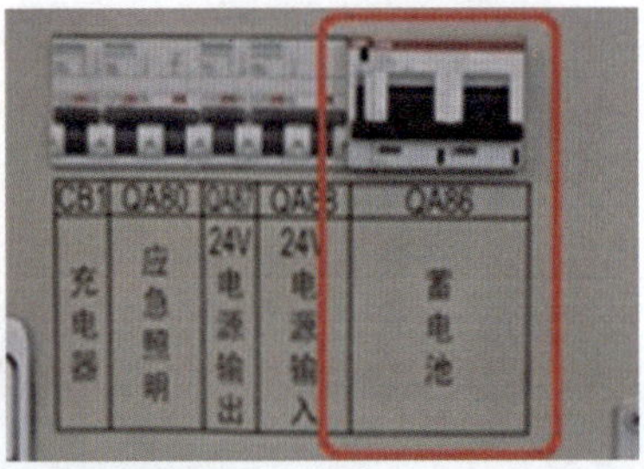	非操纵端动力车蓄电池断电

续上表

步　骤	操　　作	图　　示	目的及注意事项
第二步	(5)* 断开非操纵端动力车 DC 600 V 输入电源开关 QF600	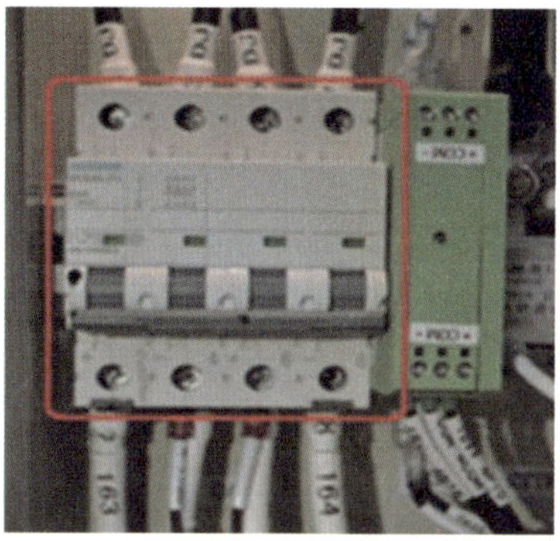	非操纵端动力车完全断电
第三步	(6)将非操纵端动力车制动柜右下角辅助功能模块上的“Ⅰ架制动缸隔离塞门”和“Ⅱ架制动缸隔离塞门”置水平“隔离”位	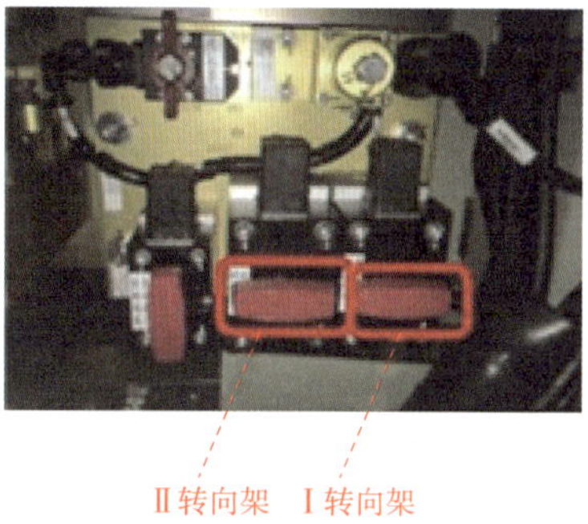	排出制动缸压力空气，动力车空气制动缓解
	(7)将非操纵端动力车制动柜内中部左侧的“停放隔离塞门”置水平“隔离”位		切断停放制动缸充风通路，停放制动施加
		⚠ 置“隔离”位后，禁止再次转换该塞门！如发生转换，须自此步骤开始往后，重新进行无动力回送操作	
第四步	(8)下车查看非操纵端动力车的停放制动指示器显示“红色”	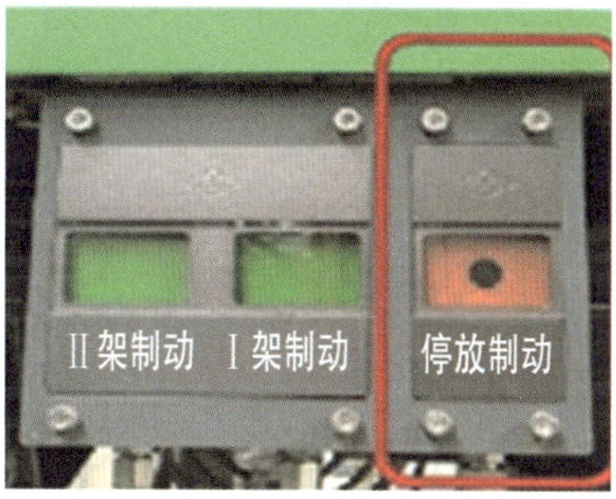	停放制动指示器位于动力车两侧，共两个

续上表

步　骤	操　　作	图　　示	目的及注意事项
第五步	(9)首先用力摇晃停放制动夹钳无活动量，处于制动状态，然后手动拉环(拉出后保持 3 s 以上)，缓解停放制动器的停放制动，确认其处于缓解状态		确认缓解状态参考方法：用力摇晃制动夹钳有活动量，盘、片之间有间隙，用 1～2 mm 塞尺塞入能通盘、片之间的间隙。每台动力车共 4 个停放制动器，需要逐一拉环缓解
第六步	(10)将非操纵端动力车制动柜右下角辅助功能模块上的“无动力(无火)塞门”置水平“无动力(无火)”位	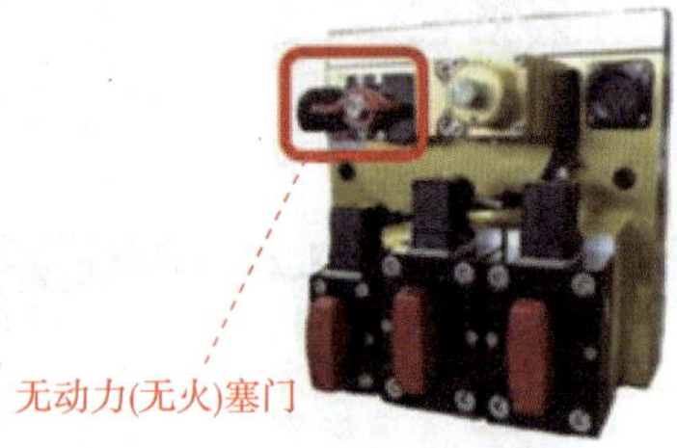	列车管充风至制动风缸
	(11)将非操纵端动力车制动柜右下角辅助功能模块上的“Ⅰ架制动缸隔离塞门”和“Ⅱ架制动缸隔离塞门”置垂直“开通”位		恢复制动缸制动缓解功能
第七步	(12)在操纵端动力车进行制动、缓解试验，按压停放制动缓解按钮，在车下确认非操纵端动力车制动、缓解作用良好	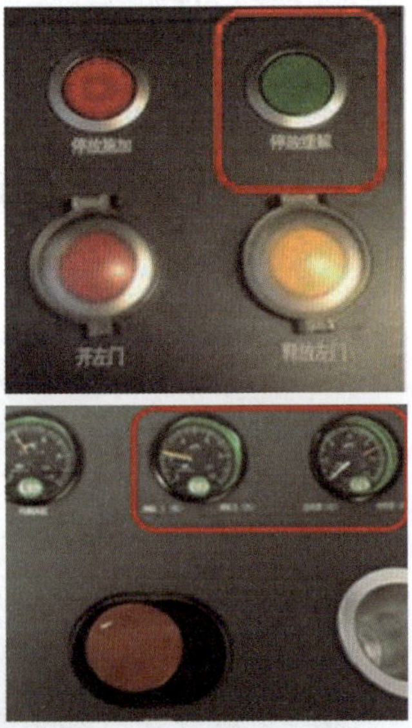	观察非操纵端动力车司机室左边柜的制动缸和列车管机械风压表，确认压力变化正常 ⚠ 动车前撤除防溜

续上表

步　骤	操　　作	图　　示	目的及注意事项
第八步	(13)开车后运行至前方第一个站申请停车,检查确认两台动力车无异常抱闸现象		
注:带 * 标记的非必做步骤,根据实际场景选择实施			

四、短编动车组无动力回送

1. 操作关键点

(1)防止动车组溜逸、异常抱闸。

(2)出入造修企业(单位)及跨局调拨回送时,动力车受电弓应绑扎固定。

(3)牵引机车/动车组动力车端与控制车连挂时,须使用过渡车钩,限速 120 km/h。

2. 操作部件位置

短编动车组在进行无动力回送操作时的操作部件如图 6-26～图 6-31 所示。

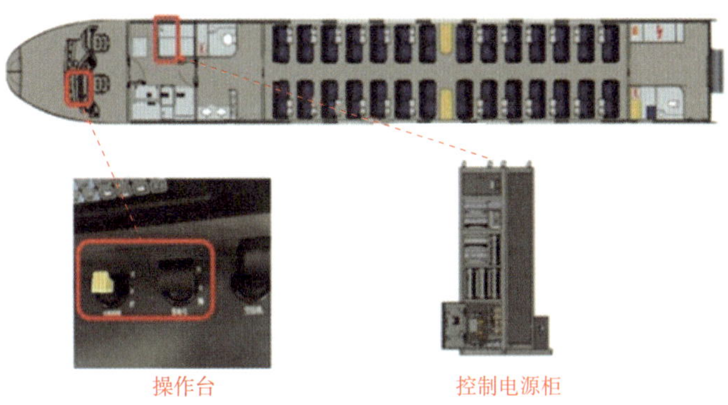

图 6-30　控制车无动力回送操作部件位置

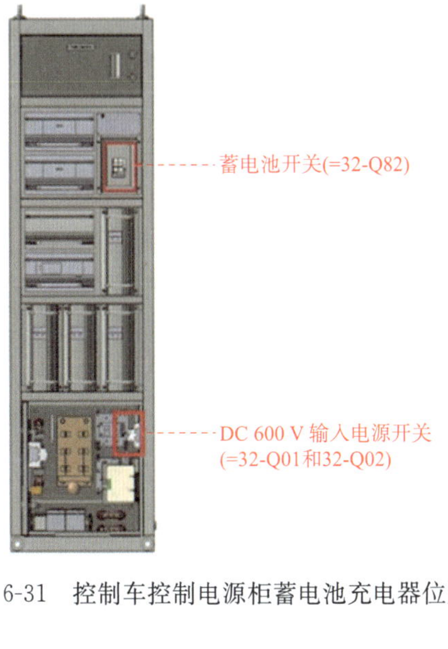

图 6-31　控制车控制电源柜蓄电池充电器位置

3. 短编动车组无动力回送操作程序

短编动车组无动力回送具体操作程序见表 6-4。

表 6-4　短编动车组无动力回送具体操作程序

步　骤	操　　作	图　　示	目的及注意事项
第一步	(1)动车组停车后，按压停放制动施加按钮		根据线路条件做好防溜措施
	(2)操纵端自动制动阀（大闸）置“重联”位并用穿销锁闭，单独制动阀（小闸）置“运转”位	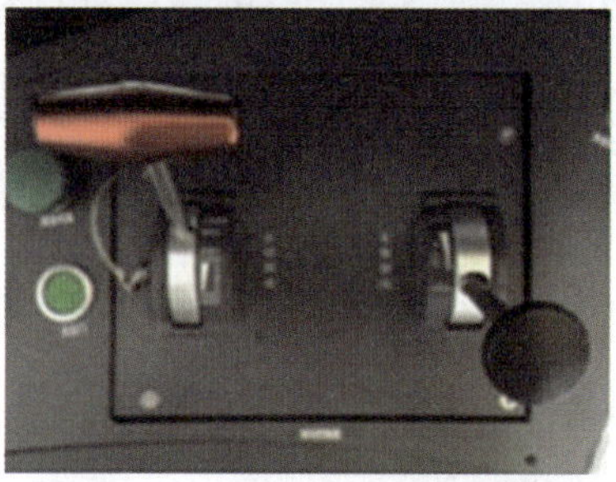	自动制动阀（大闸）置“重联”位保证动力车可靠制动。 确认非操纵端的自动制动阀（大闸）保持在“重联”位并用插销锁闭，单独制动阀（小闸）置“运转”位
第二步	(3)牵引机车/动车组与回送动车组连挂并连接总风软管和列车软管，开放折角塞门	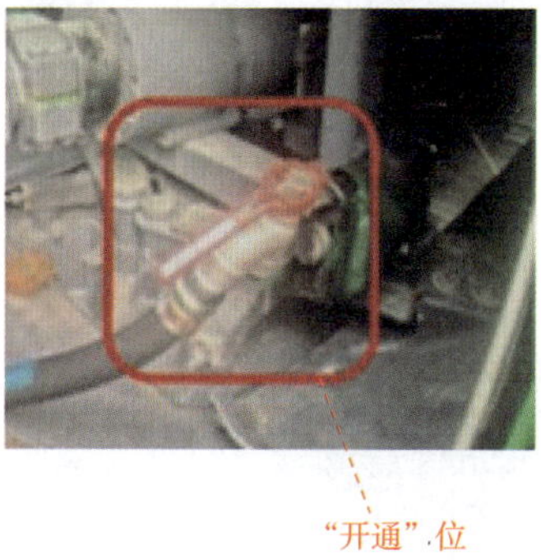	机车无总风管时，只连接车软管
第三步	(4)操纵端断开主断路器、降下受电弓、拔出占用端电钥匙	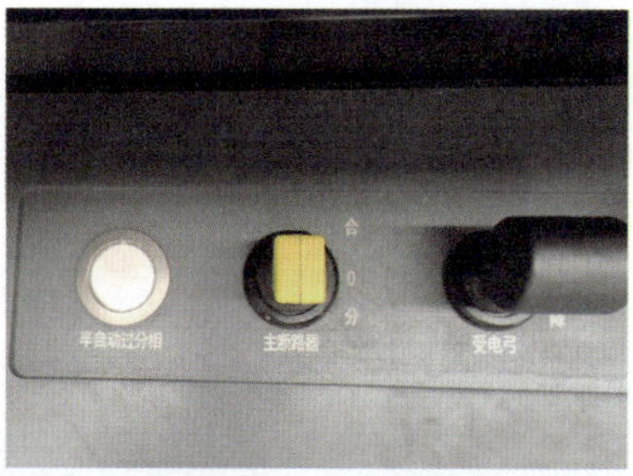	短编动车组高压断电

续上表

步　骤	操　　作	图　　示	目的及注意事项
第三步	(4)操纵端断开主断路器、降下受电弓、拔出占用端电钥匙		短编动车组高压断电
	(5)断开动力车蓄电池开关 QA86	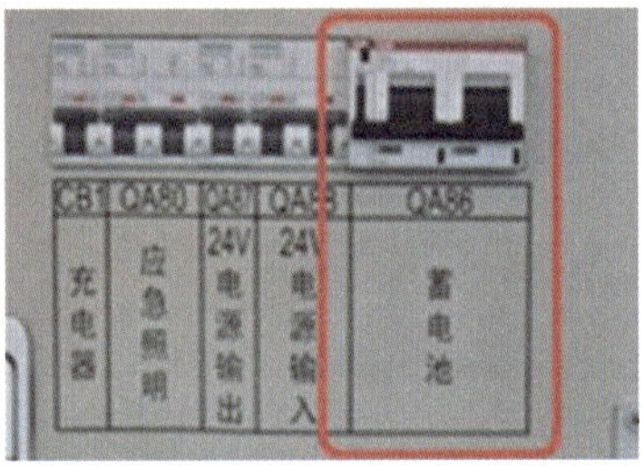	动车组整车蓄电池断电
	(6)断开控制车控制电源柜的蓄电池开关(=32-Q82)	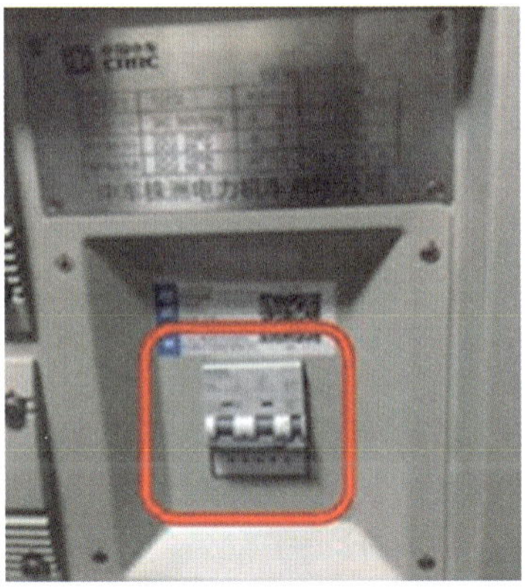	动车组整车蓄电池断电
	(7)* 断开动力车 DC 600 V输入电源开关 QF600	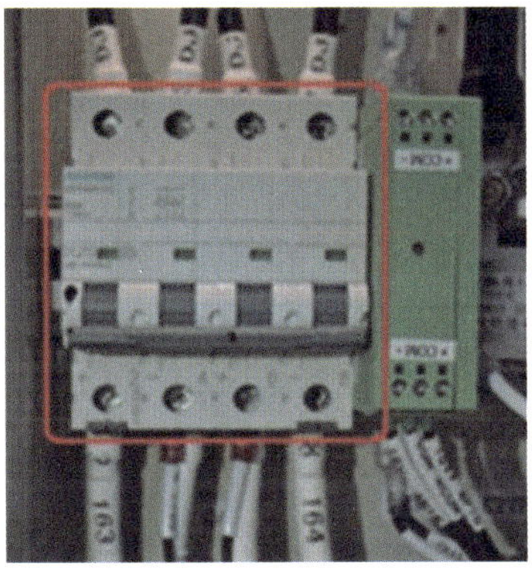	实现动车组整车完全断电

续上表

步　骤	操　　作	图　　示	目的及注意事项
第三步	(8)断开控制车控制电源柜内的 DC 600 V 输入电源开关(=32-Q01 和 32-Q02)		实现动车组整车完全断电
第四步	(9)将动力车制动柜右下角辅助功能模块上的“Ⅰ架制动缸三隔离塞门”和“Ⅱ架制动缸隔离塞门”置水平“隔离”位	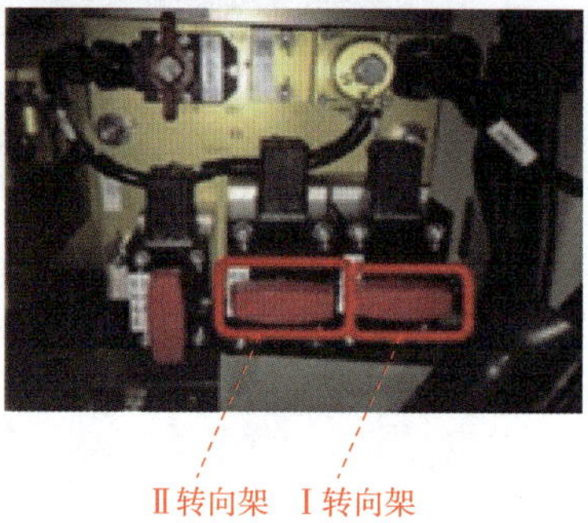	排出制动缸压力空气，动力车空气制动缓解
	(10)将制动柜内中部左侧的“停放隔离塞门”置水平“隔离”位		切断停放制动缸充风通路，停放制动施加
		⚠ 置“隔离”位后，禁止再次转换该塞门！如发生转换，须自此步骤开始往后，重新进行无动力回送操作	
第五步	(11)车下查看动力车的停放制动指示器显示“红色”	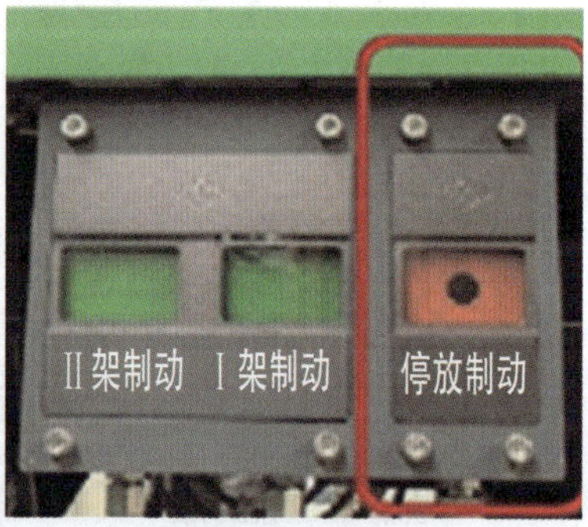	停放制动指示器位于动力车两侧，共两个

续上表

步　骤	操　　作	图　　示	目的及注意事项
第六步	(12)首先用力摇晃停放制动夹钳无活动量，处于制动状态，然后手动拉环(拉出后保持 3 s 以上)，缓解停放制动器的停放制动，确认其处于缓解状态		确认缓解状态参考方法：用力摇晃制动夹钳有活动量，盘、片之间有间隙，用 1～2 mm 塞尺塞入能通过盘、片之间的间隙。动力车共 4 个停放制动器，需要逐一拉环缓解
第七步	(13)将制动柜右下角辅助功能模块上的“无动力(无火)塞门”置水平“无动力(无火)”位	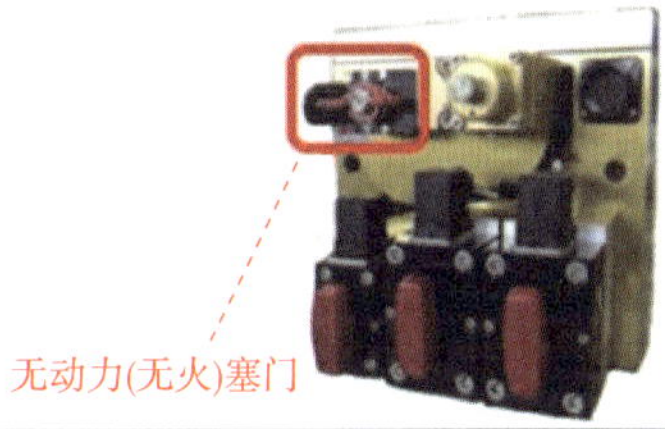	列车管充风至制动风缸
	(14)将制动柜右下角辅助功能模块的“Ⅰ架制动缸隔离塞门”和“Ⅱ架制动缸隔离塞门”置垂直“开通”位		恢复制动缸制动缓解功能
第八步	(15)在牵引机车/动车组操纵端进行制动、缓解试验，在车下确认动力车和尾车的制动、缓解作用良好		确认牵引机车/动车组的列车管定压为 600 kPa。同时，观察动力车和尾车司机室左边柜的制动缸和列车管机械风压表，确认压力变化正常 ⚠ 动车前撤除防溜
第九步	(16)开车后运行至前方第一个站申请停车，检查确认动力车无异常抱闸现象		
注：带 * 标记的非必做步骤，根据实际场景选择实施			

第五节　备用制动

备用制动投入的前提条件：当微机控制的制动系统因自身或由其他设备干扰等产生不能消除的故障时，为维持列车继续运行，允许将动力车的制动系统转换为备用空气制动状态降速、降级运行。

一、备用制动投入方法

1. 自动制动阀手柄置“重联”位并锁定，单独制动阀手柄置“运转”位，手柄位置如图 6-32 所示。

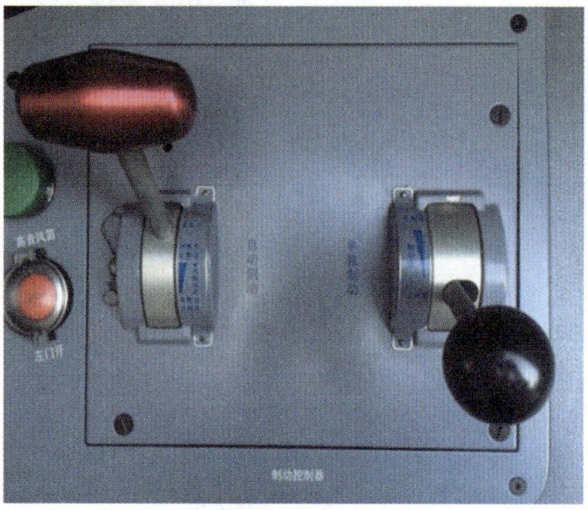

图 6-32　自动制动阀手柄及单独制动阀手柄位置

2. 制动系统微机断电（制动柜上的电源开关置“OFF”位），如图 6-33 所示。

图 6-33　电源开关

3. 将操作台内备用制动转换塞门转到“投入”位(竖直状态),如图 6-34 所示。

图 6-34　备用制动转换塞门转到“投入”位

二、备用制动试验方法

备用制动手柄作用位置:

(1)手柄向回拉置“运转”位,如图 6-35 所示。

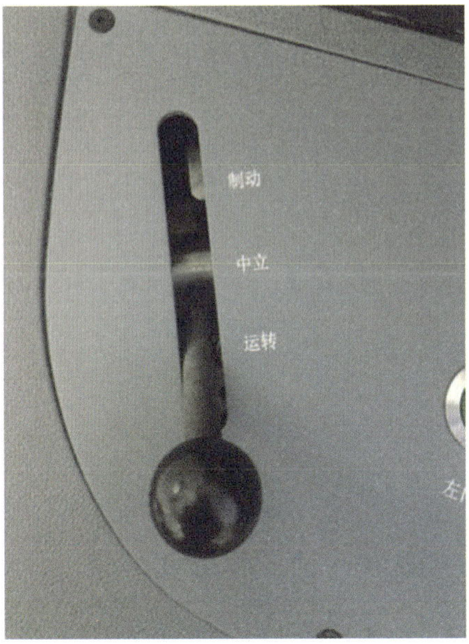

图 6-35　手柄“运转”位

(2)手柄竖直位置“中立”位。

（3）手柄向前轻推（松手可恢复至“中立”位保压）置“制动”位，如图 6-36 所示。

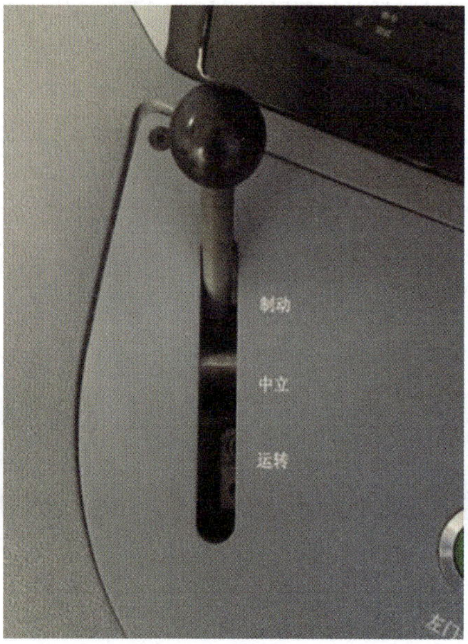

图 6-36　手柄“制动”位

将备用制动手柄由“中立”位移至“运转”位，列车管充风缓解，待列车管充风至定压后，检查列车缓解是否正常；然后将手柄移至“中立”位，再向前轻推至“制动”位，列车管开始减压，当减压至目标值时松开手柄，手柄自动恢复至“中立”位保压，检查列车制动是否正常。连续试验制动、缓解两次，确保备用制动可以正常使用。

第六节　高压连锁操作

为确保登顶及检修高压设备时人身安全，动力车设置高压互锁功能。管路柜上升弓钥匙阀设置一把蓝钥匙，用来控制受电弓的气路。受电弓气路在“开通”位，蓝钥匙无法拔出，要取出蓝钥匙，首先保证受电弓在“降弓”位、主断路器在“断开”位。升弓钥匙阀设置有两对辅助触点，当其中一节车旋转蓝钥匙至“横”位，受电弓气路被切断，同时升弓钥匙阀一对触点信号送至另一节动力车的控制与监视系统（TCMS），保证人为操作升弓指令时，另一节动力车也无法升起受电弓。拔下蓝钥匙插入高压柜下部的高压接地开关，旋转蓝钥匙并将接地开关转换到“接地”位，此时蓝钥匙无法拔出，可将黄色钥匙取出，插入钥匙箱后绿钥匙可被取出。此时，绿钥匙可以打开车顶门、高压柜门、变流柜门等。需要特别注意的是：严禁在接触网通电状态下打开车顶门。蓝钥匙、黄钥匙、绿钥匙如图 6-37～图 6-39 所示。

图 6-37　蓝钥匙

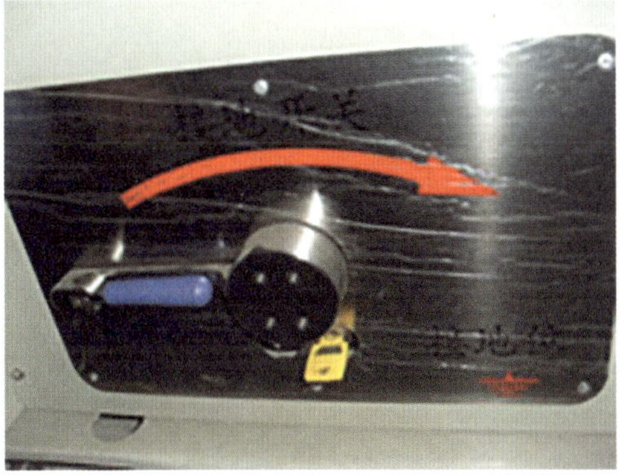

图 6-38　黄钥匙

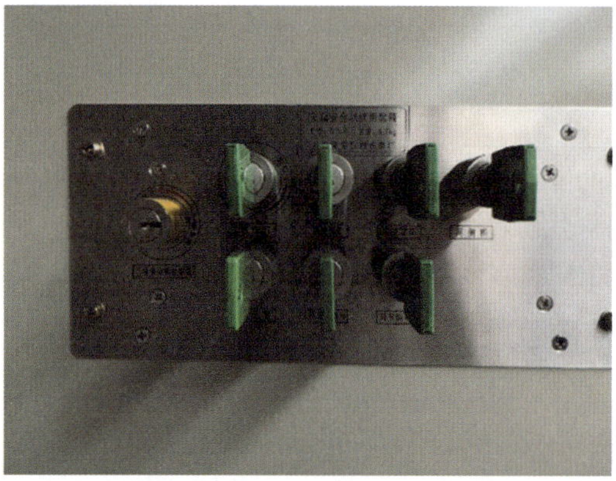

图 6-39　绿钥匙

复习思考题

1. 简述司机室显示屏“故障信息”显示区的等级划分。
2. 受电弓无法升起时如何处理？
3. 主断路器无法闭合时如何处理？
4. 提司控器主手柄无牵引力输出时如何处理？
5. 简述单动力车无动力回送操作程序。
6. 简述高压连锁操作及注意事项。

第七章　主要部件维护与保养

动车组在运用过程中，要及时进行维护和保养，确保设备部件正常。本章介绍动力车牵引变流器及辅助变流器、空气压缩机、牵引缓冲装置、驱动装置和其他部件的维护和保养方法。

第一节　牵引变流器及辅助变流器维护与保养

一、安全注意事项

牵引辅助变流器上电压检测板指示灯亮表示有高压存在，灯亮时禁止接触柜体；当确认指示灯熄灭后，才允许接触柜体。

对变流器进行检修维护操作之前，确保遵守以下安全原则：

1. 断电状态确认：

(1)确认机车停止工作。

(2)确认变流器停止工作。

(3)确认机车受电弓降弓。

(4)确认机车主断路器处于断开状态。

(5)确认变流器高压指示灯熄灭(机车受电弓降弓约 5 min 后进行确认)。

(6)确认辅助电路处于断开状态。

(7)确认牵引控制单元(TCU)控制电源(110 V)处于断开状态。

(8)确认辅助变流器(ACU)控制电源(110 V)处于断开状态。

2. 确保机车不会被重新启动。

3. 确保断开邻近可能带电的设备。

4. 检查确保设备处于不带电状态。

5. 机车接地手柄打到“接地”位置。

确认完成以上操作规程后，方可开始对变流柜进行检修维护的工作。

警告：冷却系统所使用的冷却液是由水和乙二醇体积比为 44%/56%的混合液体，这种混合液体带有轻微腐蚀性，可能会对皮肤或眼睛带来一定程度的腐蚀性损伤。请操作人员做好安全防范措施谨慎操作！

二、日常维护与保养

牵引变流器及辅助变流器的日常维护与保养需注意：

1. 定期检查水泵有无渗漏，检查液面高度是否符合要求，如有需要则添加冷却液。

2. 定期检查主变流柜各高压指示灯是否正常。

3. 定期检查柜内、柜外是否有污垢和灰尘，可使用真空吸尘器和干燥抗静电布料清洁内部区域。

4. 检查其他可见部位电器、电子部件接线状态。

5. 定期检查复合母排表面绝缘层完好，无变形，与功率模块及电容接触良好。

6. 定期检查电容器表面有无出现漏油现象。

7. 定期检查滤波电路板、电阻板，如有烧损、脱落现象，请进行更换。

8. 定期检查充电电阻器、放电电阻器、斩波电阻器有无出现变形。检查引出线端子无松动。

9. 定期检查插头、插座的插接良好，连线无破损，无缩针、断针现象。

10. 定期检查各紧固件防松标记，各部紧固状态良好，无松动。

11. 定期对主接触器、预充电接触器、预充电电阻、放电电阻器、斩波电阻、支撑电容、牵引变流器（TCU）、辅助变流器（ACU）、列供控制单元（PCU）、电压检测板、复合母排、膨胀水箱、水泵等部件进行外部清洁。

第二节　空气压缩机维护与保养

一、机油乳化现象

空气压缩机机油轻度乳化图样如图 7-1 所示。

图 7-1　机油轻度乳化

重度乳化图样如图 7-2 所示。

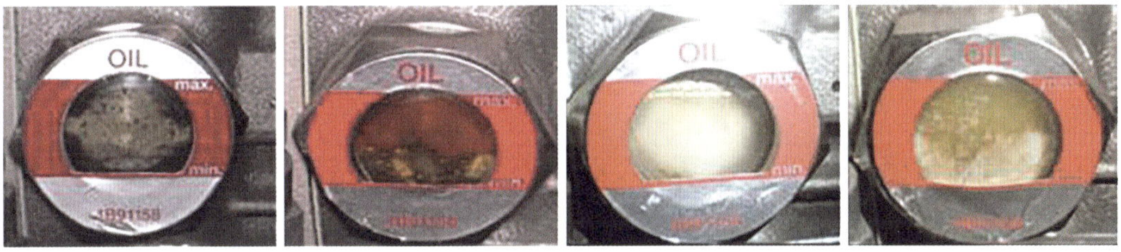

(a)　　(b)　　(c)　　(d)

图 7-2　机油重度乳化

二、机油乳化处理

1. 轻度乳化

如果发现机油有轻微乳化现象，可进行如下操作来去除乳化现象：

(1)压缩机静置 1～2 h，微开压缩机排油口(位于机头底部和散热器底部)，将位于下层的液态水排出，直至有油排出，关闭排油口。

(2)打开总风缸下方的排水塞门，使乳化的压缩机组连续运转 60 min 以上，停机后观察润滑油的状态，如果恢复正常可继续使用。

(3)如果乳化现象减轻但没有完全恢复，再连续运转 30 min，观察机油状态。可重复进行上述操作，直至乳化消失。

2. 重度乳化

如果发现机油严重乳化，应及时联系厂家进行分析处理。

第三节　牵引缓冲装置维护与保养

一、前端牵引缓冲装置

1. 检查钩缓装置钩尾销上的开口销是否变形损坏，开口销变形损坏时，应及时更换开口销，开口销应按国家相关标准规定进行锁定。

2. 检查钩缓装置与车体连接处的安装螺栓、螺母及连接环组成上的螺栓、螺母是否有松动或遗失。发现有松动时，应按规定力矩及时扭紧并锁定。安装螺栓及螺母的扭紧力矩推荐值为 1 400～1 500 N·m，连接环组成上的螺栓、螺母的扭紧力矩推荐值为(160±10)N·m。

3. 检查钩缓装置上安装座与壳体焊接组成等零部件是否有裂纹或变形现象，发现零部件有裂纹或变形时，应及时更换相应零部件或整体更换钩缓装置。

4. 检查带卡环 105A 车钩钩舌销的开口销是否断裂，开口销断裂者更换新品。

5. 车钩三态及防跳作用必须良好，安全牢固，各部分无裂纹；各紧固件安装须牢固，各磨耗部涂润滑脂。对带卡环 105A 车钩内部的钩舌、钩腔内部相互运动部位涂抹干性润滑脂。

6. 在锁钩位置时，往上托起钩锁铁，其移动量不大于 15 mm。钩舌尾部与钩锁铁接触面须平整。

7. 105A 车钩采用 C 级钢，焊修时须采用与母材相对应的焊条，焊前预热，焊后热处理。是否允许焊修应依据 TB/T 456《机车车辆自动车钩缓冲装置》。

8. 钩舌销与钩耳孔，钩舌销与钩舌孔之间的间隙，钩舌与上钩耳的间隙，车钩的开度、车钩的中心高度，钩尾销尺寸及钩尾销与钩尾销孔的间隙等均符合限度规定。

9. 车钩各零部件不得有裂纹，且下列情况禁止焊修：

(1)钩舌的裂纹；

(2)锁铁及钩舌推铁上的裂纹；

(3)钩舌销的裂损。

二、后端牵引缓冲装置

动车组动力车与拖车、控制车相连的车钩均采用密接式车钩。

1. 日常检查

(1)钩缓装置随列车实行状态修，即按列车的实际运行里程确定修程。

(2)密接式钩缓装置使用的轴承为自润滑免维护轴承，使用过程中，无须专门润滑或维护。

(3)日常运用中以目视检查为主,主要检查项点见表 7-1。

表 7-1　目视检查项点

项　　点	检查内容	处理方法
外观检查	表面有无可见裂纹出现	如裂纹有明显扩展趋势或可能影响运用安全,应实施零件更换
M38 安装螺栓	螺母有无松动现象	用测力扳手补足力矩
M30 连接螺栓	连接螺栓螺母有无松动现象	用测力扳手补足力矩
连挂状态	1. 连挂面间隙情况有无异常; 2. 车钩解钩手柄位置是否正确	1. 分解车钩,检查钩舌开闭情况; 2. 重新连挂
钩高调整装置 M16 螺母	M16 紧固螺母及备母有无松动现象	用扳手拧紧螺母及备母
钩尾销螺母	厚螺母及薄螺母有无松动现象	用扳手拧紧厚螺母及薄螺母

2. A1 修程

(1)动车组运行里程达到 20 万 km 时,进行 A1 修。需要分解编组,对车钩进行检修。主要对钩舌及钩舌腔部分进行分解清洗。整个分解清洗过程可以在车上进行。清洗完毕后开钩两次,看解钩及复原动作是否正常。

(2)A1 修时,应对零部件的规定部分实施润滑,如图 7-3 所示。润滑应先除垢,再涂润滑脂。应保证在正常运用中保持有润滑脂润滑的部位为:复原弹簧盒推杆外露部分以及钩头凸、凹锥、钩舌及钩舌腔内,可按标准TB/T 2788《机车车辆制动缸89D 润滑脂》中相关要求选用润滑脂。

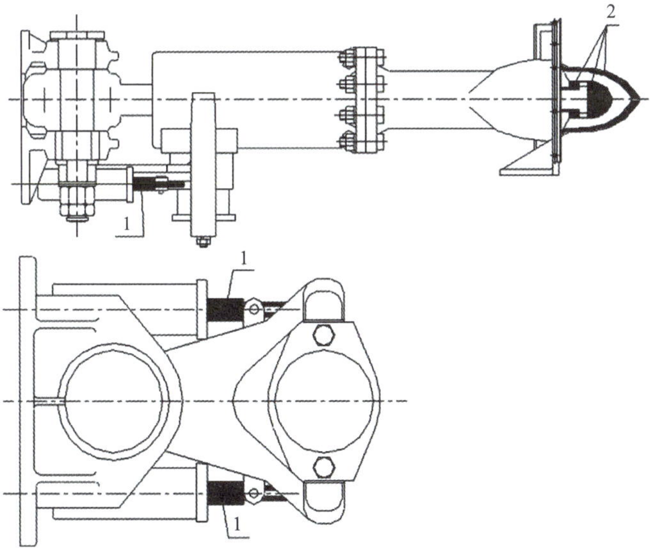

1—复原弹簧盒推杆外露部分;2—钩头凸、凹锥、钩舌及钩舌腔内。

图 7-3　润滑部位

3. A2 修程

车组运行里程达到 40 万 km 时，进行 A2 修。需要分解列车编组，对车钩进行检修，检修项点与 A1 修相同。

4. A3 修程

车组运行里程达到 80 万 km 时，进行 A3 修。除按 A1 修规定的内容对车钩进行分解检修外，还要更换橡胶防尘件、对钩尾销进行磁粉探伤检查。

5. A4 修程

车组运行里程达到 240 万 km 时，进行 A4 修。需要对车钩和缓冲器进行分解检修，并更换橡胶密封件和紧固件。由于缓冲器的分解组装需要专用设备，原则上应返厂进行。

第四节　驱动装置维护与保养

一、齿轮箱维护保养

1. 具有下列情况之一时，应更换新齿轮箱油。

(1)动力车第一次行驶一个月或15 000 km后；

(2)针对新组装的齿轮箱；

(3)安装新齿轮后；

(4)驱动装置拆卸并重新组装后；

(5)每运行20万km(最长不超过4年)。

2. 定期检查齿轮箱油位、螺钉连接。

3. 更换齿轮油时应注意：

(1)打开磁性放油堵与密封环，并清洗磁铁。没有固体颗粒的精细磨损属于正常现象，如果发现任意不正常的大块颗粒，则齿轮箱需要做进一步检查。

(2)必须有足够的时间将尽可能多的油排放出去(至少45 min)。

(3)加油至接近油位表的上端标志位置，大约需要9 L油。

(4)更新放油堵和加油口螺堵密封圈。

二、牵引电机维护保养

1. 注意事项

(1)在维护保养工作开始之前，须在电机断电的情况下。

(2)长时工作后的电机应至少有30 min的消磁和冷却时间。

(3)清洁时，严禁使用水及其他规定外的溶剂。

2. 日常保养

电机应保持干净整洁，检查电机与机车连接螺栓、电机端盖螺栓、三相电缆、接地连接螺栓是否存在松脱、锈蚀。电机各部件状态应无裂纹、松动、折断、灼伤等现象。

3. 长期备用保养

(1)长期备品存放时，请避开高温、高湿的场所，不要直接放置在地上，而要放在适当的平台上。

(2)电机应避免存放在高粉尘环境，做好电机防护，保持电机干净整洁。

(3)为避免受潮，需用防潮剂，定期进行烘潮处理。

(4)容易生锈的零件，要涂上防锈涂料。

(5)检查轴承润滑脂，发现有老化或异常时，应更换润滑脂。存放超过一年时，使用前必须更换润滑脂。

第五节　其他部件及油水砂维护与保养

一、盘式制动单元维护与保养

1. 制动盘的连接螺栓不得松动。

2. 检查摩擦面的任何部位是否超过规定的极限尺寸(磨耗限度为每侧 5 mm)，如果超过规定的磨耗极限值，必须更换制动盘。

3. 制动盘允许存在沿径向、周向热裂纹；从摩擦面内外边缘开始的长度不超过 60 mm；其余热裂纹长度不超过 65 mm，摩擦面不允许有明显的台阶与沟槽、拉伤，但允许有 1 mm 深的擦伤和小于 2 mm 的凹面。

4. 检查单元制动缸及夹钳的螺栓、螺母及衬套等零件不得松动、丢失和损坏。

5. 检查单元制动缸制动缓解作用良好。

6. 单元制动缸能够正常制动，闸片能压紧轮盘制动盘。

7. 单元制动缸缓解良好，活塞杆复位时，不得有卡滞现象；同时闸片对轮盘摩擦环不得有压力。

8. 单元制动缸不得漏泄，动力车单机试验符合要求。

9. 单元制动缸间隙调整器作用良好。

注意：施行停放制动后，拉动手动缓解拉手，应能完全缓解。检查时不允许敲打制动盘任何部位。检查时必须保证动力车不溜车。

二、构架维护与保养

日常运用和检修时应加强对构架进行检查，尤其是检查电机吊座、减振器座焊缝和各横梁、侧梁连接处焊缝。构架不允许随意动用电焊，若需要电焊一定要就近搭接接地线，同时注意保护好其他零部件。构架产生裂纹，允许焊修；在焊修前应在裂纹末端钻一个不小于 ϕ6 mm 的止裂孔，然后沿裂纹开坡口，根除裂纹后才能进行焊修。焊修后应采取措施消除焊接应力，焊修部位应经常观察，并做好记录。

三、用砂质量标准

动车组撒砂装置使用的砂来自矿坑、河流和湖泊中的天然的砂子或来自天然岩石粉碎后的砂子，成分中二氧化硅的含量不少于 60%，没有金属化合物或具有水硬性的成分，这些类型的岩石的硬度应符合要求，没有黏土状、土状或烧结剂成分及任何异物。砂粒呈晶形，致密，边缘尖锐，无规则。

砂粒晶体尺寸分布：

0.1 mm 以下:占总质量的 0.5%以下;

0.1～0.63 mm:占总质量的 5%以下;

0.63～0.8 mm:占总质量的 30%以下;

0.8～1.6 mm:占总质量的 50%以下;

1.6～2.0 mm:占总质量的 30%以下;

2.0 mm 以上:占总质量的 5%以下;

2.5 mm 以上:占总质量的 0.1%以下;

最大的允许晶体的尺寸为 4 mm。

如果使用的砂子不符合以上所述的规格,则撒砂装置不能保证正常运用。

四、油脂及冷却液使用标准

油脂及冷却液使用标准见表 7-2。

表 7-2 油脂及冷却液使用标准

<table>
<tr><th rowspan="2">部件名称</th><th rowspan="2">给油部位</th><th rowspan="2">润滑油(脂)
规格及型号</th><th colspan="4">供油周期及供油(脂)量</th><th rowspan="2">备 注</th></tr>
<tr><th>C1 修</th><th>C2 修</th><th>C3 修</th><th>C4 修</th></tr>
<tr><td>牵引齿轮</td><td>齿轮箱内</td><td>嘉实多
长寿命齿轮油
(Castrol Optigear RMO)</td><td>—</td><td>更换新油
9 L×4</td><td>更换新油
9 L×4</td><td>更换新油
9 L×4</td><td></td></tr>
<tr><td>电机轴承(永济)</td><td>轴承</td><td>铁路机车牵
引电机轴承脂</td><td>—</td><td>—</td><td>补充油脂
30 g</td><td>补充油脂
30 g</td><td></td></tr>
<tr><td>南口克诺尔
主空气压缩机</td><td rowspan="2">空压机机体</td><td rowspan="2">科聚亚 安德鲁
3057M 润滑油</td><td rowspan="2" colspan="2">油位在视油镜上、
下限之间,否则补充</td><td>更换新油
5.5～6.5 L</td><td>更换新油
5.5～6.5 L</td><td rowspan="2">日常检
查,按标
线补油</td></tr>
<tr><td>石家庄嘉祥
主空气压缩机</td><td>更换新油
8 L</td><td>更换新油
8 L</td></tr>
<tr><td rowspan="2">牵引通风机
(QYTFJ-8UGX)</td><td>轴承轴伸端
(上端)
(SKF6312/C3)</td><td rowspan="6">美孚 高温滑脂
MOBILTEMP
SHC 100</td><td>加注油脂
21 g</td><td>加注油脂
21 g</td><td>加注油脂
21 g</td><td>加注油脂
21 g</td><td rowspan="6"></td></tr>
<tr><td>轴承自由端
(下端)
(SKF6310/C3)</td><td>加注油脂
15 g</td><td>加注油脂
15 g</td><td>加注油脂
15 g</td><td>加注油脂
15 g</td></tr>
<tr><td rowspan="2">牵引通风机
(CS4-65No.6.5A-8UDX)</td><td>轴承轴伸端
(上端)
(SKF6312/C3)</td><td>加注油脂
21 g</td><td>加注油脂
21 g</td><td>加注油脂
21 g</td><td>加注油脂
21 g</td></tr>
<tr><td>轴承自由端
(下端)
(SKF6310/C3)</td><td>加注油脂
15 g</td><td>加注油脂
15 g</td><td>加注油脂
15 g</td><td>加注油脂
15 g</td></tr>
<tr><td rowspan="2">牵引通风
(THTF8.0D-8UGX)</td><td>轴承轴伸端
(上端)
(SKF6312/C3)</td><td>加注油脂
21 g</td><td>加注油脂
21 g</td><td>加注油脂
21 g</td><td>加注油脂
21 g</td></tr>
<tr><td>轴承自由端
(下端)
(SKF6312/C3)</td><td>加注油脂
21 g</td><td>加注油脂
21 g</td><td>加注油脂
21 g</td><td>加注油脂
21 g</td></tr>
</table>

续上表

部件名称	给油部位	润滑油(脂)规格及型号	供油周期及供油(脂)量				备　注
			C1 修	C2 修	C3 修	C4 修	
复合冷却器通风机 RPF-67D-8UDX 复合冷却器通风电机 CS54No. 6. 6-8UDX 复合冷却器通风电机 TZTF6. 7C-8UDX	轴承轴伸端（上端）(SKF6309/C3)	美孚　高温滑脂 MOBILTEMP SHC 100	加注油脂 13 g	加注油脂 13 g	加注油脂 13 g	加注油脂 13 g	
	轴承自由端（下端）(SKF6309/C3)		加注油脂 13 g	加注油脂 13 g	加注油脂 13 g	加注油脂 13 g	
高压接地开关	闸刀以及触头弹簧片	美孚　高温滑脂 MOBILITH SHC 100	适量补脂，保持油润状态	适量补脂，保持油润状态	适量补脂，保持油润状态	适量补脂，保持油润状态	新件更换时需涂油脂
受电弓	升弓装置轴承	机车车辆制动 89D 润滑脂			适量补脂，保持油润状态	适量补脂，保持油润状态	2 年 30 g/架
	滑板连接处、车顶导电杆及软线连接处	德国 BOSCH T40V1					更换滑板时，适量补脂
	升弓钢丝绳	机车车辆制动 89D 润滑脂	适量补脂，保持油润状态	适量补脂，保持油润状态	适量补脂，保持油润状态	适量补脂，保持油润状态	
	下导杆关节轴承	机车车辆制动 89D 润滑脂	适量补脂，保持油润状态	适量补脂，保持油润状态	适量补脂，保持油润状态	适量补脂，保持油润状态	
	上导杆关节轴承	机车车辆制动 89D 润滑脂	适量补脂，保持油润状态	适量补脂，保持油润状态	适量补脂，保持油润状态	适量补脂，保持油润状态	
	橡胶止档端面	机车车辆制动 89D 润滑脂	适量补脂，保持油润状态	适量补脂，保持油润状态	适量补脂，保持油润状态	适量补脂，保持油润状态	仅防寒期执行
	弓装配与滑板接触部位	机车车辆制动 89D 润滑脂	适量补脂，保持油润状态	适量补脂，保持油润状态	适量补脂，保持油润状态	适量补脂，保持油润状态	仅防寒期执行（当两者接触时给油）
	弓头拉簧轴承	机车车辆制动 89D 润滑脂	适量补脂，保持油润状态	适量补脂，保持油润状态	适量补脂，保持油润状态	适量补脂，保持油润状态	
主变压器	变压器内	壳牌　大雅纳 DX-S4 电气绝缘油 diala DX-S4	日常检查，按照储油柜油位计指示补油（与实际环温±5 ℃范围之内）				
轮缘润滑器	油脂罐	新型(JH-1)轮轨润滑脂（北方脂）	罐内存留油脂不少于 1/3 满罐量	罐内存留油脂不少于 1/3 满罐量	罐内存留油脂不少于 1/3 满罐量	罐内存留油脂不少于 1/3 满罐量	日常缺油即补

部件名称	给油部位	润滑油(脂)规格及型号	供油周期及供油(脂)量				备　注
			C1 修	C2 修	C3 修	C4 修	
变流装置	冷却水箱	法国　道达尔酷埃福 SUPRA －40℃(有机长效冷却液)					日常检查按照变流柜水位计指示补充
105A 车钩缓装置	钩体腔内各滑动摩擦副、拉杆外露部分、对中机构凸轮板处、钩舌及钩耳与钩舌销间、缓冲器与钩高调整板处、提钩装置各销轴	德国　奥特车钩润滑脂 AUTOL TOP 2000	适量补脂，保持油润状态	适量补脂，保持油润状态	适量补脂，保持油润状态	适量补脂，保持油润状态	
25T 型密接式钩缓装置	复原弹簧盒推杆外露部分、支撑盒壳体上部、拉杆外露部分	德国　奥特车钩润滑脂 AUTOL TOP 2000	适量补脂，保持油润状态	适量补脂，保持油润状态	适量补脂，保持油润状态	适量补脂，保持油润状态	
	钩头凸、凹锥、钩舌和钩腔		适量补脂，保持油润状态	适量补脂，保持油润状态	适量补脂，保持油润状态	适量补脂，保持油润状态	分解时

复习思考题

1. 简述牵引变流器及辅助变流器的维护与保养。
2. 机油轻度乳化如何处理？
3. 简述前端牵引缓冲装置的维护与保养。
4. 什么情况下需要更换齿轮箱油？
5. 简述牵引电机的维护与保养。

第八章　行车安全综合信息监控系统

行车安全综合信息监控系统采用国产电力机车通用的行车安全监控系统，主要设备包括：列车运行监控装置（LKJ）主机、机车信号主机、数模转换盒（预留）、轴端速度传感器、机车安全信息综合监测装置（TAX）、机车综合无线通信设备（CIR）主机、GPS 主机、列车运行监控装置（LKJ）功能扩展盒、列车运行状态信息系统车载设备（LASI）主机及通话器、监控装置显示屏、机车综合无线通信设备（CIR）终端 MMI、压力传感器等设备，实现动车组运行过程中各项参数状态的检测和动车组安全防护。本章主要介绍列车运行监控装置、车载安全防护系统、拖车安全环路、机车远程监测与诊断系统。

第一节　列车运行监控装置

列车运行监控装置（LKJ）是机车运行的安全监控设备，具有监控、记录、显示及报警等功能。现在广泛使用的是 LKJ2000 型监控装置，能准确地记录列车运行状况、信号设备状况及乘务员操作状况，并采用双机热备冗余工作方式，工作性能更加可靠。列车运行监控装置的屏幕显示器以图形、曲线、文字等方式来显示前方线路状况、运行情况等信息，并在列车超速等危险情况时自动采取措施，保障铁路运输安全。

一、LKJ2000 型监控装置功能

1. 监控功能

（1）防止列车线路超速。

（2）防止列车冒进关闭的信号机。

（3）防止列车溜逸。

（4）防止列车以高于规定的限制速度调车作业。

（5）按列车运行揭示要求控制列车不超过临时限速。

（6）语音提示功能。

2. 记录功能

（1）开/关机时相关参数记录。

（2）乘务员输入参数（或 IC 卡输入）记录。

（3）运行参数记录。

（4）事故状态记录。

3. 显示功能

(1)显示列车运行的实际速度及限制速度。

(2)显示距前方信号机距离及前方信号机种类。

(3)显示运行线路状态。

(4)显示机车优化操作曲线。

(5)其他运行参数显示。

4. 报警功能

(1)超速报警。

(2)防溜报警。

(3)警惕报警。

二、LKJ2000 型监控装置组成

LKJ2000 型监控装置由监控主机箱、人机交互单元(又称屏幕显示器)、机车信号设备、监控装置功能扩展盒、GPS 信息接收装置、压力传感器、速度传感器、鸣笛转换器、本/补切换装置、事故状态记录器、调车灯显接口盒、专用连接线缆等组成。装设于机车、动车组上的机车安全信息综合监测装置(TAX)、机车语音记录装置、列车运行状态信息系统车载设备(LAIS 车载设备)、铁路车号自动识别系统(ATIS)机车车号识别设备为 LKJ 相关设备，LKJ 与 LKJ 相关设备整体组成列车运行安全监控系统。为了便于维护或扩充接口，具体安装时可能会增加相应的接线盒，列车运行安全监控系统组成结构如图 8-1 所示。

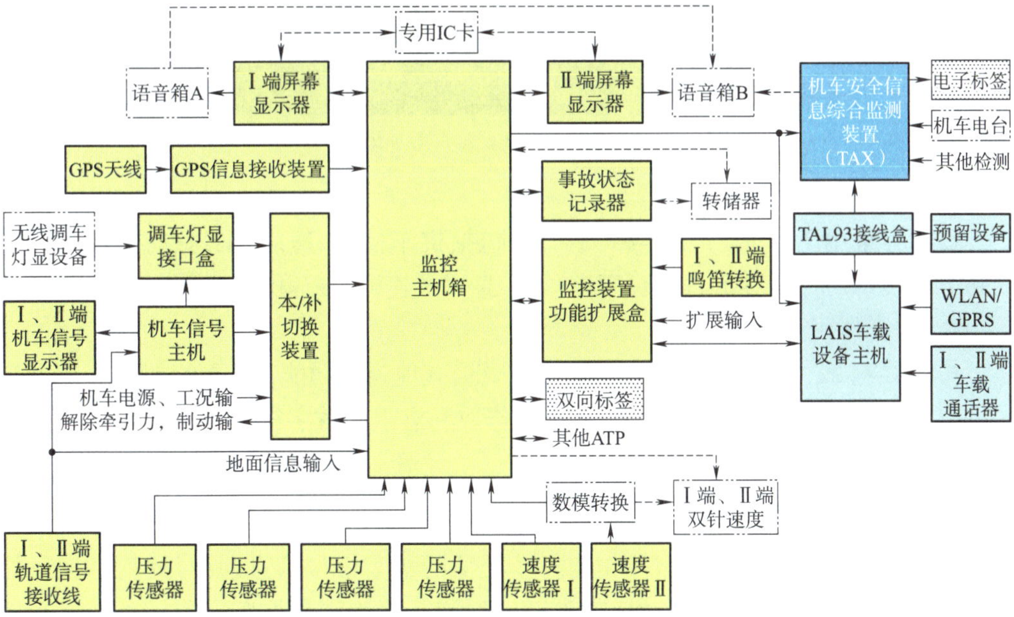

图 8-1　列车运行安全监控系统组成结构

1. 主　　机

主机箱安装在第三方设备柜，如图 8-2 所示。

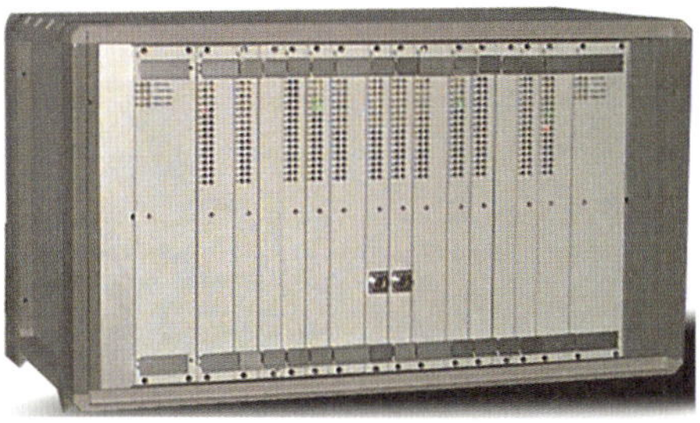

图 8-2　主机箱

2. 屏幕显示器

显示器由 254 mm(10 英寸)TFT 高亮度彩色液晶显示屏、21 个薄膜按键和大容量 IC 卡读卡器组成，安装在司机室操作台上，如图 8-3 所示。

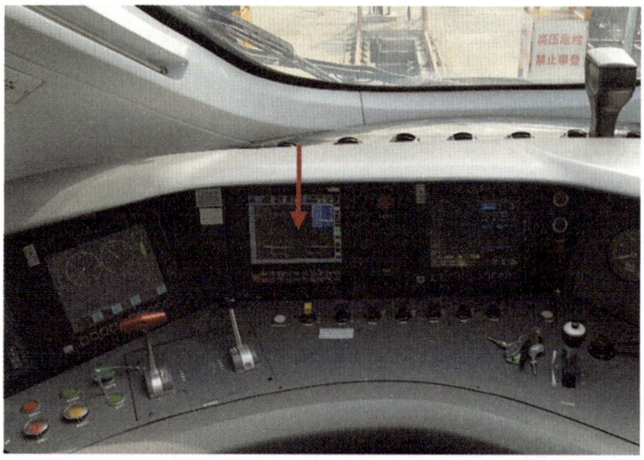

图 8-3　屏幕显示器直形车体

(1)显示界面

显示器采用图形、汉字显示相关信息，包括机车信号、速度、限速、时间、公里标、线路纵断面(如桥梁、隧道、坡道、弯道)等信息以及速度、限速曲线、系统状态等。

(2)按键作用

按键共有 21 个，0～9 共 10 个键为复合键，其他为单功能键。复合键为带有数字的键，在监控状态下作功能键使用，在参数修改状态下作数字键使用。

3. 机车信号设备

机车信号车载系统是以保障机车运行安全为主要目的。机车信号车载系统接收钢轨线路(或环线)中传输的信号作为行车凭证的机车信号信息，并对此信息进行处理、解调、译码后输出显示给司机，同时输出到监控装置作为控车基本条件。机车信号主机如图 8-4 所示。

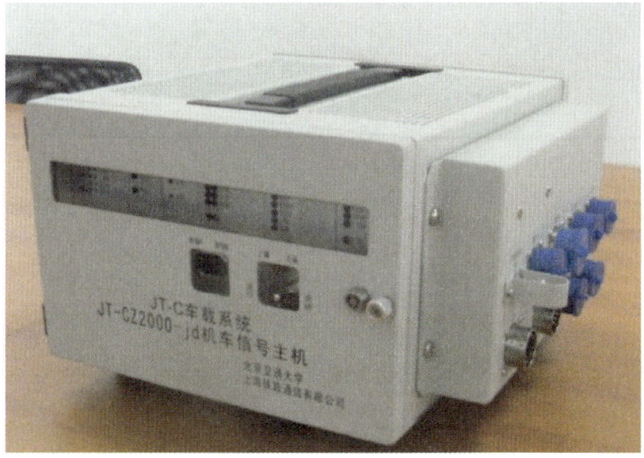

图 8-4　机车信号主机

感应器安装在机车转向架前端，通过与钢轨的电磁耦合接收钢轨上的信号，然后传送给机车信号主机。接收线圈内部为双路冗余线圈，保证当在一路接收线圈断线时，或因中间连线故障而使主机无法接收到地面信号时，另外一路接收线圈保证机车信号主机仍能正常译码输出。接收线圈接收到钢轨信号后，主机对接收的信号进行处理，解调、译码得到信号信息，输出到机车信号机显示给司机，同时机车信号信息输出到监控装置作为控车基本条件。机车信号记录器可对机车信号运行状态及地面信息进行记录。

第二节　车载安全防护系统

车载安全防护系统(简称6A系统),包括制动监测子系统、防火监测子系统、视频监测子系统、高压绝缘检测子系统、列供监测子系统、走行部监测子系统、中央处理平台。控制车包含制动监测子系统、防火监测子系统、视频监测子系统、600 V母线电压监测、中央处理平台,直形车体6A系统设置在司机室操纵台左侧,鼓形车体6A系统设置在司机室操纵台右侧。动力车与控制车6A系统配置如图8-5所示。

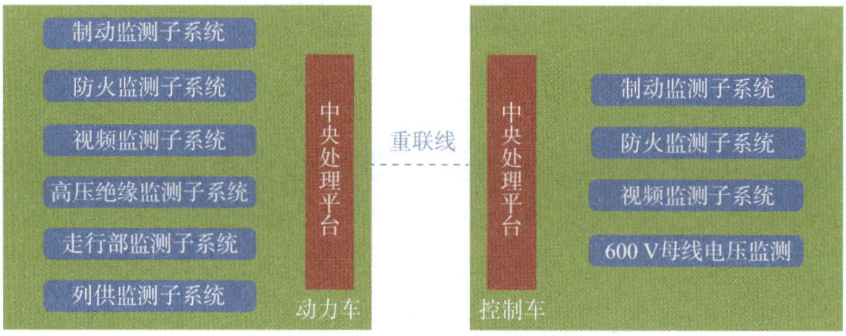

图8-5　6A系统配置

一、制动监测子系统功能

1. 动力车取消列车管流量监测(贯通辆监测),增加总风流量监测功能。
2. 动力车增加总风压力监测。
3. 控制车取消停放缸压力监测及停放制动异常施加监测功能。
4. 控制车增加总风压力监测。

制动监测子系统功能如图8-6所示。

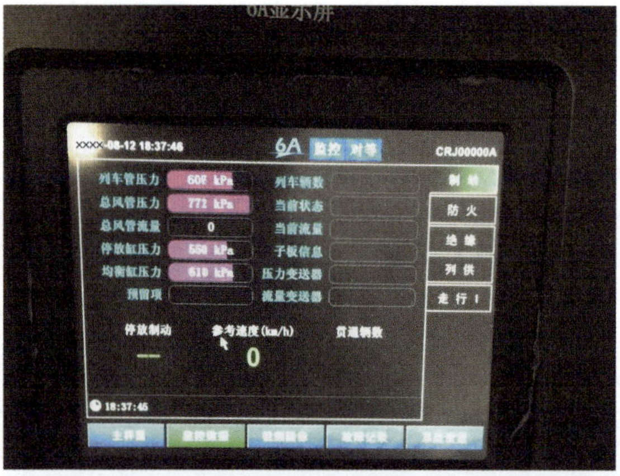

图8-6　制动监测子系统

二、防火监控子系统功能

1. 动力车司机室监测、机械间监测、列供柜监测、低压柜监测。
2. 控制车司机室监测、设备间、电气柜监测。
3. 防火监测子系统板卡、探头、挡板全部采用新方案。
4. 感烟探头使用粒子识别探测器。

防火监控子系统部件安装位置如图 8-7 所示。

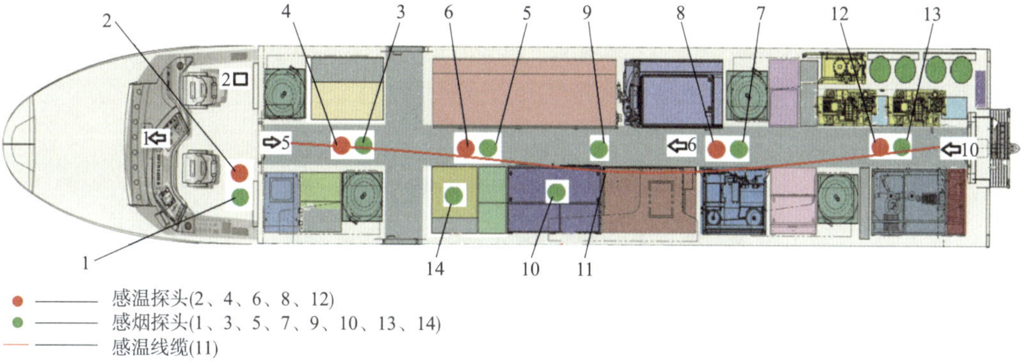

图 8-7　防火监控子系统

三、高压绝缘检测子系统功能

1. 在降弓状态下检测车顶高压设备的绝缘状态。
2. 检测只针对动力车，且只能在本车使用蓝钥匙进行操作。
3. 双路互感器检测。

高压绝缘检测子系统如图 8-8 所示。

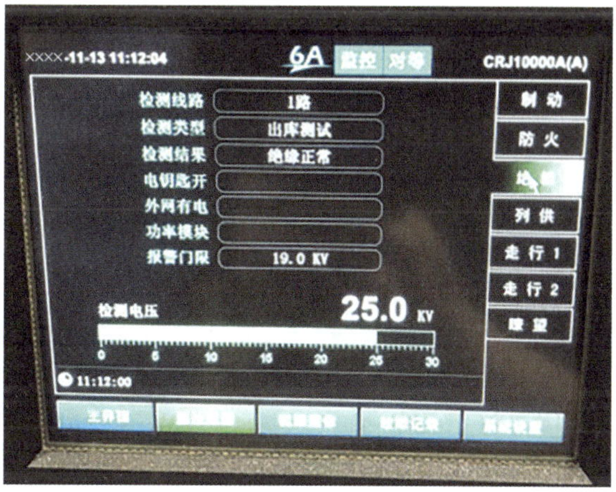

图 8-8　高压绝缘检测子系统

四、列供监测子系统功能

1. 动力车检测漏电流、列供柜状态。
2. 控制车检测母线电压。
3. 动力车列供可单路输出也可双路输出。
4. 长编组模式下动力车单路输出。
5. 短编组模式或长编组故障模式下动力车双路输出。
6. 当动力车单路输出时 6A 系统仅显示单路(1 路或 2 路)的监测数据。
7. 当动力车双路输出时 6A 系统显示双路监测数据。
8. 一台动力车安装 2 个漏电流模块。

列供监测子系统如图 8-9 所示。

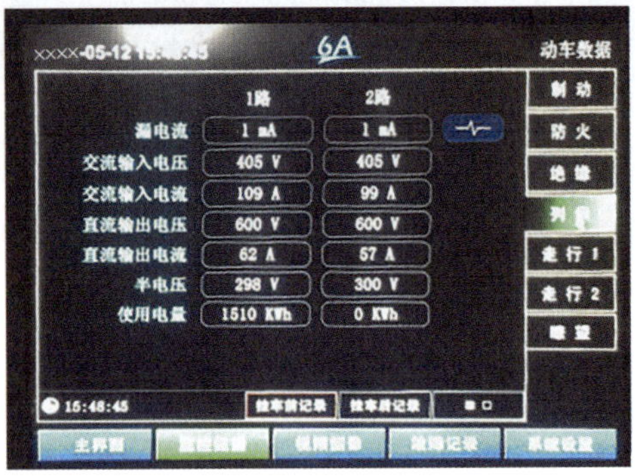

图 8-9　列供监测子系统

五、走行部监测子系统功能

1. 通过冲击检测轴承、齿轮、踏面的状态并给出报警(仅动力车)。
2. 通过温度对轴承进行温升和超温报警(仅动力车)。

走行部监测子系统如图 8-10 所示。

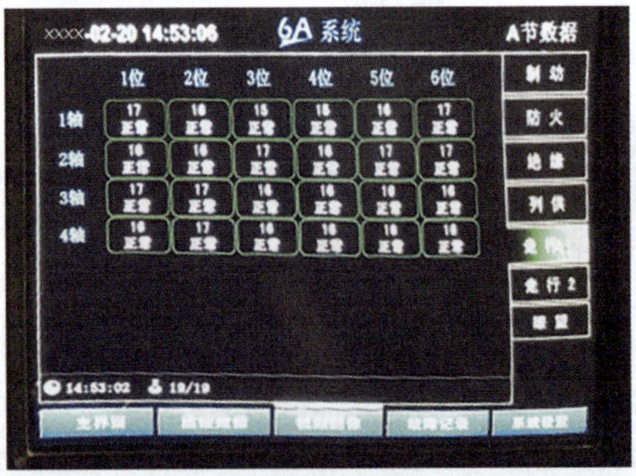

图 8-10　走行部监测子系统

六、视频监控子系统功能

1. 监测动力车路况、司机室、机械间、受电弓。

2. 监测控制车路况、司机室、机械间。

3. 动力车：路况摄像头、机械间摄像头、受电弓摄像头、司机室摄像头、视频处理及存储板卡。

4. 控制车：路况摄像头、机械间摄像头、司机室摄像头、视频处理及存储板卡。

此外在控制车布置电压传感器，监测 DC 600 V 母线电压。

第三节　拖车安全环路

拖车设置车门环路、轴温环路、火灾环路、制动环路4个硬线安全环路，如图8-11所示，同时各拖车车门、制动、轴温等状态信息通过列车级LonWorks网络传递给动力车（或控制车）的MVB/LonWorks网关，显示在司机室显示屏上。安全环路和网络信息的状态互相独立。

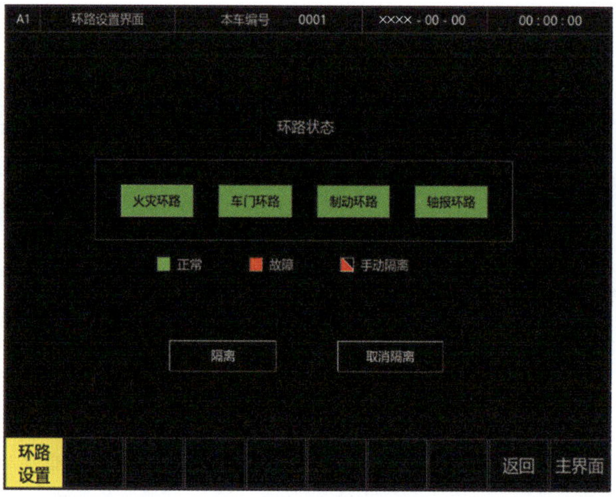

图8-11　拖车安全环路

一、安全环路工作原理

动车组设有贯穿全列动力车/控制车、拖车的环路干线，每节拖车车厢的车门、轴温、火灾、制动环路的状态触点并联在干线上，状态继电器设置在动力车/控制车上，环路干线由餐吧车供DC 110 V电压。正常情况下，安全环路的状态触点为断开状态，干线均为高电平，动力车司机室安全环路继电器得电；当某安全环路被触发时，被触发设备的状态触点闭合，导致干线在闭合触点处形成回路，安全环路继电器失电，司机室显示屏显示相应环路报警信息。

动力车/控制车与拖车数据互联互通通过LonWorks网络实现，由拖车运行状态安全监测系统（TCDS）主机将拖车车电数据（烟火、轴温、车门、制动数据）上传给动力车/控制车的LTM板卡，再由LTM板卡转发给车载微机，如图8-12所示。上传的信息包含的报警信息有：火灾报警、超温报警、严重异常制动、严重缓解不良、严重自然制动。同时车载微机也将机车的电压、电流、过分相、减载等信息通过LTM板卡转发（下发）给拖车。

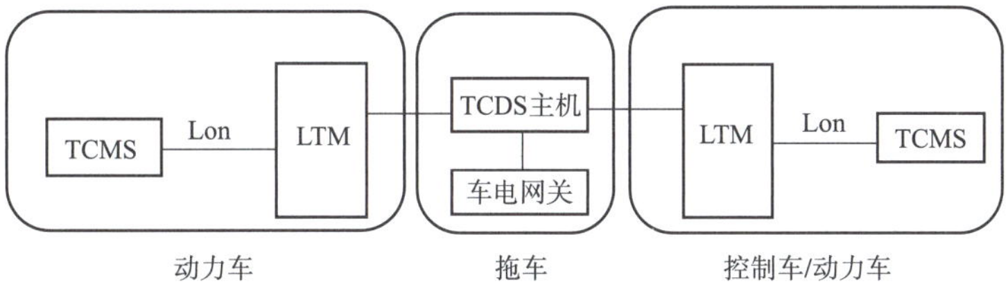

图 8-12　LonWorks 网络传递

二、安全环路工作过程

1. 车门环路

当任一车门打开时（无论故障开门还是正常操作开门），车门限位开关触点闭合，环路干线输出低电平，车门环路继电器失电，司机室显示屏弹屏显示“安全环路报警（车门）”，同时显示屏主界面右下角显示“拖车车门环路动作”，司机室显示屏二级安全环路界面显示“车门环路”标红，并显示具体的车门状态（打开、故障、离线、隔离等详细的状态）。当所有车门正常关闭后，操作台“门关闭”指示灯亮，同时司机室显示屏二级安全环路界面显示“车门环路”标绿，“车门状态”界面显示车门全部关闭。

当塞拉门发生无法关闭或车门开放报警时，安全环路将自动封锁牵引。车门状态界面如图 8-13 所示。

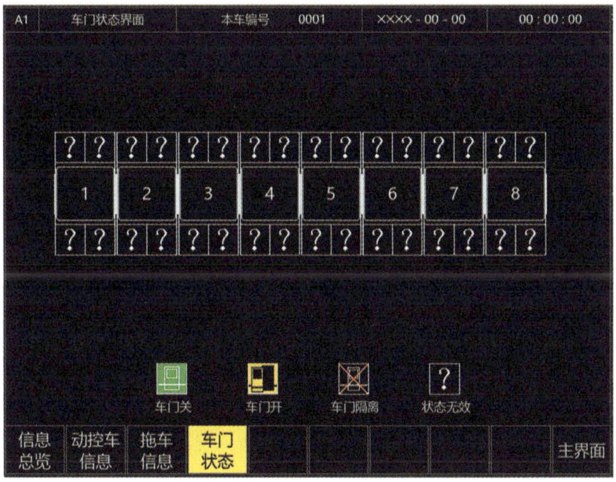

图 8-13　车门状态界面

2. 轴温环路

当任一拖车轴温超过 90 ℃报警时，轴温环路被触发，司机室显示屏弹屏显示“安全环路报警（轴报）”，同时显示屏主界面右下角显示“拖车轴报环路动作”，如图 8-14 所示，司机室显示屏二级安全环路界面显示“轴报环路”标红，“拖车信息界面”，如图 8-15 所示，显示发生轴温报警车辆号。当轴温安全环路正常时，司机室显示屏二级安全环路界面显示“轴报环路”标绿。

动车组运行途中，当拖车、控制车轴箱绝对温度达到 90 ℃时，安全环路将自动引发常用制动停车。

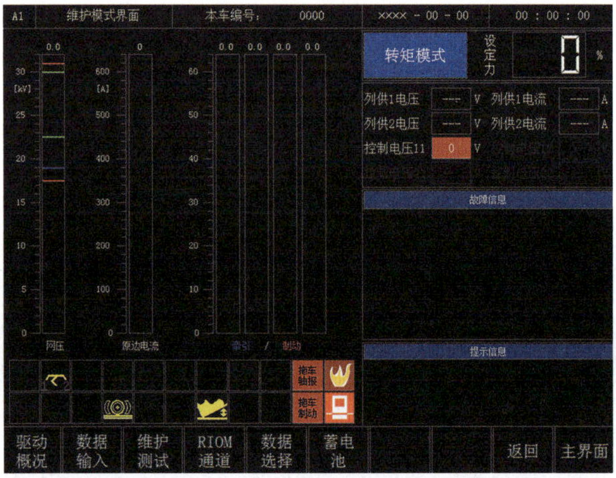

图 8-14　拖车轴报环路动作界面

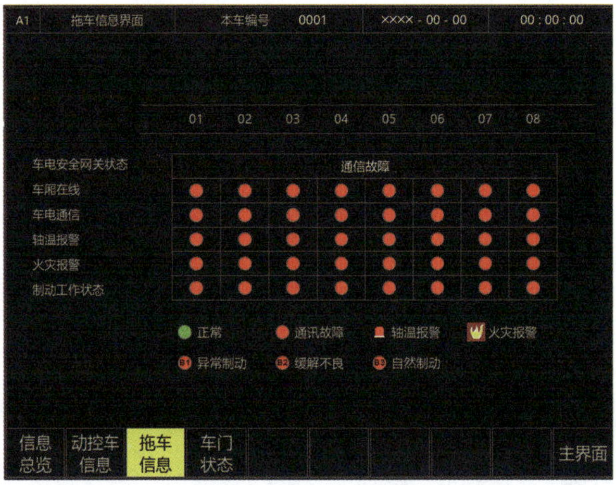

图 8-15　拖车信息界面

3. 火灾环路

当任一拖车发生火灾报警时，火灾安全环路被触发，司机室显示屏弹屏显示“安全环路报警（火灾）”，同时显示屏主界面右下角显示“拖车火灾环路动作”，司机室显示屏二级安全环路界面显示“火灾环路”标红，同时操作台火警指示灯闪烁，蜂鸣器鸣响，“拖车信息界面”显示发生火灾报警的车辆号。当火警安全环路正常时，司机室显示屏二级安全环路界面显示“火灾环路”标绿。

动车组运行途中，当拖车、控制车发生烟火报警时，安全环路只报警不控车。

4. 制动环路

当餐吧车的行车安全列车级主机发生“严重缓解不良”“严重异常制动”“严重自然制动”故障时，制动安全环路被触发，司机室显示屏弹屏显示“安全环路报警(制动)”，同时显示屏主界面右下角显示“拖车制动环路动作”，司机室显示屏二级安全环路界面显示“制动环路”标红，“拖车信息界面”显示具体制动故障信息及类型。当制动安全环路正常时，司机室显示屏二级安全环路界面显示“制动环路”标绿。

动车组运行途中，当安全环路对拖车、控制车发生车辆不缓解报警时，动车组将自动引发常用制动停车。

注意：动车组运行途中，司机发现安全环路报警时，应立即通知随车机械师检查确认及故障处理。

第四节　机车远程监测与诊断系统

机车远程监测与诊断系统(以下简称CMD系统)，主要功能是将机车各设备数据实时记录并转发，实现机车定位、机车质量状态监测、机车运行安全监测、动态跟踪人车图等功能，是机车车载监测数据的集成、车地无线传输和综合应用平台。

一、CMD系统功能

1. 远程监测

实时采集车载微机即列车控制与监视系统(TCMS)、列车运行监控装置(LKJ)、安全防护(6A)等设备的数据，监测机车的状态信息和故障报警信息，远程跟踪、定位机车位置、周转情况、视频信息、列车运行监控装置(LKJ)状态信息以及人车图的绑定信息等。

2. 车地数据传输

在途中运行时，实时采集车载微机即列车控制与监视系统(TCMS)、列车运行监控装置(LKJ)、安全防护(6A)等设备的故障、报警和涉及运行安全的机车运行状态信息，通过GSM/GSM-R、3G、北斗等网络实时传输，在机车入库时，通过WLAN网络下载储存。

3. 专家诊断

利用机务信息化综合应用平台及专业分析软件，对下载的数据进行综合分析，判断机车各系统的工作状态，为检修提供依据，同时对途中机车发生的故障，利用地对车信息传输功能，为乘务员处理提供远程技术支持。

4. 统计分析

实现机车业务数据的统计分析，包括机车使用率、机车占用、日车公里、机破统计、机车运用时间、故障统计、总走行公里数、配属统计、劳时统计、机车周转信息和检修/整备统计等。

5. 机车车载电子履历

建立随车存储的车载电子履历，实现对机车及部件的全寿命周期管理，包括机车及主要部件检测和试验记录、机车主要技术参数、机车配属动态、主要部件动态、检修动态、技术提升与改进记录、破损记录等。

6. 信息共享

实现运用、检修、整备、设备等信息子系统及电务车载设备信息系统的互联互通、信息共享，同时将各类统计、分析结果提供给运输信息集成平台及相关的专业部门。

二、CMD 系统组成

CMD 系统由车载子系统、数据传输子系统和地面综合应用子系统组成。车载子系统由 LDP、北斗卫星导航系统通信天线、WLAN/3G/定位天线及配套线缆组成。数据传输子系统由 GPRS/3G、WLAN、北斗、MTUP、铁路统一传输平台、通信服务器和无线转储服务器等组成，主要完成车地数据的双向传输。地面综合应用子系统由数据处理中心、综合服务平台和运行维护管理三部分组成，如图 8-16 所示。

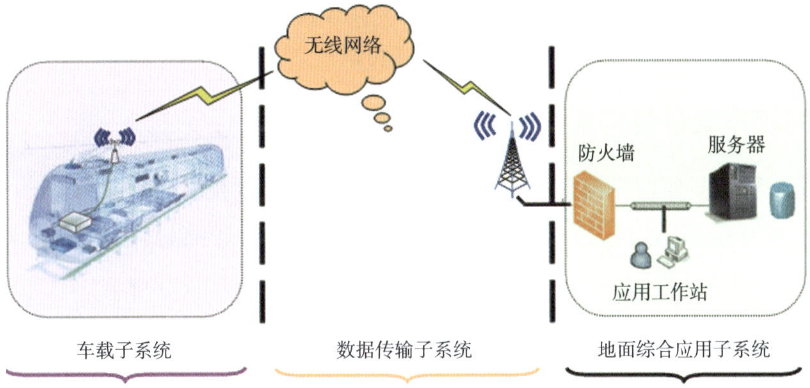

图 8-16　地面综合应用子系统

第五节　CTCS-2级列控车载设备

CTCS2-200型列控车载设备(以下简称“列控车载设备”)主要运用于CTCS-2级线路高速列车，最大速度250 km/h，目前CR200J型动力集中电动车组预设CTCS-2系统接口。通过实时接收地面轨道信号以得到列车运行前方的空闲区间长度，实时接收地面应答器数据得到列车前方路况信息，当判断列车运行速度大于当前曲线所规定的速度时，会通过图像与声音通知司机，如果实际速度与曲线规定速度差继续变大，便通过与列车的制动接口向列车发出制动信息。

一、列控车载设备构成

CTCS2-200型列控车载设备构成如图8-17所示，包括八个主要部分：车载设备主机、人机交互接口、速度传感器、连续信息接收设备、点式信息接收设备、列车接口、列车运行记录单元(集成在CVC安全计算机中)和与LKJ的接口。

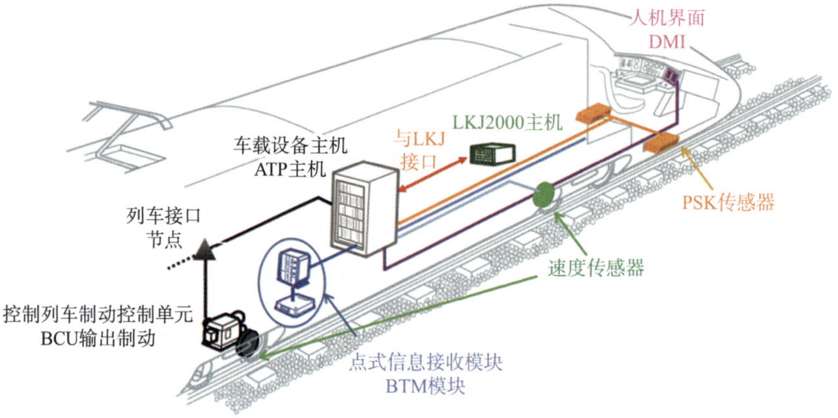

图8-17　CTCS2-200型列控车载设备构成

二、列控车载设备功能

1. 轨道电路信息接收与处理

列控车载设备通过轨道电路信息接收天线和轨道电路信息接收模块从轨道电路获取地面信息，包括：行车许可、前方空闲闭塞分区数量、车站进路速度等信息。

2. 应答器信息接收与处理

列控车载设备通过应答器信息接收天线和应答器信息接收模块从地面应答器获取地面信息，包括：前方线路信息、列车位置、列车的运行方向、进路信息、临时限速信息等。

3. 测速测距

列控车载设备实时监测列车运行速度并计算列车走行距离，校正空转或滑行对测速测距的影响。根据应答器信息进行位置校正，两个应答器的位置校正通过检测轨道电路的边界(绝缘节)实现。可通过主机的拨码开关进行轮径补偿系数的设定。

4. 超速防护

列控车载设备根据来自轨道电路信息接收模块的轨道电路信息、来自应答器信息接收模块的线路数据以及列车的特性，生成一次制动的连续控制模式曲线。

列控车载设备监控列车允许的速度，包括：动车组构造速度、线路允许速度、进路允许速度、临时限速和紧急限速。

如果列车速度与允许速度之间的差距超过报警门限，提供相应报警信息。如果列车实际运行速度与允许速度之间的差距超过常用制动门限，产生常用制动。如果列车实际运行速度与允许速度之间的差距超过紧急制动门限，产生紧急制动，直到列车停车。

5. 两种车载工作方式选择

列控车载设备具有设备制动优先和司机制动优先两种模式，允许通过内部设置(机柜内跳线)选择其中一种模式。

6. CTCS 级间切换

CTCS 级间切换主要指列控车载设备与 LKJ 之间控制权的切换。列控车载设备在地面应答器的配合下，可以在区间完成与 LKJ 的自动切换，也可以通过人机界面进行人工切换。控车权的交接以列控车载设备为主。为保证制动的安全性、平稳性和连续性，如果在切换时列控车载设备或 LKJ 已经触发制动，则在停车后或缓解后方可切换。

7. 防溜逸

停车检测状态，是指当列控车载设备检测到列车速度低于预先设定的速度值并持续一定时间后，且司机操纵手柄处于非牵引状态时列控车载设备所处的状态。速度值和持续时间应在满足运用要求的前提下根据设备的特性确定。

在停车检测状态下，列控车载设备会对列车的不恰当移动进行防护，采取措施防止列车在停车状态下发生非预期的前后移动，可持续输出制动命令。

8. 与 LKJ 接口

通过开关量接口、通信接口、模拟量接口，列控车载设备向 LKJ 输出控车权，与 LKJ 交换与运行监督记录有关的信息，提供轨道电路感应信号、机车信号等；LKJ 经列控车载设备与列车的制动控制接口连接。LKJ 向列控车载设备输出 LKJ 制动状态以及司机号、车次号、日期、时间等信息。

9. 与动态监测设备接口

列控车载设备设有用于进行动态监测的通信接口。通过该接口实时监测列控车载设备的运行情况，提供接收的轨道电路信息、应答器信息、工作模式、模式速度、车体输入状态、车体输出状态、设备工作状态等。

10. 与动车组接口

列控车载设备接收动车组输入的牵引位置、制动位置、零位位置、向前位置、向后位置等信息，向动车组输出紧急制动、最大常用制动、中等常用制动、弱常用制动、切除牵引等指令。

11. 机车信号

列控车载设备具备机车信号功能，并向列车运行监控装置输出机车信号信息。

12. 载频锁定

轨道电路信息接收模块具有接收多个载频的能力。利用应答器信息、人机界面选择、轨道电路信息等三种方法锁定载频：

(1)根据应答器信息中的信息包锁定轨道电路载频。

(2)根据列控车载设备人机界面(DMI)上下行载频按键，可由司机手动选择锁定载频。

(3)利用轨道电路的载频锁定逻辑锁定载频。

优先采用应答器信息锁定载频。如果未收到应答器信息，可通过列控车载设备人机界面(DMI)选择或轨道电路信息锁定载频。

13. 与司机进行信息交互

通过人机界面设备，可接受司机的信息输入，部分非安全信息也可通过运行监控装置提供，并向司机提供以下信息：列车实际速度、目标速度、限制速度、目标距离、机车信号等，以及显示和声音提示。

14. 数据记录

记录单元能记录列控车载设备的输入/输出及运行状态，并能通过记录读取装置读取数据再现列控车载设备的工作状态。为了能在事故发生时进行原因分析，采用连续记录的方式对信息进行详细记录，最少可以连续记录 24 h，记录的周期为 300 ms。对于地面应答器的信息，只有在通过地面应答器时才进行记录。记录列控车载设备的主要状态，其记录容量达到 30 天以上。只有在检测出故障时，才进行一般设备状态记录，记录设备故障及发生故障的时间。当所有数据域记录满后，用新数据覆盖旧数据。

三、列控车载设备特点

1. 采用目标距离模式曲线控制方式

目标距离模式曲线是根据目标速度、线路参数、列车参数、制动性能等确定的反映列车允许速度与目标距离间关系的曲线。它反映了列车在各位置的允许速度值。列控车载设备根据目标距离模式曲线实时给出列车当前的允许速度，当列车超过当前允许速度时，自动实施常用制动或紧急制动，保证列车能在停车点前停车。这种控制方式具有较高的运行效率。

2. 具有兼容性

具有自动根据地面设备配置情况确定运行模式的功能。当地面设备满足CTCS-2级条件时，列控车载设备按照目标距离模式曲线方式进行控制。当地面条件仅满足CTCS-0级条件时，列控车载设备可以实现机车信号的功能，为其他控制设备提供机车信号信息。

3. 具有自我诊断能力

各子系统分别具有自检测和自诊断功能，发生故障时，通过静态和动态方式可以及时发现故障位置，保证系统不产生危险侧输出和尽量减小故障影响；发生严重故障时，具有降级能力，保证列车运行安全。

4. 具有实时性

列控车载设备是实时信息处理和实时控制的系统，在列车运行中对轨道电路信息、线路参数和准许运行位置等进行信息采集，绘出一次制动模式曲线，并依据车辆位置与模式速度值的关系，对其进行实时、有序地处理，输出制动力。线路数据和限速信息无须预存在列控车载设备内部。

5. 可靠性、安全性高

列控车载设备设计严格遵照故障—安全原则，各模块之间以及与其他系统之间的联系采用冗余通道。

6. 可维护性

列控车载设备采用模块化开放式结构设计，易与相关系统接口，易于功能扩展更新，满足设备的可用性、维修性的要求。在使用中用户提出新的需求时，在硬件体系结构不变的前提下，可以对软件进行适当的修改升级工作。此外设备如有故障，可以直接更换模块或板卡。

复习思考题

1. 简述 LKJ2000 型列车运行监控装置的主要功能。
2. 车载安全防护系统主要包括哪些子系统？
3. 简述机车远程监测与诊断系统(CMD)具备哪些主要功能。
4. 简述动车组安全环路的工作原理。
5. 简述动车组车门安全环路工作过程。

第九章　控制车和拖车

动车组拖车和控制车由中车唐山机车车辆有限公司(与 FXD3J 连接)和中车南京浦镇车辆有限公司(与 FXD1J 连接)生产,满足互联互通互控要求。本章主要从车辆总体、电气系统、转向架系统、制动系统、车辆内装等方面对控制车和拖车进行介绍。

第一节　控 制 车

一、控制车总体

控制车设计原则为:

1. 利用既有 25T 型客车技术平台;
2. 遵循自主化、简统化、互联互通、成熟性、先进性、经济性原则;
3. 技术一体化设计原则;
4. 外观、内装与既有和谐系列(CRH)动车组相似;
5. 提高密封性能、减小纵向冲动、降低噪声,提高乘坐舒适性;
6. 适应现有客车运用维修要求;
7. 司机室与动力车司机室设施一致,头型与动力车相同。

控制车定员 56 人,两端设通过台;一位端设蹲便卫生间、乘务员室、电气控制柜、电热开水器;中部为客室,设置 2+2 一等座椅;二位端设坐便卫生间、隐藏式垃圾箱、双人洗面间、机械间、司机室,控制车的布置如图 9-1 所示。

图 9-1　控制车布置

控制车主要技术参数见表 9-1。

表 9-1　控制车主要技术参数

定　　员	56 人
轴　　重	不大于 16.5 t,同一轮对轮重差不超过 4%
车体长度	27 955 mm
车体宽度	3 105 mm
车顶距轨面高度(空车时)	4 433 mm
车辆定距	18 000 mm
轨　　距	1 435 mm
中间密接式车钩中心线距轨面高度	880_{-30}^{0} mm
司机室端 10 型车钩中心线距轨面高度	880_{-25}^{+10} mm
通过台渡板面距轨面高度	1 283 mm
客室地面距轨面高度	1 283 mm
最高运营速度	160 km/h
最高试验速度	176 km/h
在平直道上重车(考虑 30%超员)紧急制动距离	初速 120 km/h 时,不大于 800 m
	初速 160 km/h 时,不大于 1 400 m
通过最小曲线半径	单车:100 m
	连挂时:145 m
静止状态下车体传热系数(K 值)	客室:≤1.11 $W/m^2 \cdot K$ 司机室:≤2.4 $W/m^2 \cdot K$
轴　　距	2 500 mm/2 600 mm
轮对内侧距	(1 353±1)mm

二、车体系统

车体系统包括车体钢结构、裙板、车钩缓冲装置、风挡、开闭机构等组成,如图 9-2 所示。

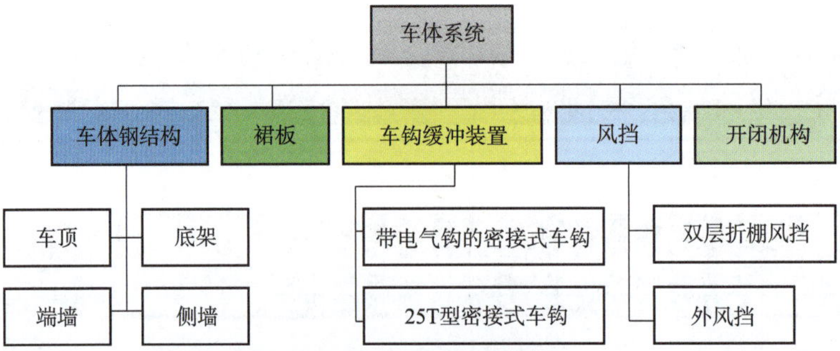

图 9-2　车体系统构成

控制车除二位端设置司机室外，一位端和客室设置同拖车，二位端设司机室骨架。

控制车司机室前端设置带电气钩的密接式车钩缓冲装置，能够实现动车组自动重联。机车救援、回送时采用 10 型和 13 型过渡钩头连挂。

三、电气系统

电气系统基于既有 25T 型客车技术平台进行必要的功能提升，优化网络性能，增加司机室电气系统，系统主要配置如图 9-3 所示。

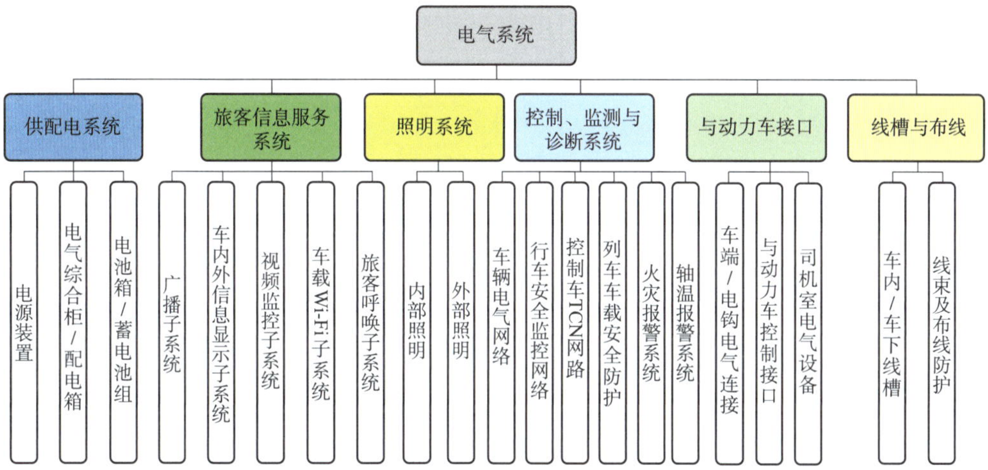

图 9-3　电气系统主要配置

控制车供配电系统、旅客信息服务系统(PIS)、客室内部照明及其控制策略与拖车方案相同。控制车司机室控制、监测、诊断与动力车保持一致，并设 6A 系统，仅针对动力车特用功能进行减少相应项点。控制车火灾报警系统分为客室火灾报警系统和司机室火灾报警系统。客室火灾报警系统同拖车，拖车火灾报警系统由二等座车(餐吧车)经拖车列车网络传送至司机室。司机室设独立火灾报警系统(属 6A 系统)，同动力车设置一样。

控制车布线分为客室布线和司机室布线两部分。客室部分所用电缆、布线及防护要求同拖车，司机室部分选用线缆、布线及防护要求按动力车标准执行。

动车组设硬线安全环路，包含门安全环线、制动安全环线、轴温报警安全环线和火灾报警安全环线。

控制车司机室电气按照动力车设置，如图 9-4 所示。

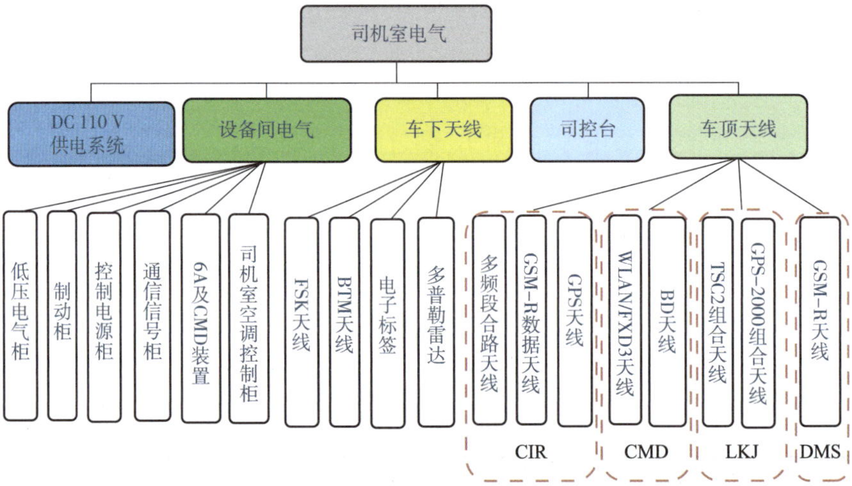

图 9-4　控制车司机室电气设置

四、转向架系统

1. SW-220K 型转向架

中车唐山机车车辆有限公司控制车转向架与拖车基本一致，是以 25T 型客车成熟应用的 SW-220K 型转向架为基础进行优化设计，升级基础制动装置。控制车转向架设扫石器装置、信号轴端，如图 9-5 所示。

图 9-5　SW-220K 型转向架

相对于拖车转向架构架，控制车构架端部增加扫石器安装座，如图 9-6 所示。

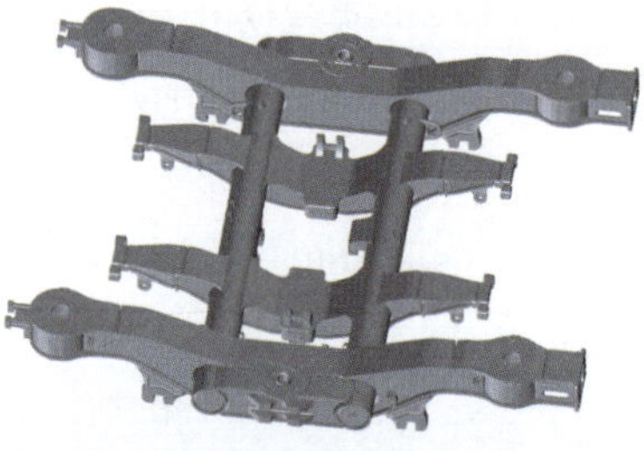

图 9-6　控制车构架(以 SW-220K 型转向架为基础)

轮对轴箱与一系悬挂装置方面，除1位、7位轴端增加信号传感器安装接口，其他技术方案均同拖车，如图9-7所示。

图9-7　控制车轴箱装置(以SW-220K型转向架为基础)

动车组控制车的导向轮对处，设置扫石器，如图9-8所示。

图9-8　控制车导向轮对(以SW-220K型转向架为基础)

2. PW-220K型转向架

中车南京浦镇车辆有限公司控制车转向架是以25T型车用PW-220K型转向架为技术平台进行优化设计，升级基础制动装置，控制车转向架增设扫石器装置、信号轴端，如图9-9所示。

相对于拖车转向架构架，控制车构架端部增加扫石器安装座，如图9-10所示。

图 9-9　PW-220K 型转向架

图 9-10　控制车构架(以 PW-220K 型转向架为基础)

轮对轴箱定位装置方面,除 1 位、7 位轴端增加信号传感器安装接口,其他技术方案均同拖车,如图 9-11 所示。

图 9-11　控制车轴箱装置(以 PW-220K 型转向架为基础)

动车组控制车的导向轮对处,设置扫石器,如图 9-12 所示。

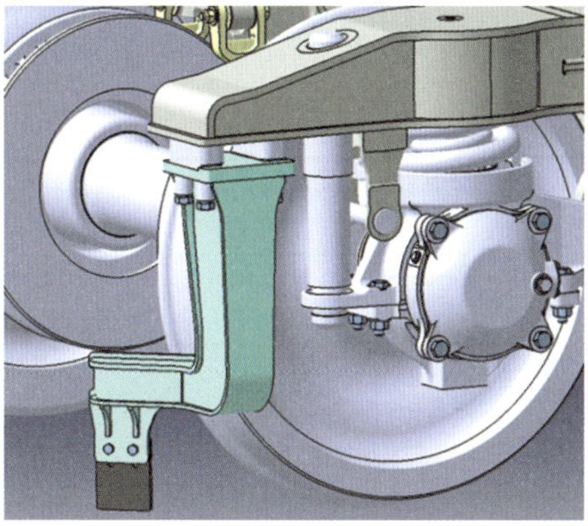

图 9-12　控制车导向轮对(以 PW-220K 型转向架为基础)

五、制动系统

控制车制动系统是在拖车方案基础上增加制动控制系统。制动控制系统基于动力车方案设计,保留列车管控制功能、后备制动功能,制动系统构成如图 9-13 所示。

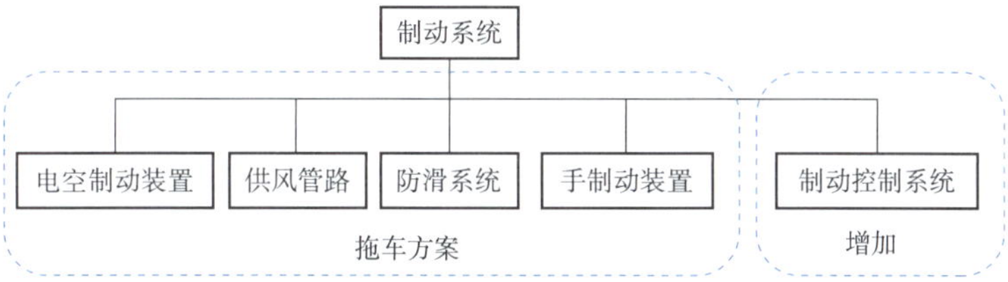

图 9-13　制动系统构成

制动控制柜采用微机控制的自动式电空制动控制柜,如图 9-14 所示。

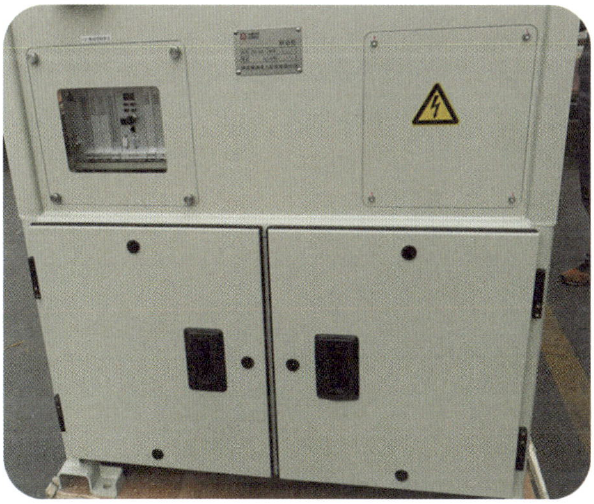

图 9-14　自动式电空制动控制柜

六、司 机 室

司机室设备布置与动力车保持一致，司机室设备布置如图 9-15 所示。

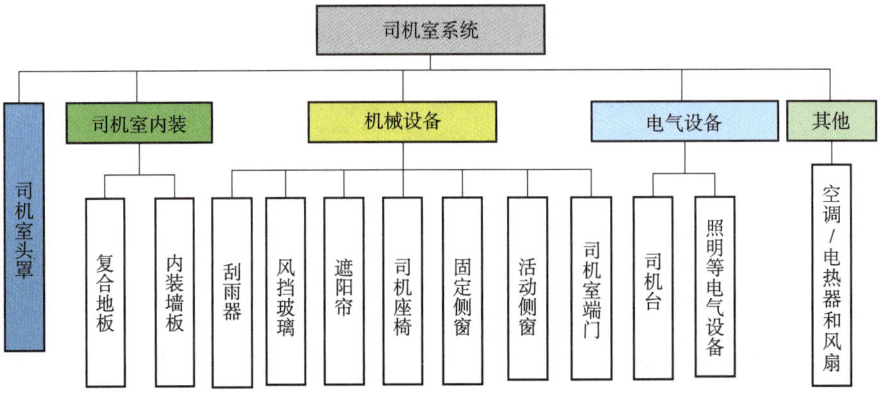

图 9-15　司机室设备布置

七、给排水卫生与空调设备

1. 给水卫生

控制车给水卫生系统与拖车一致。

2. 空调系统

控制车客室部分空调系统与拖车相同，同时增加司机室系统。司机室设置单独的空调机组和送回风系统，保障司机室舒适性，且司机室设电取暖器，布置同动力车一致；客室空调采暖系统同拖车，控制车功率及风量见表 9-2。

表 9-2　控制车功率及风量

车　型		控制车（客室）	控制车（司机室）
制冷量（kW）		35	6
制热量（kW）		9	6
总风量（m^3/h）	高速	4 500	800
	低速	3 000	
新风量（m^3/h）		900	60

司机室空调机组采用下送下回的方式，参照既有机车空调机组设计。司机室送、回风形式及风道、风口布置基于动力车设计。

八、车体内装与车上设备

控制车内装与车上设备与拖车一致。控制车设置一等座椅，座椅间距为 960 mm。

第二节　拖　　车

一、拖车总体

动车组拖车设计原则为：

1. 利用既有 25T 型客车技术平台成熟技术；
2. 遵循自主化、简统化、互联互通、成熟性、先进性、经济性原则；
3. 技术一体化设计原则；
4. 外观、内装与既有和谐系列(CRH)动车组相似；
5. 提高密封性能、减小纵向冲动、降低噪声，提高乘坐舒适性；
6. 适应现有客车运用维修要求。

拖车车型见表 9-3。

表 9-3　拖车车型

车辆类型	一等座车	二等座车	二等座车 (带餐吧)	餐座合造车 (方案 A 和方案 B)	一等卧车	二等卧车
定员(人)	76	98	76	46	40	66
座椅/卧铺	一等软座 2+2，整椅固定， 后背可调	普通软座 2+3，整椅固定， 后背可调	普通软座 2+3，整椅固定， 后背可调	普通软座 方案 A： 2+3，整椅固定， 后背可调 方案 B： 2+3，面对面固定， 后背不可调	软卧 上/下铺	硬卧 上/中/下铺
乘务员室	1	1	无	无	1	1
播音室	无	无	1	1	无	无
机械师室	无	无	1	1	无	无
无障碍设施	无	无	有(2 个行动 不便旅客座椅)	有(2 个行动 不便旅客座椅)	无	无

拖车的主要技术参数见表 9-4。

表 9-4　拖车主要技术参数

轴　　重	不大于 16.5 t，同一轮对轮重差不超过 4%
车体长度	25 500 mm
车辆间距	1 076 mm
车体宽度	3 105 mm
车顶距轨面高度(空车时，不含空调)	4 433 mm
车顶距轨面最大高度(空车时，空调区域)	4 638 mm

续上表

车辆定距	18 000 mm
轨　距	1 435 mm
轴　重	不大于 16.5 t，同一轮对轮重差不超过 4%

二、拖车平面布置

拖车车内设置见表 9-5。

表 9-5　拖车车内设置

类　别	一等座车	二等座车	餐座合造车/二等座车(带餐吧)	一等卧车	二等卧车
座椅/卧铺	2+2 固定	2+3 固定	2+3 固定	上、下铺	上、中、下铺
形　式	后靠可调	后靠可调	后靠可调	—	—
过道尺寸(mm)	约 520	约 500	约 500	约 770	约 857
乘务员室	1	1	无	1	1
播 音 室	无	无	1	无	无
机械师室	无	无	1	无	无
无障碍轮椅区	无	无	2	无	无

1. 拖车二等座车布置

拖车两端设通过台；一位端设置坐式便器卫生间、乘务员室及小走廊，小走廊内设电气控制柜、电热开水器间；车体中部为客室，设置 2+3 普通座椅及 4 个安全锤；二位端设置蹲式便器卫生间、隐藏式垃圾箱、开敞式双人洗面间及小走廊，如图 9-16 所示。

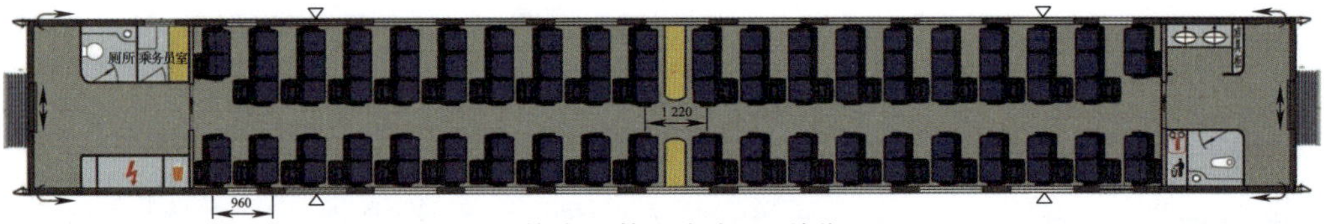

图 9-16　拖车二等座车布置(单位：mm)

2. 拖车一等座车布置

两端设通过台；一位端设坐式便器卫生间、乘务员室及小走廊，小走廊内设电气控制柜、电热开水器间；车体中部为客室，设置 2+2 一等座椅及 4 个安全锤；二位端设置蹲式便器卫生间、隐藏式垃圾箱、开敞式双人洗面间及小走廊，如图 9-17 所示。

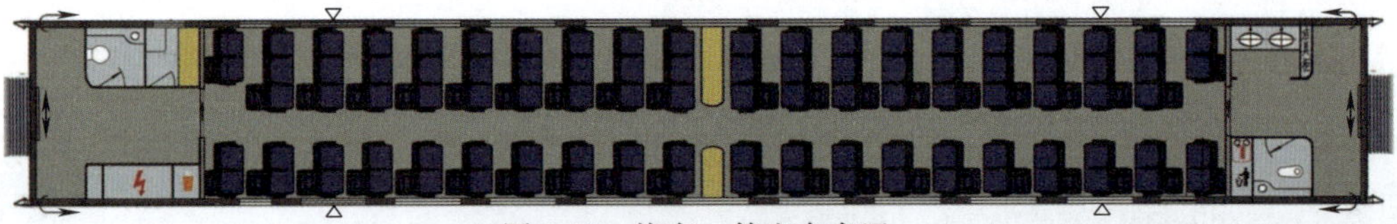

图 9-17　拖车一等座车布置

3. 拖车一等卧车布置

一等卧车一位端设通过台、坐式便器卫生间、乘务员室及小走廊，小走廊内设电气控制柜；车体中部设 10 个封闭式卧铺包间及侧走廊；二位端设双人洗面间、电热开水器间及隐藏式洁具柜、垃圾箱、蹲式便器卫生间及小走廊，如图 9-18 所示。

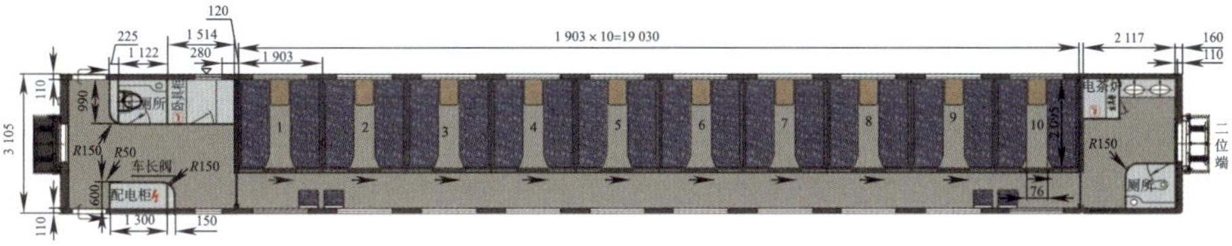

图 9-18　拖车一等卧车布置(单位：mm)

4. 拖车二等卧车布置

二等卧车一位端设通过台、坐式便器卫生间、乘务员室及小走廊，小走廊内设电气控制柜；车体中部设 11 个半封闭式卧铺包间及侧走廊，上铺与中铺、中铺与下铺间设脚蹬；二位端设双人洗面间、电热开水器间及隐藏式洁具柜、垃圾箱蹲式便器卫生间及小走廊，如图 9-19 所示。

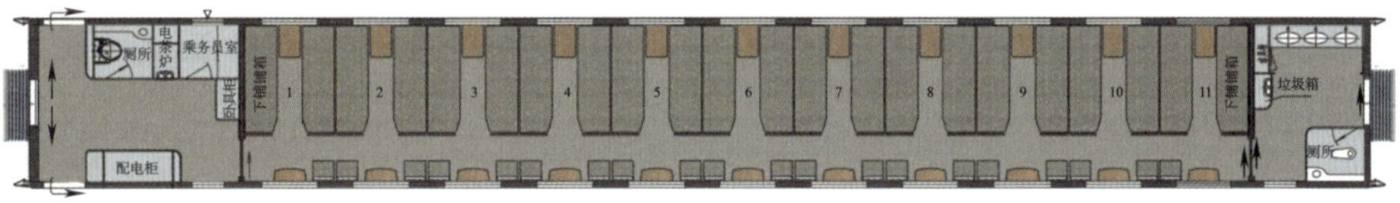

图 9-19　拖车二等卧车布置

5. 餐座合造车布置(方案 A)

餐座合造车一位端设置通过台；一位小走廊设置隐藏式垃圾箱和一个无障碍卫生间；车体中部为客室、播音室及机械师室，设置 2+3 普通座椅及 4 个安全锤，客室设有无障碍座位和行动不便旅客轮椅存放区；二位端设置配电柜、一体化吧台厨房配餐区及侧走廊，厨房采用配餐式厨房设备，如图 9-20 所示。

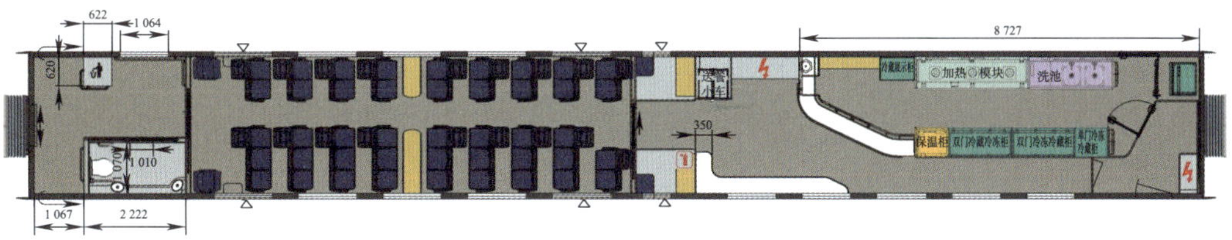

图 9-20　餐座合造车布置(方案 A)(单位：mm)

6. 餐座合造车布置(方案 B)

餐座合造车一位端设置通过台；一位端小走廊设隐藏式垃圾箱和一个无障碍卫生间；车体中部为客室、播音室及机械师室，设置面对面布置的 2+3 就餐座椅及 4 个安全锤，客室设有无障碍座位和行动不便旅客轮椅存放区；二位端设配电柜、一体化吧台厨房配餐区及侧走廊，厨房采用配餐式厨房设备，如图 9-21 所示。

图 9-21　餐座合造车布置(方案 B)

7. 二等座车(带餐吧)

二等座车(带餐吧)一位端设置通过台；一位小走廊设置隐藏式垃圾箱和一个无障碍卫生间；车体中部为客室、播音室及机械师室，设置 2＋3 普通座椅及 4 个安全锤，客室设有无障碍座位和行动不便旅客轮椅存放区；二位端设置配电柜、餐吧区及侧走廊，餐吧区设方便于售卖的展示及储藏设备，如图 9-22 所示。

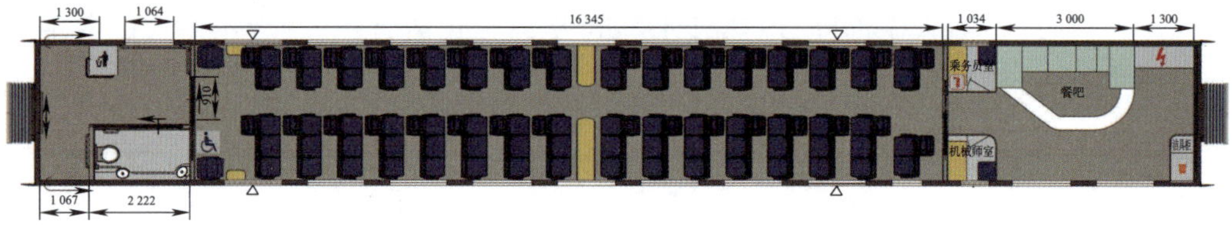

图 9-22　二等座车(带餐吧)(单位：mm)

三、车体系统

车体系统包括车体钢结构和车辆机械连接，基于 25T 型客车平台进行优化改进，车体系统构成如图 9-23 所示。

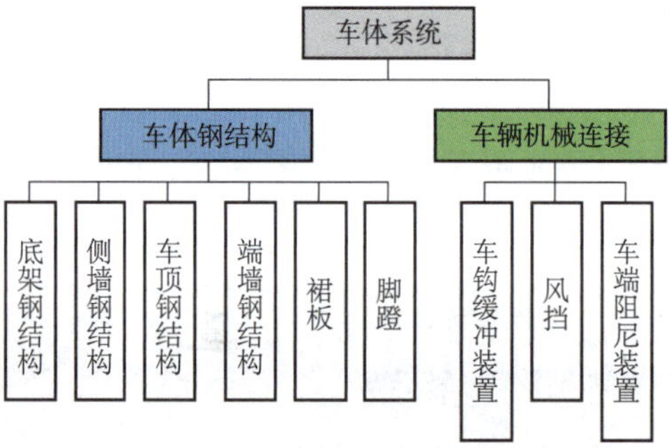

图 9-23　车体系统构成

车体钢结构采用模块化和轻量化设计，主要材质为耐候碳素钢。侧墙及端墙梁柱断面为乙形或角形，与墙板采用电阻点焊或塞焊，减少焊接变形。侧墙到车顶圆滑过渡。侧墙立柱与车顶弯梁交圈结构提升车体刚度。

车体底架钢结构车下设备安装采用25T型客车统型结构。车顶平顶或圆顶设置活动顶盖，方便整体卫生间等大设备吊入车内。裙板采用吊装式结构，分活动裙板和固定裙板，所有裙板均可方便拆卸，便于检修维护。侧门处设置双层四级固定脚蹬，脚蹬内部填充隔热材料，提高脚蹬可靠性及车体隔热性。车端设置车钩缓冲装置、车端阻尼器、双层折棚内风挡和胶囊非接触式外风挡。中间钩采用密接车钩MJGH-25T。风挡采用双层折棚风挡，结构与25T型风挡相似。

四、电气系统

电气系统在既有25T型客车DC 600 V技术平台基础上进行必要的功能提升，优化网络性能，增加安全环路系统，升级轴报、行车安全、火灾报警等安全监测系统，电气系统主要配置如图9-24所示。

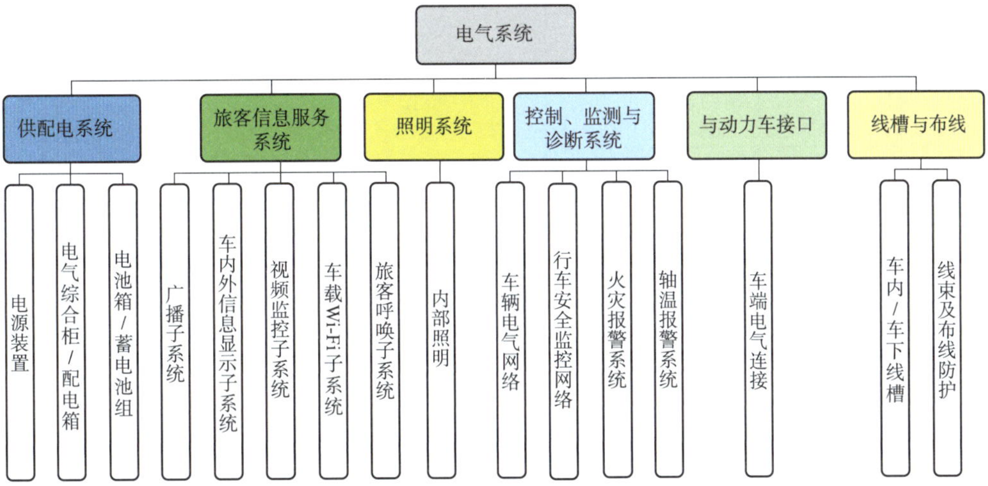

图9-24　电气系统构成

DC 600 V供电系统基于25T型客车进行设计，采用动力车集中整流DC 600 V供电、拖车分散变流方式。

PIS系统在成熟的25T型客车PIS系统基础上增加车外信息显示屏，集成广播播音系统，增设视频监控系统，餐座合造车设置Wi-Fi中心服务器，车厢内设置Wi-Fi的AP天线，实现Wi-Fi覆盖，无障碍区域设置旅客呼叫系统。

拖车车辆内部照明全部采用LED照明，乘务员室照明控制开关可控制本车厢照明，播音室可集控全列照明。餐座合造车主灯带亮度可调，行李架设辅助灯带。

车辆电气监控系统由车辆控制单元、供电系统、电源装置、轴温、烟火、塞拉门、防滑器、车厢监控屏、列车级电气监控系统主机及显示屏（仅餐座合造车）和两级LonWorks网络（列车级、车辆级）等组成。动车组的控制、监测与诊断系统可监视所有拖车的供电、空调、轴温、烟火、塞拉门、制动、转向架、防滑器等运行状态；并可控制所有拖车的供电、空调等运行。所有拖车的烟火、塞拉门、防滑、轴温、空调、供电信息通过网关传送至 TCDS 主机，TCDS 主机将信息传递给动力车和控制车的 MVB/LonWorks 网关，并通过无线通信方式与 TCDS 地面系统进行数据传输。火灾报警系统在 25T 型客车火灾报警系统基础上增加感温电缆火灾探测器；升级现有的探测器的结构；升级火灾报警控制器及列车网关程序，升级通信协议。轴温报警系统使用数模混合冗余式传感器。温度检测单元设计增加了冗余量，采用双备份机制（检测芯片、传输配线双备份），有效防止误报、漏报。

拖车设四个安全环路，包含车门安全环线、制动安全环线、轴温报警安全环线和火灾报警安全环线，结构如图 9-25 所示。

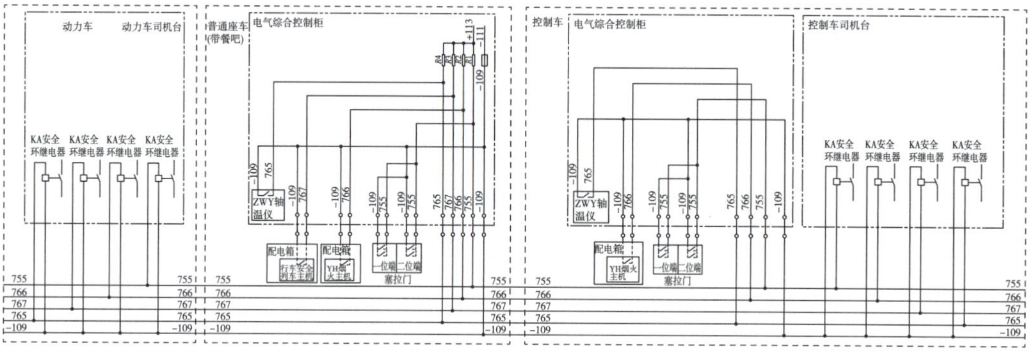

图 9-25　拖车安全环路

拖车电缆符合相关规定，供电干线贯通电缆参考 25T 型车选型。车下中部线槽和客室线槽均采用模块化结构，布线后整体吊装。

五、转向架系统

1. SW-220K 型转向架

中车唐山机车车辆有限公司拖车转向架是以 25T 型车用 SW-220K 型转向架为技术平台进行优化设计，升级基础制动装置，如图 9-26 所示。

图 9-26　SW-220K 型转向架

构架采用成熟的H形焊接结构。侧梁为箱形焊接结构，横梁采用无缝钢管，两侧设空气弹簧支撑梁。横梁与部分空气弹簧支撑梁作为附加气室，如图9-27所示。

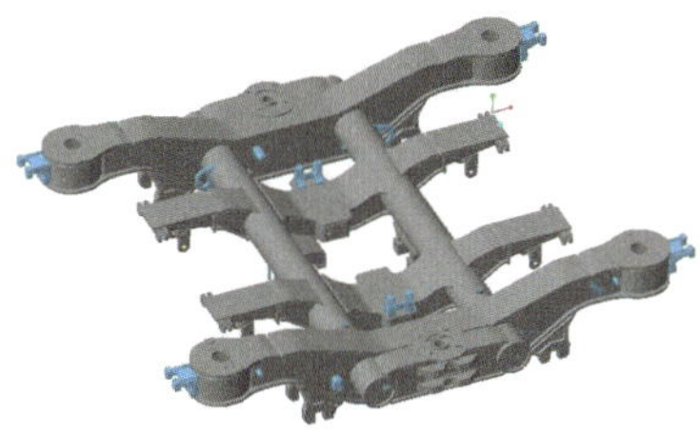

图9-27　H形焊接构架

采用25T型客车统型的轮对轴箱装置，可实现互换。

二系悬挂由空气弹簧、高度阀、差压阀、横向油压减振器、抗蛇行减振器等组成，如图9-28所示。

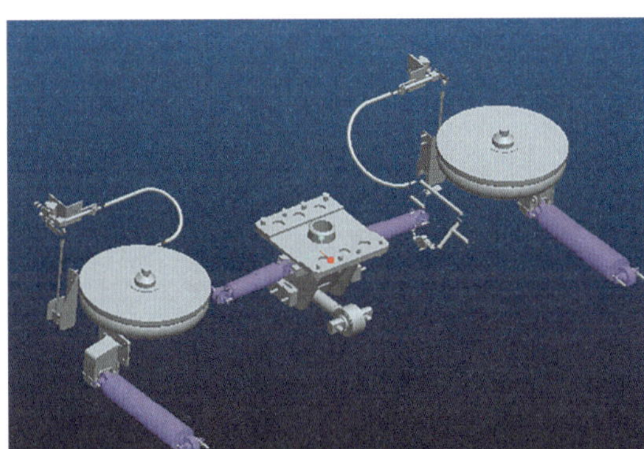

图9-28　拖车二系悬挂

2. PW-220K型转向架

中车南京浦镇车辆有限公司拖车转向架是以25T型车用PW-220K型转向架为技术平台进行优化设计，升级基础制动装置，如图9-29所示。

图9-29　PW-220K型转向架

构架装置采用U形焊接结构，主要由侧梁、主横梁、制动横梁、各安装座组成。侧梁、主横梁均采用箱形焊接结构，制动横梁为无缝钢管，如图9-30所示。

图9-30　U形焊接构架

轮对轴箱定位装置采用25T型客车转向架统型的轮对轴箱装置，一系悬挂系统采用转臂式定位，定位节点240万km免维护，如图9-31所示。

图9-31　拖车轴箱位置

中央悬挂系统由空气弹簧及其控制系统、牵引装置、抗侧滚扭杆装置组成，如图9-32所示。

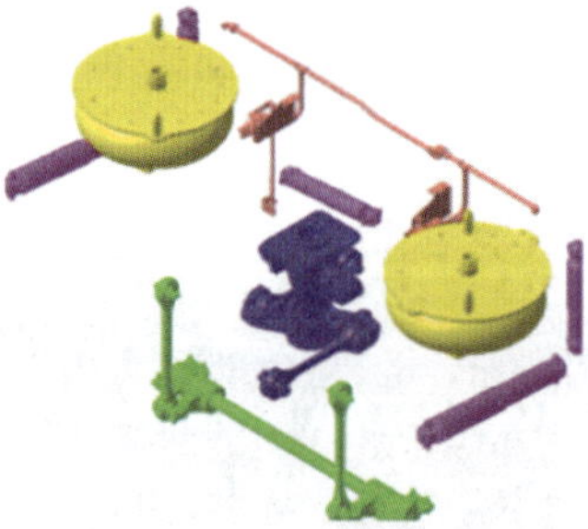

图9-32　中央悬挂系统

3. 转向架统型结构

轮对轴箱的轴端布置有三种：防滑器轴端、接地轴端、普通轴端。转向架的1、2、4、6、7、8转臂处设有接地电阻线装置。各车轴端如图9-33～图9-35所示。

图 9-33　防滑轴端

图 9-34　接地轴端

图 9-35　普通轴突

基础制动装置为统型结构，采用铸钢制动盘、粉末冶金闸片、整体式夹钳、双侧抱盘闸线式手制动结构。

六、制动系统

制动系统采用自动式电空制动系统，五线制电空制动控制，基于 25T 型铁路客车制动系统优化设计，制动系统构成如图 9-36 所示。

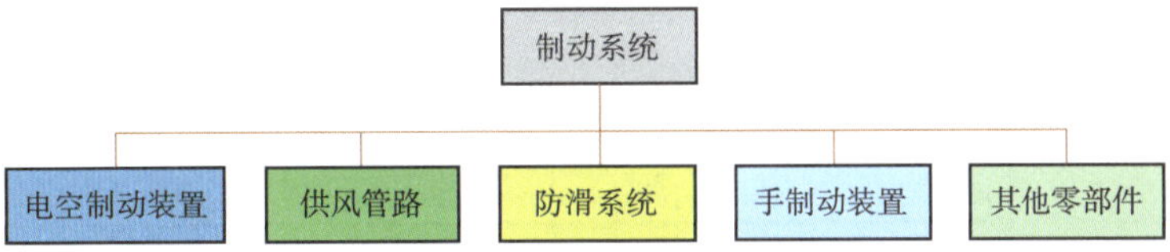

图 9-36　制动系统构成

拖车制动系统主要由电空制动装置、供风管路、防护系统、手制动装置和其他零部件组成。结构设计采用模块化原则，并基于 25T 型铁路客车进行优化改进，见表 9-6。

表 9-6　拖车制动系统

序　号	部件名称	产品来源	变更说明
1	电空制动机	25T	紧急制动时制动缸压力为 420 kPa
2	制动模块	25T	尽可能采用整体弯管代替直管加接头的形式
3	制动车端连接器	25T	集成在车端控制连接器中
4	汽水分离器	—	防止积水冻结供风管路
5	手制动	参照 25T 设计	采用带防反转功能的手制动机

拖车制动系统采用模块化原则，尽可能采用整体弯管代替直管加接头的形式，能够有效降低管系中的接头数量，同时降低了泄漏风险点数量，有效提高管系密封性。采用带防反转功能的伞齿轮传动手制动机、滚珠式轴套柔性钢缆传递制动力。在与动力车连挂端的总风主管路上设置汽水分离器，防止积水冻结供风管路。

七、给排水卫生系统

给水卫生系统包括给水装置和卫生装置，如图 9-37 所示。

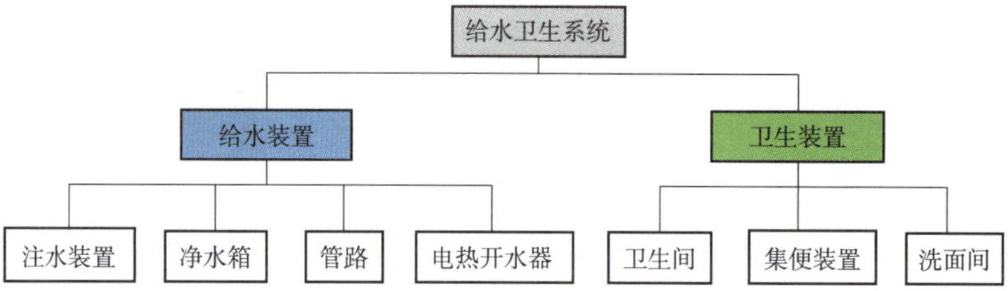

图 9-37　给水卫生系统

给水卫生系统结构设计采用模块化原则，并基于 25T 型铁路客车进行优化改进，见表 9-7。

表 9-7　给水卫生系统

序　　号	部件名称	产品来源	变更说明
1	电热开水器	25T	进水管、检查门位置调整，便于内部检修
2	接水面板	25T	接水面板水阀采用按压式，增加纸杯架
3	电热温水器	25T	增加储水容积，约 13 L，降低功率
4	真空保持集便系统	25T	冲水按钮采用动车组上使用的冲水面板
5	卫生间、洗面间	25T	采用整体模块形式，集成内部所有设备件

普通卫生间基于人机工程学设计，具有小型化、轻量化的特点。卫生间的间壁采用铝蜂窝结构，加强骨架采用铝型材。卫生间集成了便器、洗盆、面镜、衣帽钩、扶手、垃圾箱等服务设施，如图 9-38 所示。

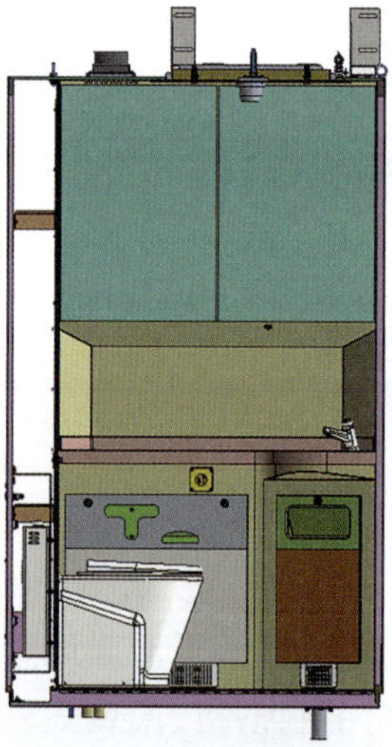

图 9-38　卫生间布置

洗面间基于人机工程学设计，具有集成化、轻量化的特点。间壁采用铝蜂窝结构。洗面间采用两盆/三盆设计，集成了按压式水龙头、插座、面镜、皂液器、抽纸盒、电暖风机、储水式温水器、冲拖布水阀等，如图 9-39 所示。

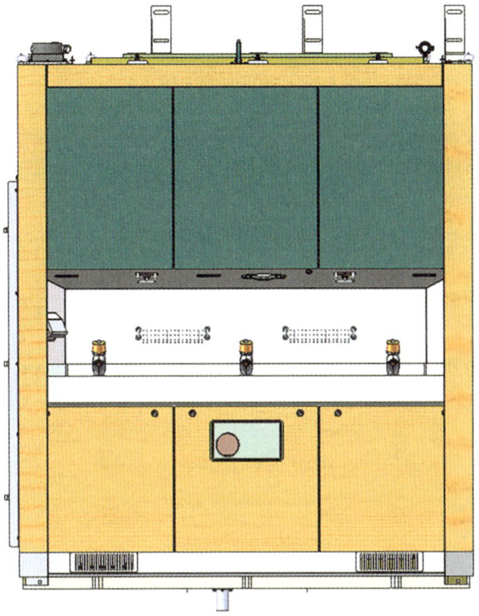

图 9-39 洗面间布置

无障碍卫生间壳体采用玻璃钢材质制造，具有集成化特点。集成了按压式水龙头、婴儿护理台、倾斜式面镜、抽取纸巾盒、电暖风机、扶手、衣帽钩等。

电热开水器采用沸腾翻水式原理、电磁加热方式的柜体整体结构。接水面板设有纸杯架、按压式水龙头，如图 9-40 所示。

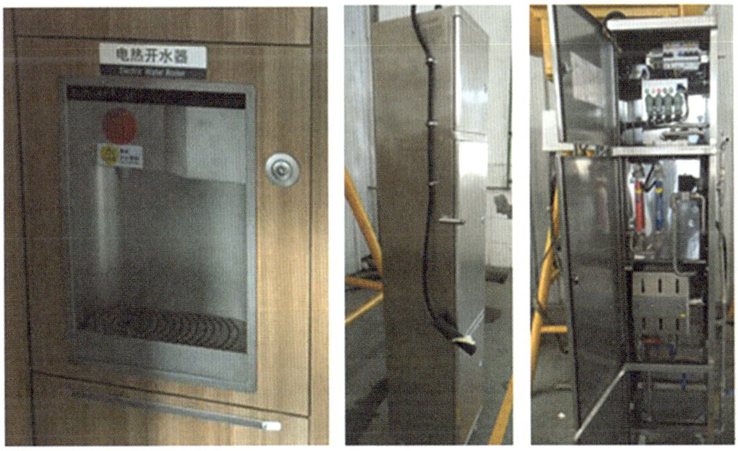

(a) (b) (c)

图 9-40 电热开水器

八、空调系统

空调系统包括采暖装置、空调机组、送风、回风、废排等，保证夏、冬季节车内平均温度、温差、新风量等满足舒适度需求，如图 9-41 所示。

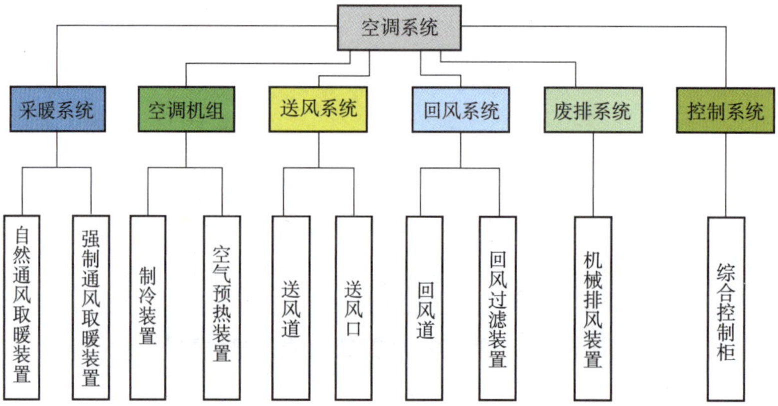

图 9-41　空调系统

采用车顶单元式空调机组，客室空调机组的外形与 25T 型客车统型空调机组一致。废排装置主要包括废排风帽、废排风机，废排风帽安装于车顶，废排风机安装于车内，用于将车内的废气排出车外。

二等座车、一等卧车及餐座合造车送风道材质为铝箔复合板，基础结构类似 25T 型客车；二等卧车送风道断面结构复杂，采用玻璃钢材质；回风道均为玻璃钢材质。客室电取暖器为带状电取暖器，电取暖器形式结构同 25T 型客车，新增端部强制通风电取暖器。

九、车体内装与车上设备

车体内装主要由地板、侧墙、平顶、客室顶板、间壁、保温材等部位组成。基于 25 型客车及各动车组车型平台，经分析对比，选取最优结构和材料，并遵循了防火、环保、轻量化、模块化的设计原则。

车体客室地板材质为复合材料，采用模块化安装结构。小走廊以及餐座合造车厨房区域地板为防腐地板。

车体二等座车侧墙板为玻璃钢材质，采用模块化设计，集成内藏式卷帘；窗口下方设约 80 mm 宽平窗台，方便乘客放置物品。二等卧车、一等卧车走廊墙板上口设置装饰罩板，罩板上口设置隐藏光源，下口设置隐藏灯带。

车体平顶板采用铝蜂窝复合板，平顶板安装于间壁上部。

二等座车、餐座合造车客室顶板采用玻璃钢材质，参照 CRH3 型动车组顶板造型，中顶板设置瓦楞凹槽，提高顶板整体刚度及视觉效果。

二等卧车、一等卧车包间侧顶板采用玻璃钢材质，中顶板为蜂窝复合板；包间内空调送风导流板，造型优化，与侧墙走廊侧装饰罩板风格一致。

间壁采用铝蜂窝复合板，走廊间壁开敞式设计，转角处采用大圆弧过渡，增大了旅客通过能力。

隔热材选用改性玻璃棉，提高整车的隔热、隔声性能，而且性能更稳定。

复习思考题

1. 简述控制车的车体系统由哪些部件组成。
2. 简述控制车电气系统的主要配置。
3. 简述控制车的制动系统的构成。
4. 简述拖车电气系统的主要配置。
5. 拖车制动系统由哪些部件组成？

附件1　动车组制动机试验

一、列车试验

升弓供电后，制动系统上电，应无故障报警。操作端制动系统为本务投入模式，非操作端制动系统为补机模式；施加动力车停放制动，操作端自动制动阀（以下简称大闸）手柄和单独制动阀（以下简称小闸）手柄均置于“运转”位，确认操作端动力车列车管、均衡风缸充至600 kPa定压，制动缸缓解至0。

以下试验项点中，凡要求投入或切除电空制动时，可采取在操作端司机室显示屏设置投入/切除方式或断开/闭合操作端低压柜电空制动开关方式。试验完毕后，确认电空制动处于投入状态。

1. 全部试验

（1）列车紧急制动及动力车单独缓解试验

①紧急制动试验

在操作端投入电空制动，通过司机室显示屏确认尾部一位动力车（控制车）列车管充风至定压后，操作端大闸置“紧急”位，列车须发生紧急制动作用，动力车制动缸压力为（450±20）kPa。

②单独缓解试验

紧急制动试验完成后，操作动力车小闸在“运转”位实施单缓，动力车制动缸缓解至0；复位小闸后，制动缸压力恢复为（450±20）kPa。

③单独缓解试验完成后，操作端大闸置“运转”位，列车缓解，通过司机室显示屏确认尾部一位动力车（控制车）列车管充风至定压。

（2）漏泄试验

在操作端司机室显示屏上设置制动系统为单机模式，大闸置“初制动”位，均衡风缸减压50 kPa后，保压1 min，列车管漏泄不大于20 kPa。

试验完成后，操作端大闸置“运转”位，在操作端司机室显示屏上设置制动系统为本务投入模式。

（3）列车空气制动试验及动力车单独缓解试验

①感度（制动）试验

在操作端切除电空制动，通过操作端司机室显示屏确认尾部一位动力车（控制车）列车管充风至定压，大闸置“初制动”位（减压50 kPa），列车须发生制动作用。

②持续保压试验

感度(制动)试验完成后,持续保压 3～5 min,前 2 min 内,拖车(控制车)不得发生自然缓解;在持续保压时间段内,列车管每分钟漏泄量不得大于 20 kPa。

③动力车单独缓解试验

持续保压试验完成后,操作动力车小闸在“运转”位实施单缓,动力车制动缸压力下降至 0;复位小闸,动力车制动缸压力维持 0。

④感度(缓解)试验

动力车单独缓解试验完成后,操作端大闸置“运转”位,列车须在 1 min 内缓解完毕。

(4)列车电空制动试验

①安定试验

在操作端投入电空制动,通过操作端司机室显示屏确认尾部一位动力车(控制车)列车管充风至定压后,大闸置“全制动”位(减压 170 kPa),确认操作端司机室显示屏的电空制动状态为“制动”,列车不得发生紧急制动;制动系统自动保压后,确认操作端司机室显示屏的电空制动状态为“保压”。

②阶段缓解试验

安定试验完成后,操作端大闸自“全制动”位阶段移动至“运转”位,使均衡风缸阶段增压,每次增压量不小于 20 kPa,移动次数不少于 3 次(含“运转”位),操作端司机室显示屏的电空状态交替显示为“缓解”和“保压”,列车管压力阶段上升、制动缸压力阶段下降。

大闸置“运转”位后,通过司机室显示屏确认尾部一位动力车(控制车)列车管充风至定压。

(5)动力车单独制动缓解试验

动力车小闸置“全制动”位,动力车须发生制动作用,制动缸压力升至(300±15)kPa;实施小闸阶段缓解,制动缸压力阶段下降;小闸置“运转”位,动力车制动缸缓解至 0。

(6)换端试验

除漏泄试验外,其他项点均须试验。

2. 简略试验

在操作端投入电空制动。尾部一位动力车(控制车)列车管充风至定压后,操作端大闸减压 100 kPa,通过司机室显示屏确认尾部一位动力车(控制车)制动作用正常。

操作端大闸置“运转”位,通过司机室显示屏确认尾部一位动力车(控制车)缓解作用正常,列车管充风至定压。

3. 站折试验

(1)空气制动试验

在操作端切除电空制动，尾部一位动力车(控制车)列车管充风至定压后，操作端大闸置“初制动”位(减压 50 kPa)，通过司机室显示屏确认尾部一位动力车(控制车)制动作用正常，保压 1 min，列车管漏泄量不大于 20 kPa，列车不得发生自然缓解。

操作端大闸置“运转”位充风后，通过司机室显示屏确认尾部一位动力车(控制车)缓解作用正常，列车在 1 min 内缓解完毕。

(2)电空制动试验

在操作端投入电空制动，尾部一位动力车(控制车)列车管充风至定压后，操作端大闸置“全制动”位(减压 170 kPa)，通过司机室显示屏确认尾部一位动力车(控制车)制动作用正常，列车不得发生紧急制动。

操作端大闸置“运转”位充风，通过司机室显示屏确认尾部一位动力车(控制车)缓解作用正常，列车管充风至定压。

4. 专项全部试验

实施 D2 修时，结合制动系统月度排水除尘专项修，按照“全部试验”进行，但“漏泄试验”须加强为“专项漏泄试验”，“持续保压试验”须加强为“专项持续保压试验”。

(1)专项漏泄试验

尾部一位动力车(控制车)总风管压力达到 850 kPa 以上后，断开操作端空压机控制开关，2 min 后在操作端司机室显示屏上设置制动系统为单机模式，大闸置“初制动”位，均衡风缸减压 50 kPa 后，保压 1 min，总风管漏泄不大于 10 kPa，列车管漏泄不大于 20 kPa。

试验完成后，操作端大闸置“运转”位，在操作端司机室显示屏上设置制动系统为本务投入模式。

(2)专项持续保压试验

感度(制动)试验完成后，持续保压 5 min，前 2 min 内，拖车(控制车)不得发生自然缓解；5 min 内，列车管及拖车(控制车)副风缸每分钟漏泄量均不得大于 20 kPa。

二、单机(单车)试验

1. 动力车单机试验

(1)气密性和风源系统试验

①总风缸气密性试验

总风缸充至额定压力后，关闭总风缸出口塞门，停止主空压机工作，待压力稳定后，测试 5 min 内的压力下降值，下降值不应超过 20 kPa。

②列车管管气密性试验

设置制动系统为单机模式，大闸置“初制动”位，列车管压力维持在定压，保压

5 min，列车管漏泄不大于 10 kPa。

③整车气密性试验

在各种压缩空气设备压力达到规定值但不工作的情况下，主空压机在总风压力调节器控制下停止工作，测试总风缸在 20 min 内的压力值，不应低于 750 kPa。

④主空压机供风能力试验

关闭主空压机，排尽机车总风缸内压缩空气后，关闭总风缸出口塞门，启动主空压机，记录总风缸压力从 0 升至主空压机自动停机的时间。总风缸在压力差范围内的升压时间应小于计算的理论升压时间。

⑤辅助空压机供风能力试验

试验时降下受电弓，排尽动力车总风缸和升弓风缸的压缩空气，启动辅助空压机，记录升弓风缸压力从 0 升至额定值(或辅助空压机自动停机)的时间，应小于计算的理论升压时间。

⑥总风压力调节器试验

主空压机处于正常运转状态，利用总风管连接塞门的开关使总风泄漏，记录各台主空压机启动和停止的总风压力。

单泵模式：压力调节器的闭合压力为(750±20)kPa，断开压力为(900±20)kPa。

双泵模式：压力调节器的闭合压力为(680±20)kPa，断开压力为(900±20)kPa。

⑦总风安全阀工作特性试验

主空压机处于"强泵"状态，记录总风安全阀动作时总风压力变化。总风安全阀的动作压力为(950±20)kPa，总风压力应下降并能连续排风，安全阀关闭压力不应低于 850 kPa。

(2)制动系统静态性能试验

制动系统上电，确认总风缸压力不低于 750 kPa，制动机状态正常；设置制动系统为本务投入模式，均衡风缸压力设为定压 600 kPa，切除平稳操作；小闸保持在制动区；按规定施加停放制动或铁鞋。

大闸置"运转"位充风至定压。

①自检功能试验

通过制动司机室显示屏运行"单机自检"功能，不应报出模块异常或其他故障。

②性能试验

大闸和小闸置"运转"位，各手柄按照下述试验要求进行操作。

a. 阶段缓解位试验

序　号	试验项目	试验方法	评定标准
1	大闸"运转"位	大闸置"运转"位，记录 ER、BP 和 BC 的压力变化	ER 压力＝(600±5)kPa； BP 压力＝(600±10)kPa； BP 压力＝ER 实测压力±10 kPa； BC 压力＝0

续上表

序　　号	试验项目	试验方法	评定标准
2	大闸“初制动”位	大闸置“初制动”位，待压力稳定后大闸置“运转”位，记录ER、BP和BC的压力变化	1. 大闸置“初制动”位时，压力稳定后： BP压力减压(50±5)kPa，并保持在 ER实测压力±10 kPa内； BC压力＝(100±15)kPa。 2. 大闸置“运转”位，ER和BP压力恢复至定压、BC压力缓解到0
3	大闸减压 100 kPa	大闸置制动区，使均衡风缸减压约100 kPa，待压力稳定后大闸置“运转”位，记录ER、BP和BC的压力变化	1. 大闸减压100 kPa时，压力稳定后：记录ER、BP、BC压力。 2. 大闸回“运转”位，ER和BP压力恢复至定压、BC压力缓解到0
4	大闸减压 140 kPa	大闸置制动区，使均衡风缸减压约140 kPa，待压力稳定后大闸置“运转”位，记录ER、BP和BC的压力变化	1. 大闸减压140 kPa时，压力稳定后：记录ER、BP、BC压力。 2. 大闸置“运转”位，ER和BP压力恢复至定压、BC压力缓解到0
5	大闸 “全制动”位	大闸置“全制动”位，待压力稳定后大闸置“运转”位，记录ER、BP和BC的压力变化	1. 大闸置“全制动”位时： ER压力在(6～8)s内减压170 kPa，最终减压(170～190)kPa； BP减压量不低于170 kPa； BP压力＝ER实测压力±10 kPa；BC压力上升至400 kPa的时间为(7～9.5)s，最终增至(420±15)kPa。 2. 大闸置“运转”位，ER和BP压力恢复至定压，BC压力由最高压力下降到40 kPa的时间小于8.5 s，并缓解到0
6	阶段制动和 阶段缓解	在“运转”位和“全制动”位间，使用大闸实施阶段制动和阶段缓解，记录ER、BP和BC的压力变化	阶段制动和阶段缓解时每一个状态下的ER、BP和BC压力均应稳定；最终大闸置“运转”位，ER和BP压力恢复至定压、BC压力缓解到0
7	大闸“抑制”位	大闸置“抑制”位，待压力稳定后大闸置“运转”位，记录ER、BP和BC的压力变化	1. 大闸置“抑制”位时： ER最终减压(170～190)kPa； BP减压量不低于170 kPa； BP压力＝ER实测压力±10 kPa； BC压力为(420±15)kPa。 2. 大闸回“运转”位，ER和BP压力恢复至定压、BC压力缓解到0
8	大闸“重联”位	大闸置“重联”位，待压力稳定后大闸置“运转”位，记录ER、BP和BC的压力变化	大闸置“重联”位时： ER压力以常用速度降低到0(没有紧急制动发生)； BP压力小于100 kPa； BC压力＝(450±20)kPa。 大闸置“运转”位，ER和BP压力恢复至定压、BC压力缓解到0

续上表

序　号	试验项目	试验方法	评定标准
9	大闸"紧急制动"位	大闸置"紧急制动"位，待压力稳定后大闸置"运转"位，记录 ER、BP 和 BC 的压力变化	1. 大闸置"紧急制动"位时，动力车实施紧急制动； ER 压力减压至 0； BP 压力在 3 s 内降至 0； BC 压力在(3～7)s 内达到 400 kPa，最终达到(450±20)kPa。 2. 60 s 后大闸置"运转"位，ER 和 BP 压力恢复至定压、BP 压力由 0 升至 580 kPa 的时间小于 11 s，BC 压力缓解到 0

注：表中 ER 代表均衡风缸，BP 代表制动管，BC 代表制动缸，下同。

b. 单独制动试验

序　号	试验项目	试验方法	评定标准
1	小闸"全制动"位	小闸置"全制动"位、待压力稳定后将小闸置"运转"位，记录 BC 的压力变化	1. 小闸置"全制动"位时： BC 压力在(2～4)s 内升至 285 kPa，并最终达到(300±15)kPa。 2. 小闸置"运转"位： BC 压力在(3～5)s 内由 300 kPa 下降到 40 kPa，并最终缓解到 0
2	小闸阶段制动和阶段缓解	小闸实施阶段制动和阶段缓解，小闸置"运转"位，记录 BC 的压力变化	1. 阶段制动和阶段缓解时每一个状态下的 BC 压力均应稳定。 2. 小闸置"运转"位时： BC 压力缓解到 0

③大闸与小闸的匹配试验

a. 大闸常用制动与小闸匹配试验

试验时，大闸与小闸均置"运转"位，然后小闸置"全制动"位，大闸置"常用全制动"位，小闸在"全制动"位上旁推进行单独缓解，再松开小闸使其复位，最后将大闸与小闸均回到"运转"位；大闸施加常用全制动，小闸在"运转"位上旁推进行单独缓解，再松开小闸使其复位。记录试验过程中均衡风缸、列车管、制动缸的压力变化。侧推小闸应能单独缓解大闸实施的常用制动，松开小闸后制动缸压力不恢复。

b. 大闸紧急制动与小闸匹配试验

试验时，小闸置"运转"位，大闸施加紧急制动，然后小闸在"运转"位上单缓，再松开小闸复位，最后大闸回到"运转"位。记录试验过程中均衡缸、制动管、制动缸的压力变化。侧推小闸应能单独缓解大闸实施的紧急制动，松开小闸后动力车制动缸压力应恢复成紧急制动时压力值。

④各种工况紧急制动和惩罚制动试验

序　号	试验项目	试验方法	评定标准
1	紧急制动按钮	按下紧急制动按钮，记录BP和BC的压力变化	实施紧急制动； BP压力迅速减至0； BC压力=(450±20)kPa； BC压力由0升至400 kPa的时间在(3～7)s间
2	紧急制动阀	启动紧急制动阀，记录BP和BC的压力变化	实施紧急制动； BP压力迅速减至0； BC压力=(450±20)kPa
3	监控装置常用惩罚制动	监控装置发出常用惩罚制动指令，记录ER、BP和BC的压力变化	实施常用惩罚制动；减80 kPa模式：BP减压(80±10)kPa；减130 kPa模式： BP减压(130±10)kPa；减压170 kPa模式：BP减压不低于170 kPa；BC压力为(420±20)kPa
4	监控装置紧急惩罚制动	监控装置发出紧急惩罚制动指令，记录BP和BC的压力变化	实施紧急制动、动力切除；BP压力迅速减至0；BC压力=(450±20)kPa
5	制动机失电惩罚制动	制动机电源失电，记录ER、BP和BC的压力变化	实施惩罚制动； ER压力以常用速度降低到0(没有紧急制动发生)； BP压力小于100 kPa； BC压力=(450±20)kPa
6	无人警惕惩罚制动	使警惕时间超时，记录ER、BP和BC的压力变化	实施惩罚制动； ER减压(170～190)kPa； BP减压量不低于170 kPa； BC压力=(420±20)kPa

⑤列车电空性能试验

本试验在定压600 kPa、阶段缓解位时进行。控制继电器(列车电空装置)在各位置时工作状态见附表1。

附表1　控制继电器各位置工作状态

工况继电器	“运转”位	常用制动	保　压	充气缓解	紧急制动
制动继电器	失电	得电	失电	失电	得电
缓解继电器	失电	失电	失电	得电	失电
保压继电器	失电	失电	得电	失电	失电
紧急继电器	失电	失电	失电	失电	得电

⑥列车管补风试验

将大闸手柄置于“初制动”位，待压力稳定后，小心使列车管漏泄，观察1 min，记录制动管压力的变化。在补风模式时，列车管的补风能力应满足要求。

⑦制动重联试验

本项试验在定压 600 kPa 时进行，动力车仅作为被试车。被试动力车(设置为补机模式)与陪试车连挂好后，连接车间管路，并打开车间管路折角塞门，通过操作陪试车大闸，可进行被试动力车的制动与缓解操作，其制动与缓解作用与被试动力车保持一致。

⑧无动力回送试验

设置陪试机车/动力车为本务机车，被试动力车设置为“无动力回送”状态。在陪试机车/动力车上，实施紧急制动和常用全制动，此时处于无动力回送状态的被试动力车制动缸最高压力(200～250)kPa，缓解功能正常。

⑨断钩保护试验

制动系统充风至定压后，迅速打开车端列车管折角塞门排空列车管管压力，此时被试车应：

a. 切断列车管补风，紧急放风阀打开；

b. 列车管压力迅速下降到 0；

c. 制动缸压力上升至(450±20)kPa；

d. 制动屏上出现动力切除提示；

e. 制动屏上显示紧急制动信息。

⑩空气备用制动试验

切换到空气后备制动状态，操作后备制动阀控制列车管的减压与充风，被试车制动缸的制动与缓解正常。后备制动阀手柄置“制动”位时，后备均衡风缸 600 kPa 降至 430 kPa 的时间应为 6～8 s。

⑪防滑器性能试验

大闸置“紧急制动”位，按下防滑主机上“诊断”按钮，开始执行自检，防滑器自检功能应正常，防滑阀充排风及各单元制动器动作正常。

⑫停放制动功能检查

通过停放制动按钮对停放制动进行施加和缓解，检查停放制动功能是否正常。

⑬撒砂功能检查

通过司机脚踏板进行撒砂，检查撒砂功能及方向是否正常。

⑭制动缸切除功能检查

通过制动缸切除截门 1、切除截门 2 分别切除两个转向架的制动力，检查制动缸切除功能是否正常。

2. 控制车单机试验

(1)气密性和风源系统试验

①总风缸气密性试验

总风缸充至额定压力后，关闭总风缸出口塞门，关闭外接风源，待压力稳定后，测试 5 min 内的压力下降值，下降值不应超过 20 kPa。

②列车管气密性试验

设置制动系统为单机模式，大闸置“初制动”位，列车管压力维持在定压，保压 5 min，列车管漏泄不大于 10 kPa/min，均衡风缸漏泄不大于 10 kPa。

③整车气密性试验

开放制动系统、厕所等所有用风装置，总风缸压力充至最大工作压力，待压力稳定后记录 5 min 内总风压力下降值。整车压缩空气系统总风压力下降值应小于 30 kPa/5 min。

(2)制动系统静态性能试验

制动系统上电，确认总风缸压力不低于 750 kPa，制动机状态正常；设置制动系统为本务投入模式，均衡风缸压力设为定压 600 kPa，切除平稳操作；按规定做好防溜。大闸置“运转”位充风至定压。

①自检功能试验

通过制动司机室显示屏运行“自检”功能，不应报出模块异常或其他故障。

②性能试验

大闸置“运转”位，各手柄按照下述试验要求进行操作。

阶段缓解位试验：

序　号	试验项目	试验方法	评定标准
1	大闸“运转”位	大闸置“运转”位，记录 ER、BP 和 BC 的压力变化	ER 压力＝(600±5)kPa； BP 压力＝(600±10)kPa； BP 压力＝ER 实测压力±10 kPa； BC 压力＝0
2	大闸“初制动”位	大闸置“初制动”位，待压力稳定后大闸置“运转”位，记录 ER 和 BP 的压力变化	大闸置“初制动”位时： BP 压力减压(50±5)kPa，并保持在 ER 实测压力±10 kPa 内； 大闸置“运转”位时，ER 和 BP 压力恢复至定压、BC 压力缓解到 0
3	大闸减压 100 kPa	大闸置制动区，使均衡风缸减压约 100 kPa，待压力稳定后大闸置“运转”位，记录 ER 和 BP 的压力变化	大闸减压 100 kPa 时： 压力稳定后记录 ER、BP 压力。 大闸置“运转”位后缓解，ER 和 BP 压力恢复至定压、BC 压力缓解到 0
4	大闸减压 140 kPa	大闸置制动区，使均衡风缸减压约 140 kPa，待压力稳定后大闸置“运转”位，记录 ER 和 BP 的压力变化	大闸减压 140 kPa 时： 压力稳定后记录 ER、BP 压力。 大闸置“运转”位后缓解，ER 和 BP 压力恢复至定压、BC 压力缓解到 0

续上表

序号	试验项目	试验方法	评定标准
5	大闸“全制动”位	大闸置“全制动”位，待压力稳定后大闸置“运转”位，记录ER和BP的压力变化	大闸置“全制动”位时： ER压力在(6～8)s内减压170 kPa，最终减压(170～190)kPa； BP减压量不低于170 kPa； BP压力=ER实测压力±10 kPa； 大闸置“运转”位时缓解，ER和BP压力恢复至定压，BC压力缓解到0
6	阶段制动和阶段缓解	在“运转”位和“全制动”位间，使用大闸实施阶段制动和阶段缓解，记录ER和BP的压力变化	阶段制动和阶段缓解时每一个状态下的ER和BP压力均应稳定
7	大闸“抑制”位	大闸置“抑制”位，待压力稳定后大闸置“运转”位，记录ER和BP的压力变化	大闸置“抑制”位时： ER最终减压(170～190)kPa； BP减压量不低于170 kPa； BP压力=ER实测压力±10 kPa； 大闸置“运转”位时ER和BP压力恢复至定压、BC压力缓解到0
8	大闸“重联”位	大闸置“重联”位，待压力稳定后大闸置“运转”位，记录ER和BP的压力变化	大闸置“重联”位时： ER压力以常用速度降低到0(没有紧急制动发生)； BP压力小于100 kPa； 大闸回“运转”位时，ER和BP压力恢复至定压、BC压力缓解到0
9	大闸“紧急制动”位	大闸置“紧急制动”位，待压力稳定后大闸置“运转”位，记录ER和BP的压力变化	大闸置“紧急制动”位时，控制车实施紧急制动； ER压力减压至0； BP压力在3 s内降至0； 60 s后大闸置“运转”位，ER和BP压力恢复至定压、BP压力由0升至580 kPa的时间小于11 s，BC压力缓解到0

注：表中ER代表均衡风缸，BP代表列车管，BC代表制动缸，下同。

③各种工况紧急制动和惩罚制动试验

序号	试验项目	试验方法	评定标准
1	紧急制动按钮	按下紧急制动按钮，记录BP的压力变化	实施紧急制动、动力切除； BP压力迅速减至0
2	紧急制动阀	下拉紧急制动阀，记录BP的压力变化	实施紧急制动、动力切除； BP压力迅速减至0
3	监控装置常用惩罚制动	监控装置发出常用惩罚制动指令，记录ER和BP的压力变化	实施常用惩罚制动； 减80 kPa模式： BP减压(80±10)kPa； 减130 kPa模式： BP减压(130±10)kPa； 减压170 kPa模式： BP减压不低于170 kPa

续上表

序　号	试验项目	试验方法	评定标准
4	监控装置紧急惩罚制动	监控装置发出紧急惩罚制动指令，记录BP的压力变化	实施紧急制动、动力切除； BP压力迅速减至0
5	制动机失电惩罚制动	制动机电源失电，记录ER和BP的压力变化	实施惩罚制动； ER压力以常用速度降低到0(没有紧急制动发生)； BP压力小于100 kPa
6	无人警惕惩罚制动	使警惕时间超时，记录ER和BP的压力变化	实施惩罚制动； ER减压(170～190)kPa； BP减压量不低于170 kPa

④列车电空性能试验

本试验在定压600 kPa、阶段缓解位时进行。控制继电器(列车电空装置)在各位置时工作状态见下表。

工况继电器	“运转”位	常用制动	保　压	充气缓解	紧急制动
制动继电器	失电	得电	失电	失电	得电
缓解继电器	失电	失电	失电	得电	失电
保压继电器	失电	失电	得电	失电	失电
紧急继电器	失电	失电	失电	失电	得电

⑤列车管补风试验

列车管仅有“补风”模式，将大闸手柄置“初制动”位，待压力稳定后，小心使列车管漏泄，观察1 min，记录列车管压力的变化。在补风模式时，列车管的补风能力应满足要求。

⑥断钩保护试验

制动系统充风至定压后，迅速打开与拖车连挂端的列车管折角塞门，排空列车管压力，此时被试车应：

a. 切断列车管补风，紧急放风阀打开；

b. 列车管压力应降低到0；

c. 出现动力切除指示；

d. 制动屏上显示紧急制动信息。

⑦空气备用制动试验

切换到空气后备制动状态，操作后备制动阀控制列车管的减压与充风，被试车制动缸的制动与缓解正常。后备制动阀手柄置“制动”位时，后备均衡风缸600 kPa降至430 kPa的时间应为6～8 s。

3. 拖车及控制车单车试验

在《铁路客车运用维修规程》中单车试验要求的基础上，进行如下修改后，作为拖车及控制车单车试验要求。

序　　号	原文条款	原文内容	修改内容
1	2. 试验准备/(5)	F8 分配阀转换盖板置于一次缓解位(盖上箭头向上)	F8 分配阀转换盖板置于阶段缓解位(盖上箭头向下)
2	3. 空气制动试验/(8)/③	试验完毕后，单车试验器置六位，待制动管压缩空气排空后，将 F8 分配阀转换盖板置于一次缓解(盖上箭头向上)	"整段删除"

附件 2　动力车制动系统部件明细

序　号	原 理 号	名　　称	型号与规格	数量	备　　注
1	A00	风源管理器		1	安装在多功能柜内，仅样车安装
2	A01	空气压缩机组	不小于 1 600 L/min/台	2	
3	A02	软管		2	
4	A03	安全阀[1 100 kPa(11 bar)]	DL-8U7K-A03	1	
5	A04	干燥器	JKG1C-L	1	
6	A05	微油过滤器	DL-8U9K-A05	1	
7	A06	最小压力阀[800 kPa(8 bar)]	DL-8U7K-A06	1	
8	A07	安全阀[950 kPa(9.5 bar)]	DL-8U7K-A07	1	
9	A08	止回阀	DL-8U7K-A08	1	
10	A09	湿度指示器	DL-8U9K-SDZSQ-01	1	
11	A10	截断塞门	DL-8U7K-A10	3	常开塞门;第一总风缸前/后,干燥器排污,各 1
12	A11	第一总风缸		1	
13	A12	总风缸排水塞门	DL-8U7K-A12	2	常闭塞门;第一/第二总风缸,各 1
14	A14	截断塞门	DL-8U7K-A14	1	常闭塞门;备用制动均衡风缸排水
15	A15	第二总风缸		1	
16	A16	截断塞门	DL-8U7K-A16	3	常开塞门;空调机组/刮雨器/空调压力波,各 1
17	A17	固体颗粒物过滤器	CCGLQ-8UGK	1	
18	A18	除水除油过滤器组	CSCYGLQZ-8UGK	1	
19	A19	三通塞门		1	
20	B01	空气制动柜	KQZDG-8UGK	1	集成
21	B01. A24	制动柜总风塞门		1	
22	B01. A73	测试接头		1	
23	B01. B20	电空控制单元		1	

续上表

序 号	原 理 号	名 称	型号与规格	数量	备 注
24	B01.B40	停放控制模块		1	
25	B01.B46	制动控制微机		1	
26	B01.B47	继电器接口模块		1	
27	B01.B60	踏面清扫模块		1	
28	B01.F41	撒砂控制模块		1	
29	B01.G01	防滑控制主机		1	
30	B01.P50	压力开关模块		1	
31	B01.R01	制动机总风缸		1	
32	B01.R02	停放风缸		1	
33	B01.R03	升弓风缸		1	
34	B01.U43	辅助空气模块		1	
35	B01.U80	辅压机		1	
36	B01.U81	安全阀		1	
37	B01.U82	辅助干燥器		1	
38	B01.U83	再生风缸		1	
39	B01.U84	压力开关		1	
40	B01.U86	辅压机控制按钮		1	
41	B01.U99	塞门(升弓钥匙)		1	
42	B02	节流阀	DL-8U7K-B02	1	
43	B81	机车列车管防关闭折角塞门(右)	32Q10X-9P	1	
44	B83	1"接口总风软管连接器总成	DL-8U7K-B83	1	
45	B84	编织制动软管总成	TYBJ04A-00-00	1	
46	B86	机车总风防关闭折角塞门(右)	25Q10X-9P	1	
47	B91	制动缸指示器	DL-8U7K-B91	2	车外两侧,各1
48	B92	停放制动缸指示器	DL-8U7K-B92	2	车外两侧,各1
49	B95	联锁截断塞门 DN25	DL-8U7K-B95	2	
50	B96	联锁截断塞门 DN32	DL-8U7K-B96	2	
51	D02	备用制动控制器		1	
52	D03	备用制动转换塞门(电触点)		1	
53	D04	备用制动调压阀		1	
54	D05	备用制动总风塞门		1	
55	D07	压力测点		1	

续上表

序　号	原 理 号	名　　称	型号与规格	数量	备　　注
56	D11	备用制动均衡风缸		1	
57	D14	塞门		1	
58	D17	备用制动中继阀		1	
59	D39	制动控制器		1	
60	D66	MR/BP 压力表		1	
61	D67	BC1/BC2 压力表		1	
62	D68	备用制动均衡风缸压力表		1	
63	G05	防滑电磁阀		4	
64	G06	防滑传感器		2	
65	G07	防滑齿轮		4	
66	G08	防滑传感器		2	
67	N69	紧急制动阀		1	
68	N97	紧急制动阀		1	
69	P01	升弓阀板		2	前/后受电弓,各 1
70	P87	板式塞门		7	喇叭 2,车钩 2,升弓 2,轮缘 1
71	P89	电空阀		7	喇叭 2,车钩 3,升弓 2
72	W20	轮缘润滑控制装置		1	

附件3　动力车空气制动系统原理图（CAB）

技术要求

制动柜管路接口

管号	代号	名称	管号	代号	名称
1	MR	总风管	9	PB	停放制动
2	PA	受电弓	10	TB	踏面清扫
5	MCB	主断	12	BP	列车管
6	SF	前撒砂	13	BC1	Ⅰ架制动缸
7	SR	后撒砂	15	BC2	Ⅱ架制动缸
8	SH	撒砂加热	16	MRP	总风控制

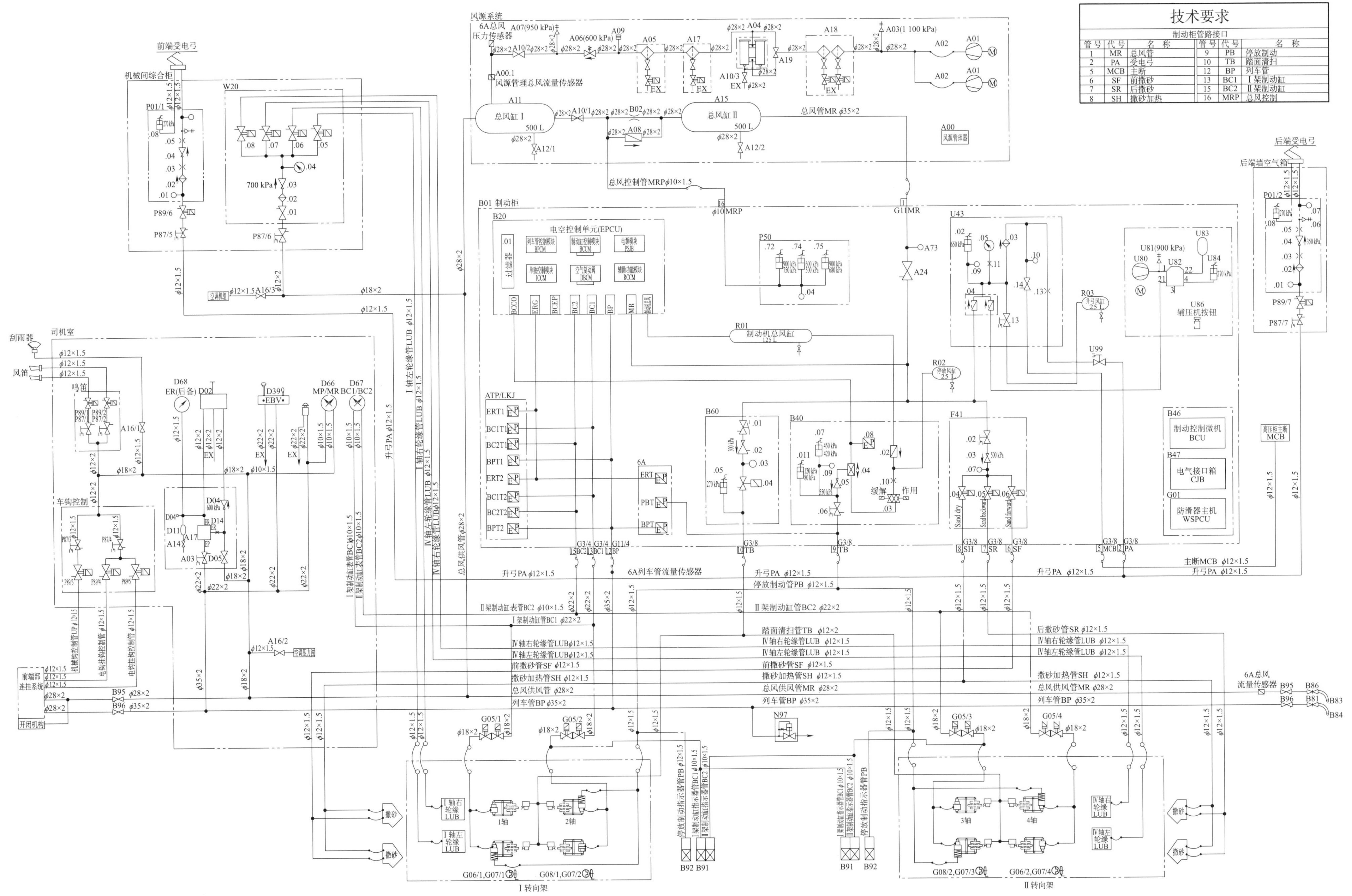